郭连友 主编

北京日本学研究中心、教育部国别和区域研究基地日本研究中心

29

第29辑

日本学研究

社会科学文献出版社
SOCIAL SCIENCES ACADEMIC PRESS(CHINA)

《日本学研究》编委会

学术顾问（按汉语拼音顺序排列）

曹大峰	〔美国〕当作靖彦	姜跃春
〔韩国〕李康民	〔日本〕笠原清志	刘建辉
刘晓峰	〔日本〕柳川隆	〔日本〕小峰和明
修　刚	徐一平	严安生
严绍璗	于乃明	张季风

主　编

郭连友

副主编

宋金文　丁红卫

编辑委员会（按汉语拼音顺序排列）

费晓东　葛东升　龚　颖　孔繁志　林　洪　林　璋　马　骏
倪月菊　潘　蕾　谯　燕　秦　刚　王　青　王　伟　王中忱
毋育新　徐　滔　张龙妹　张彦丽　周维宏　朱桂荣　朱京伟

编辑部

主任：潘　蕾
成员：费晓东　樊姗姗

目 录

特别约稿

"思想间的对话"是什么,何以必要
　　——欧洲哲学与日本哲学 ………………〔日〕藤田正胜 著　欧阳钰芳 译 / 3
日本的大学教育与老年人再社会化…………〔日〕笠原清志 著　王勇丽 译 / 15
日本近世的"四书学"…………………………〔日〕辻本雅史 著　邢永凤 译 / 29
战后日本的阳明学研究史与荒木见悟的位置
　　………………………………………〔日〕伊东贵之 著　〔日〕深川真树 译 / 41

热点问题

从妖怪研究的视角考察敦煌壁画……………〔日〕小松和彦 著　王　鑫 译 / 63
日本的丝绸之路研究
　　——研究史概论及其时代背景 …………〔日〕山泰幸 著　王　鑫 译 / 80

国别和区域

二战后日本智库建设及对华决策作用分析………………………… 柳　玲 / 93

日本语言与教育

中国高校日语学习环境的现状研究（2）
　　——基于深入访谈的分析结果 …………………… 杨雅琳　曹大峰 / 107
从《中日交流标准日本语》的魅力看未来日语教材的编写方向…… 徐一平 / 129

综合日语课堂教学的实践与思考
　　——基于《基础日语综合教程》的实际教学 ………………… 林　洪 / 144
「モッパラ～バカリ」句式的双重限定作用 ……………………… 曹彦琳 / 176

日本文学与文化

狛高庸年谱稿 ………………………………………………………… 陈可冉 / 193
中日古代的日月食认识
　　——以中国天狗食日月信仰为中心 ……………………… 王　鑫 / 220
从宗亲政策试析日本近世武家政治的形成 ………………………… 刘　晨 / 236

日本社会与经济

经济结构变化与对外文化软实力培植的联动
　　——以日本"和食"为例 ………………………………… 张　晨 / 253

书　评

"连带与抗衡——近代中国人留日精神史"工作坊 …………… 陈　言 整理 / 271

《日本学研究》征稿说明 ……………………………………………………… 287

特别约稿

"思想间的对话"是什么，何以必要*

——欧洲哲学与日本哲学

〔日〕藤田正胜 著** 欧阳钰芳 译***

【摘　要】本文所言"思想间的对话"，是指"思想"与"思想"的对话，但"思想"的范围十分宽泛。思想不仅包括哲学，还与艺术、宗教和政治等相关；而且，思想不限于作为学问的成果而被提出的学说，还常常包含应实践需要而被积累起来的具体知识。只有互相理解的"对话场所"形成时，"对话"才成立。只有这种彼此交流的"场所"成立之时，我们才能得以思考"对话"。为了产生这种场所，人必须向对方打开自己。为此，首先必须"听"，侧耳倾听对方。此外，不能单纯听对方的声音，还必须接纳对方欲言之物及其心情。这不外乎就是打开自己。当彼此都如此做时，"对话的场所"才得以产生。也就是说"思想间的对话"并非包摄关系，必须谦虚倾听对方的声音（思想），而且必须建立"对话的场所"，让双方在其中真挚回应彼此。

【关键词】思想间的对话　对话场所　倾听　接纳

【要　旨】本文のいう「思想間の対話」は「思想」と「思想」の対話ということであるが、「思想」の範囲は広く考えられている。哲学だけでなく、芸術や宗教、政治などに関わるもの、しかも学問の成果として出されているいわゆる学説だけでなく、もう少し具体的な、実践に即して蓄積されてきた知識なども含めて、広く一般的

---

* 本文为作者于 2017 年 6 月 21 日在中山大学哲学系做"西学东渐"系列讲座的演讲稿。
** 藤田正胜，京都大学大学院综合生存学馆名誉教授，主要研究方向为日本哲学史、思想史。
*** 欧阳钰芳，中山大学哲学系硕士研究生。

に理解している。お互いに理解しあうという「対話の場」が成り立っているときにはじめて「対話」は成立する。この相互に語りあう「場」の成立をも含めて、対話というものを考えることができると考えている。そういう場が生まれるためには、人は自己を相手に対して開かなければならない。そのためにまず「聴く」ということをしなければならない。相手に耳を傾けなければならない。しかもただ単に相手の声を聞くだけでなく、相手の言おうとすることや気持ちを受けとめなければならない。それがとりもなおさず、自己を開くということであろうと思う。そしてそれが相互になされるとき、はじめて「対話の場」が生まれる。つまり、「思想間の対話」は包摂の関係ではない。まず謙虚に相手の声（思想）に耳を傾け、それを聴かなければならない。そしてそれに真摯に応えるという「対話の場」を作り上げなければならない。

【キーワード】思想間の対話　対話の場　聴く　受けとめる

Abstract: The phrase "dialogue of thought" in the title means the dialogue of different thought or thinking. But what we mean by thought or thinking is broad. In general, thought includes not only philosophical thought, but also that of art, religion and politics. Furthermore, more than the results of research, the term thought also connotes the knowledge accumulated from human practice. Only when there is a suitable context, based on mutual understanding, for the dialogue of thought, the exchange of thought can take place. In order to generate such context, a thinker has to open his/her self to the other, meaning that he/she must first of all listen to what the other has to say. In addition, it is not sufficient just to hear the voice of the other. What is necessary is to remain open to what the other has to say and the other's emotion, which comes down, again, to opening one's self. In other words, a dialogue of thought requires more than a relation. It asks that both sides listen to the ideas of the other and, to this goal, establish a context for the dialogue which in turn allows an honest exchange and communication between the two.

Keywords: Dialogue of Thoughts/Ideas; Context for Dialogue; to Listen; to Receive

前　言

本文将针对①思想间的对话何以必要？②思想间的对话并不容易。③思想间的对话是怎样的工作？三个问题来思考哲学对话的可能性。

这15年间，我与中国和韩国的研究者一同研究"西洋哲学在东亚的接受问题"或"哲学在东亚的形成与思想间的对话"。研究成果已集结成论文集《思想间的对话——哲学在东亚的接受与展开》，于2015年由法政大学出版局出版。正如本文标题所示，我最近在反复思考"什么是思想间的对话"以及"思想间的对话何以是必要的"，今天要谈的正是这些问题。

所谓"思想间的对话"，无疑是指"思想"与"思想"的对话，但"思想"的范围十分宽泛。一般而言，思想不仅包括哲学，还与艺术、宗教和政治等相关，而且，不限于作为学问的成果而被提出的学说，思想还常常包含应实践需要而被积累起来的具体知识。

"思想间的对话"中的"对话"，当然是比喻意义上的，但与自己和他者、我和你之间的具体"对话"基本上也有相通之处。即便在一般意义上，仅是在对方面前说话也不构成"对话"（比如讲课和演讲等并非"对话"）。只有互相理解的"对话场所"形成时，"对话"才成立。只有这种彼此交流的"场所"成立之时，我们才能得以思考"对话"。在这种场所成立之前，所说的语言，至多只是命令或指示，绝不是本来意义上的对话。只有在"对话之场"被说出的语言，才具有"对话"的性质。

为了产生这种场所，人必须向对方打开自己。为此，首先必须"听"，侧耳倾听对方。此外，不能单纯听对方的声音，还必须接纳对方欲言之物及其心情。这不外乎就是打开自己。当彼此都如此做时，"对话的场所"才得以产生。

另外，开启自己、接纳对方，并非一方囊括另一方、将对方吸纳入自己中。对话不是包摄关系，而是双方都作为一个人格，迈入共通的场域，聆听对方的声音并做出回应。

"思想间的对话"亦非包摄关系。首先，必须谦虚倾听对方的声音（思想），而且必须建立"对话的场所"，让双方在其中真挚回应彼此。

对话的对象既可以是过去的思想，也可以是同时代的思想，亦可超越国界。在东洋与西洋这样的框架中，对话也是可能的。以下，我将在此种广义的界定上思考"思想间的对话"。

一 思想间的对话何以必要

首先，思想间的对话何以是必要的？为了思考这点，我想先从卡尔·波普尔（Karl Popper, 1902~1994）的《框架的神话》（"The Myth of the Framework", 1976）这一论文入手。

波普尔于1902年出生于维也纳，在维也纳大学学习数学和物理学，之后转而去英国，在伦敦大学经济学院教授"逻辑·科学方法论"，代表作有科学哲学的重要成果《探求的逻辑》（Logik der Forschung, 1934）。日文版翻译基于英译本（The Logic of Scientific Discovery, 1959），将标题译为"科学发现的逻辑"）以及与政治哲学相关的《开放社会与其敌人》（The Open Society and Its Enemies, 1945）等。除了科学哲学，波普尔在社会哲学领域也有不少功绩。

谈论波普尔思想时十分重要的一点是，他与托马斯·库恩（Thomas Kuhn, 1922~1996）进行的所谓"范式之争"。众所周知，库恩于1962年出版《科学革命的构造》（The Structure of Scientific Revolutions）一书，开展了所谓"范式"（paradigm）论。他主张，在相同的概念和方法即框架（framework）之下研究时，才可能进行有意义的对话和相互批判；而在拥有不同范式的人之间，比如开始在新范式下思考的人和执着于旧范式的人之间，有意义的对话与相互批判便是不可能的。

对此，波普尔发表《框架的神话》（The Myth of the Framework, 1976）一文，严厉批评库恩否定科学的合理性和客观性。以此次对答为契机，"范式之争"由此诞生。波普尔批评库恩强调"框架"意味的相对主义立场，主张彻底追求合理性。

然而，波普尔并非主张，确定的知识只能源自一切知识所根据的终极原理，即波普尔并不持"基础主义"立场。在他看来，自然科学建立的法则始终都是假说，总有可能包含错误。而科学应该做的，并不仅是尽可能收集能够证明科学理论的肯定性证据，毋宁说是要寻找哪怕只有一个的反例，由此得到更好的理论。

当然，这并不意味着放弃合理化而禁锢于相对主义之中。波普尔认为，探究更好的理论总是可能的，而这正是科学必须追求的。为此，科学必须将自己的理论置于寻找反例的批判性研讨中。此种积极将理论置于反例之中的态度,被波普尔称为"批判的"态度。在此意义上,波普尔将自己的立场称为"批判的合理主义"。

科学必须总是将其理论置于反例之中,发现理论中的谬误。

首先,需要自觉到自己可能有误,即要拥有知的谦虚。波普尔认为苏格拉底正是这种谦虚的典范,但我们却在很大程度上需要依靠他人的目光和对话对象的批评,才知道自己有误。科学首先必须从"知的傲慢"——认为自己的主张绝对正确——中解放出来,将自身置于"知的谦虚"之中。

为此,首先需要的是与他者的对话及相互批判。

这点极为重要,与本文的主题"为何思想间的对话是必要的"相关,波普尔在《框架的神话》中所强调的,也在于此。

正如前文提及,托马斯·库恩主张"不可通约性"(incommensurability),认为在共通的范式之下,我们才能进行有意义的对话和相互批判,在缺乏共通范式的理论之间,则不可能产生有意义的议论。而波普尔将此种相对主义批判为一个神话。

从以下文段,可窥得波普尔在该论文中的基本想法:

> 我赞成以下论题……在共享诸多见解的人们(即共有范式的人们)之间展开的议论,即便令人愉悦,也不可能有收获丰硕的成果。而在迥然不同的框架间开展的议论,即使经常十分困难,不是那么愉快,但恐怕能令人收获颇多。[1]

换言之,波普尔在此主张,范式不同并不意味着不可能对话,毋宁说,由于概念和方法的不同,对话的确不易,但只有如此才能够产生具有创造性的对话。

以上,"框架"一词直接指代科学研究者共享的理论框架,但它亦可在广义上被理解为看待事物的普遍看法。波普尔自己恐怕也考虑到这一意义的扩展,并有了如下论述。当遇上框架相异的见解时,即当被问及难以回答的问题时,我们的见解"被强烈地动摇……开始能以前所未有的方式看待事物。即知的地平被拓宽"[2]。"知的地平之拓宽"这一说法值得注意。事实上,在与意见相左的

---

[1] Karl R. Popper, "The Myth of the Framework," edited by M. A. Notturno, p.35, London and New York, Routledge, 1994, p. 35.

[2] Karl R. Popper, "The Myth of the Framework," edited by M. A. Notturno, p.35, London and New York, Routledge, 1994, pp. 35–36.

人对话，而非在共享相同意见的团体中交流之时，我们才会注意到自己持有的框架，或者说，才会发现自己原本便持有框架，由此，知的地平才能够被拓宽。波普尔说，正是在这时，针对自己看待事物方式的"批判的态度"得以产生。

所谓"批判的态度"，正如先前所见，与科学中的批判态度，即积极将理论置于反例之中的态度相通。"批判的态度"意味着将自己看待事物的方式相对化，即承认"外部"的存在，并从"外部"重新思考自己的主张是否妥当。

诚然，即使注意到"外部"的存在，并将自己看待事物的方式相对化，我们也并未由此脱离框架，变得完全自由。牢狱之外也有可能有另一个更大的牢狱。事实上，我也如此认为，因为不带框架地看待事物是不可能的。

然而，通过这种相对化，我们至少能够自觉到自身的视点只是一个视点、一个框架，由此得以思考其妥当与否。这一点十分重要，"批判的态度"之重要性可以说正在于此。

"思想间的对话何以是必要的"这一问题，应该亦可从中得到解答，即我们通过与他者的对话，将自己的思想相对化，使思考的架构流动化。通过关注与他者思想的不同，我们得以探寻思想新发展的可能性。

二 思想间的对话并不容易

如上，思想间的对话虽然意义重大，但绝非容易之事，我将针对该点进行论述。

辅以具体事例将会更好理解，在此我将以九鬼周造（Kuki Shūzō, 1888~1941）与海德格尔（Martin Heidegger, 1889~1976）之间的"对话"——虽然有点悖论的意味，此处的"对话"是将"对话"所包含的困难这件事作为问题的"对话"——为例加以说明。

九鬼周造从东京大学毕业之后，在1921年（大正10年）到1929年（昭和4年）期间留学于德国和法国，这在当时十分罕见。他最初师从于新康德学派的泰斗李凯尔特（Heinrich John Rickert, 1863~1936），之后由于仰慕伯格森（Henri Bergson, 1859~1941），1924年至1927年逗留于巴黎。在那之后，九鬼回到德国，首先到弗莱堡跟随胡塞尔（Edmund Gustav Albrecht Husserl, 1859~1938）和奥斯卡·贝克尔（Oskar Becker, 1889~1964）学习现象学，之后又在同年的冬季学期转到马堡大学，有机会听到海德格尔的课。那时海德格尔刚出版其代表作《存在与时间》（Sein und Zeit, 1927）。九鬼周造深受海德格尔哲学影响，这可以从收录于《人与实存》（1939）的《海德格尔的哲学》等论文以及在京都大学的演讲《海德格尔的现象学的存在论》中得知。

九鬼师从于海德格尔这件事，对他的思想形成意义重大。此外，对于海德格尔而言，与九鬼的对话似乎也引起了他的兴趣。这可以从他收录于《在通向语言的途中》（Unterwegszur Sprache, 1959）中题为《从一次关于语言的对话而来——在一位日本人和一位探问者之间》（Auseinem Gesprach von der Sprache, Zwischeneinem Japaner und einem Fragenden, 1953/1954）的文章中得知。该文以1954年德国文学学者手冢富雄与海德格尔的讨论为原型，记载了后者曾时常论及九鬼和"粹（いき）"——九鬼在归国后，围绕着对"粹"的考察出版了《"粹"的构造》一书——并在此次对话中，遇到了一个难题。

在该对话中，海德格尔谈到以下回忆。"九鬼伯爵（九鬼自己并没有爵位，其父为男爵）偶尔也带夫人一道来我家，他夫人往往着一套华丽的日本和服。见了那和服，东亚世界便愈加熠熠生辉，我们对话的危险性也变得明显。"① "我们对话的危险性"是指，日本人一面在谈"粹"这一存在于日本艺术根底之物，一面又将所有东西都移入"欧洲式的事物"之中。在此次对话中，海德格尔说"日语的语言精神"对他始终保持封锁。

在与海德格尔的对话中，正如《"粹"的构造》所述（九鬼在巴黎时代便已写好了该书最初的手稿），九鬼针对"粹"，说明了体验和表现、本质和直观，或胡塞尔的"本质直观（Ideation）"——"Ideation"译作"本质直观"，九鬼在巴黎手稿中论及这是胡塞尔现象学的独特方法，将目光从个别的经验事实转向其本质，并把握其本质——等概念。所有东西都被移入"欧洲式的事物"之中，指的就是这件事。

但是，海德格尔写道，自己常与九鬼讨论，使用这种欧洲式的美学或哲学概念，能否把握与欧洲式的事物完全异质的东西，"对于东亚人而言，追求欧洲的概念体系是否必要且正当"。若是如此，毋宁说"东亚艺术的本质被掩盖起来，被硬塞进一个与它格格不入的领域中"②，这是海德格尔在面对九鬼的尝试时感受到的危险性。

由于海德格尔这篇文章发表于1959年，九鬼当然没有机会读到，但假若九鬼读过，他会如何回答海德格尔的问题，这一点令人深思。

---

① Heidegger, Unterwegszur Sprache, Frankfurt am Main, V.Klostermann, 1985, S.84.
② Heidegger, Unterwegszur Sprache, Frankfurt am Main, V.Klostermann, S. 97.

之所以会如此说，是因为九鬼也不全是在西洋概念的框架之下思考的人，九鬼对东洋思想及文化都有着极为广泛且深刻的关注与透彻的理解，从印度的《奥义书》到老庄思想都有涉猎，在日本方面则从《万叶集》《古事记》和《日本书纪》中的神话到江户文艺都有所研究。此外，他也不是禁锢于东洋传统之中的人。毋宁说，九鬼一方面直面西洋哲学的传统，另一方面立足于东洋，特别是日本的思想或文化传统，探寻哲学新发展的可能性。若如此思考，海德格尔所提出的这一问题对于九鬼而言便无法避开，与九鬼思索的根本有所联系。

在《从一次关于语言的对话而来》中，这一问题仍作为问题被保留下来。但若跳脱出该文章，海德格尔与九鬼并未完全错过。前者感受到了九鬼思索工作的魅力，也认可后者作为哲学家的能力，这可以从论文开篇"对九鬼伯爵的回忆，一直留在我心中"中窥得。不仅如此，在这之后，日本海德格尔研究者辻村公一在师从于海德格尔期间，后者曾劝说辻村将九鬼的著作译为德文，并说将在完成之时为其作序，助其出版。

九鬼从海德格尔那里受到的影响也很大。九鬼留下了众多诗和短歌，在一首题为"秋的一天"的诗中，有这么一节："没有形而上学的哲学是寂寞的，希望有将人的存在和死作为问题的形而上学。"这可被视为与海德格尔的共通之处——在《存在与时间》中，人（此在）被把捉为"向死之在"，通过先行向死（先行的觉悟性），此在才得以本真地实存。除此之外，海德格尔在《存在与时间》中对时间的理解，也对九鬼影响颇深。在题为"形而上学的时间"（1931）的论文中，九鬼立足于海德格尔的时间理解，展开了自己独特的时间论。

如此看来，两者确实进行过深刻的思想交流，但海德格尔的问题仍然有待回答——由于追求欧洲式的概念体系，所有东西都被移入"欧洲式的事物"中，东亚或日本的思维本质依旧被封锁着。"思想间的对话"能否克服这一"危险性"，便成了摆在我们面前的难题。

三　思想间的对话是如何的工作？

确实正如海德格尔所说，"思想间的对话"总是伴随着"危险性"。然而，尽管如此，至今不也进行了许多对话且获得了诸多成果吗？或者说，产生这一"危险性"的思想间的间隙，反过来也使得"对话"拥有重大意义。最后，我想在意识到这一点的前提之下，思考"思想间的对话是如何的工作"。

"思想间的对话"是什么，何以必要

在这里，我也试图通过具体事例辅以思考。诚然，如前所述，各种形式的对话都能够被思考。和古典的对话与和现代思想家的对话都有可能，在东洋与西洋这一框架之下进行的对话也有可能。各种形式的对话都有可能，但在此只能就一个例子展开。我认为应该也能够借此说明"思想间的对话是如何的工作"。

对于思想与思想之间"对话"的必要性，想必大家在前文中已经有所理解，在看待事物的方式中，大都已带有先入之见，亦可说是被视为理所应当而忽略的前提、隐藏着的前提。

我将以西田几多郎（Kitarō Nishida, 1870~1945）的《善的研究》为例说明这点。在《善的研究》中，西田思索的出发点与笛卡尔（Rene Descartes, 1596~1650）相同。在第二编《实在》的第一章《考究的出发点》中，西田写道："现在若要理解真的实在，知晓天地人生的真面目，就必须尽可能地怀疑，去掉所有人工的假定，将无法再怀疑的直接知识作为出发的根本。"（1/40）[①] 可以说，西田思索的出发点是"尽可能怀疑"，即彻底地怀疑。

西田在如此说时，无疑是意识到了笛卡尔的"普遍怀疑"。由此可以说，西田思索的出发点与笛卡尔相同，但西田怀疑的结果不一定与笛卡尔相同。众所周知，笛卡尔从怀疑导出的结论是"当我试图把一切都思考为虚假时，如此思考着的我必然是某个东西"（6/23）[②]。笛卡尔得出的结论，是所谓"我思故我在（Cogito, ergo sum.）"。

在《哲学原理》中，笛卡尔将其表述为"在怀疑时，如果我们不存在，我们就无法怀疑。因此，在秩序正当地进行哲学活动时，这是我们认识到的最初的事态。"（8/6–7）

对此，西田在《善的研究》第二编第二章"意识现象是唯一的实在"中论述道："意识必然是谁的意识，这不外乎是说在意识之中必须有统一。除此之外，若认为必须要有所有者，则明显是独断的。"（1/46）在意识之前将意识存在所有者作为前提的做法，被西田批驳为"独断"。

为了使两者的差异更加清楚，我想引用笛卡尔《第一哲学沉思集》（1641）中与托马斯·霍布斯（Thomas Hobbes, 1588~1679）之间展开的议论。在这部著作中，不仅有笛卡尔自己的六个沉思，还在附录中收录了其他哲学家针对笛

[①] 西田著作的引用参见新版《西田几多郎全集》（竹田笃司等编，东京岩波书店，2002~2009年），引用之后标记的数字分别表示卷数及页数。

[②] 笛卡尔著作的引用参见以下全集，引用之后标记的数字分别表示卷数与页数。OEuvres de Descartes, Publiées par Charles Adam & Paul Tannery, Paris, 1996.

卡尔的批判以及笛卡尔对此做的回应，其中，霍布斯的批判和笛卡尔对其的回应作为"第三个论驳和回应"也收录其中。

笛卡尔在第二个沉思"关于人的精神的本质"中，再次论及"cogito, ergo sum"，对此，霍布斯承认"我存在"这一命题的知识依存于"我思考"这一命题，但在此之上，霍布斯问道，我们又从何处得到与"我思考"这一命题相关的知识："没有主体（基体），我们就无法设想任何行为。就像没有舞者就无法设想跳舞，没有知者就无法设想知道，没有思者就无法设想思考一样。"（7/173）

霍布斯从这一命题出发得出的结论是，"一个在思考的东西是某个物体性的东西"，对此，笛卡尔在回应中虽然反驳这种推论没有根据，但对于"我们无法设想任何脱离主体（基体）的活动"这一主张，无条件地承认其正当性。笛卡尔和霍布斯都赞同，所有活动都归属于"主体（基体）"这一主张。但西田正是在这一点上不同意霍布斯和笛卡尔。虽然西田思索的出发点与笛卡尔相同，但在这一点上却导出了相反的结论。

这一差异与如何思考"经验"相关。根据笛卡尔，没有主体（基体）就无法思考经验，即要事先有"知觉者"存在，知觉这一经验才成立；事先有"思想者"存在，思维这一经验才成立。

对此，西田的"纯粹经验"论批判此种对经验的理解。根据西田，当我们原原本本地接受经验时，即"舍弃所有自己的加工，根据事实来知"时，无法承认存在一个先于经验的"主体（基体）"。这是"尚未有'这是外物的作用''我感受之'等想法"（1/9）的状态。换言之，这是"尚无主也无客，知识与对象完全合一"的经验，是"经验的最醇者"。对此，主客区分，不过是从此种纯粹经验中派生出来的。

然而，通常我们都以主客对立为前提，在此之上思考经验的成立。如前所述，西田在《善的研究》第二编《实在》中论及"必须去掉所有人工的假定，将无法再怀疑的直接知识作为出发的根本"，西田使用"人工的假定"这一语词所要表达的，可以说正是在指预先在主客对立的架构之下思考经验之成立这件事。

对此，西田主张"并非有个人才有经验，而是有经验才有个人"（1/24）。为了将"直接的知识作为出发的根本"，必须返回到经验本身，而非被假定的个人存在。西田在《善的研究》中所要主张的，可谓返回经验中。

从以上论述可窥得笛卡尔与西田对行为或作用的主体以及经验的不同理解。接下来我们将转而关注产生这种差异的背景，即试图探讨方才所见的主张是否是在某种前提之下才得以产生。

"思想间的对话"是什么，何以必要

有一种观点认为，各自语言或语言的构造是其主张的前提。法国文学研究者中川久定（Hisayasu Nakagawa, 1931~ ）发表在《思想》上《笛卡尔与西田——两大哲学的语言的前提》[①]中正聚焦于这一点上。

中川在论文中试着回答方才所说的"某种前提"，认为其与语言相关。中川主张，笛卡尔和霍布斯之所以主张"我们无法设想任何脱离主体（基体）的活动"，是因为他们以拉丁语——当然也可将法语、英语等现代欧洲语言一并纳入考虑——特有的语言构造作为根据。

因为在这些语言中，动词所承担的所有行为都需要主体（主语）的存在。就笛卡尔"Cogito, ergo sum"这一命题来说，不管是动词 cogito 还是 sum，主语虽然在形式上没有被表达出来，但在动词第一人称单数形式的词尾变化中，实质上已经表现出其主语即 ego。由此，对于使用动词屈折变化的语言进行思考的人而言，主体（主语）先于行为存在是理所当然。对于"我们无法设想任何脱离主体（基体）的活动"这一命题，不管是说法语还是说英语的人都能立即一致表示赞同。

然而，对于使用的语言具有完全不同构造的人来说，这绝不能说是个绝对的前提。中川在论文中所要主张的是，使用欧洲诸语言的人拥有特有的"语言的前提"，在这一前提之下，人们主张"我们无法设想任何脱离主体（基体）的活动"，并且，不管是笛卡尔还是霍布斯，都对此种"语言的前提"无自觉——正如序中所言，西田也并未自觉到自己"语言的前提"。笛卡尔在《第一哲学沉思集》中回应霍布斯针对第二沉思的批判时，曾说过这样一句话："虽然法国人和德国人脑中浮现的是完全不同的语言，但究竟有谁会怀疑他们能够对同一件事物进行推理？"（7/178~179）即使这在法国人和德国人之间是可能的，但在使用结构完全相异的语言的人之间，就不一定如此了。

让我们将目光转向非屈折语的日语。在日语中，仅用"热""痛"或"完成了""太好了"等没有人称变化的述语即可成句。在日语的此种构造中，方才所见笛卡尔与霍布斯都有共通的理解，即"我们无法设想任何脱离主体（基体）的活动"便不是必然的。

日语产生这种表达的构造并非偶然。这种表达形式被采用有其根据所在。

[①] 中川久定在《笛卡尔与西田——两大哲学的语言的前提》（《思想》第902号，1999年）中，论述道笛卡尔与西田思索的"语言的前提"，并认为两者都对各自的前提无自觉，这一点成了两者思索的限制。

就"热"这一情况来说,"热"的经验的形成并不需要以主体(基体)为前提,所以采取了这种表达形式。语言构造的不同,恐怕跟"经验"的存在方式不同有关,毋宁说是紧密相连,从语言中分离出来的经验或从经验中分离出来的语言,都是无法思考的。

在日语中,经验的形成并不需要以主体(基体)为前提的形式,接下来将具体思考这一点。例如,我们会有"有钟声"(鐘の音がする)或"传来钟声"(鐘の音が聞こえる)的表达。在此可以说,经验经由主体退居至背景而形成。在此被体验到的,仅仅是"传来钟声",而非"我听……"(私が……聞く)这一事态。在德语中,要表达同样的事情,需要用"Ich höreeine Glockeläuten.",若换成英语便是"I hear a bell ringing.",在此"我"明显在场,经验经由"主体"保持优越性而形成。

在日语中,表达的构造中看不到这种主体=主语的优越性,即仅用非人称的东西——对于任何人而言都可能的"有钟声"这一事态——来表达。之所以能够如此,并非因为人们常说的主语被省略,而是因为该经验经由非人称的方式或前人称的方式形成。"有钟声"是第一次经验的样态,只不过,当有必要特定"我"这一主体=主语时,第一次的经验便会加入反思的成分,这时经验才被明确表现出来。

若笛卡尔和西田主张的差异是因为此种经验或语言构造上的相异,那他们便是在无意识之间将看似理所当然的东西作为了前提,而意识到这一"隐藏的"前提是极为困难的。

正是因此,将基于完全不同前提的主张放在对立的位置上,加以比较,由此发现何处不同以及为何不同,是有必要的。换言之,通过将两者作为镜子相互映照,能够照亮那"隐藏的"前提,探讨各自思想是否以先入之见为前提。由此,如果有先入之见,便可将之去除,重新提出问题——这相当于是在个人与个人的"对话"中在对方之中"打开"自己。以上便是我在"思想间的对话"这一语词之下具体思考的问题。

我之所以强调"对话"的意义,是因为在哲学中,正是"对话"提供了对事物追根究底的动力。

日本的大学教育与老年人再社会化

〔日〕笠原清志* 著　王勇丽** 译

【摘　要】老龄化问题带给社会的冲击有目共睹，制度层面的大范围重构迫在眉睫。中日韩三国的老龄化率明显高于世界平均水平，其中日本是三个国家中老龄化率最高的。进入老龄化社会，支撑社会保障和养老金制度的现役劳动人口的比例就会逐渐下降。伴随少子高龄化的发展，越来越多的高校已经认识到大学本身不再只是年轻一代的学习场所，中高年龄层也应当成为受教育的对象，这也意味着大学需要通过自我革新，成为一个终身教育和学习的场所。文章希望以"立教第二阶段大学"为例，为逐步深化的少子高龄化问题提供一个新出口。

【关键词】再社会化　大学教育　老龄化　立教第二阶段大学

【要　旨】急速な高齢化の進展によって、従来の社会保障や年金制度は大幅な制度的再編を余儀なくされる。日本、韓国、中国の高齢化率が世界の平均よりかなり高く、日本が三国のうちで最も高い。高齢化社会においては、社会保障や年金制度を支えていく勤労者人口の割合が低下していく。大学が明示しないまでも、大学自身が若年層に限らず中高年層も対象とする学習の場へ、そして生涯にわたる教育、学習の場としてのシステムを備えた大学へと、自己革新していくことを意味している。本文では、立教セカンドステージ大学を例に、少子高齢化社会の新たな出口を探してみたい。

【キーワード】再社会化　大学教育　高齢化　立教セカンドステ

---

* 笠原清志，迹见学园女子大学校长、教授，主要研究方向为社会学。
** 王勇丽，北京日本学研究中心博士研究生。

ージ大学

Abstract: Since the impacts of agingon society havebeen widely recognized, there is an immediate need for large-scale reconstruction at the institutional level looms ahead. The aging rate of China, Japan and South Korea is significantly above the world average, with Japanwitnessing the highest. In an aging society, the proportion of the existing workforcesupporting the social security and pension system will gradually decline. With declining birth rate and aging, more colleges and universities have realized that the university itself is a place of learning not onlyfor the younger generation,but also for the middle and high ages. This means thattheuniversityneeds to upgrade itself asa place of lifelong education and learning. As an example of the second stage (graduate stage) of the Rikkyo University, this article aims atproviding brand new solutions for the increasingly declining birth rate and aging.

Keywords: Resocialization; University Education; Aging; Rikkyo Second Stage University

前　言

截至2015年10月，日本总人口为1.27亿人，而老龄化率（65岁以上老年人在总人口中的占比）高达26.7%。老年人口与劳动力人口（15~64岁的人口）的数量关系，即老年抚养比为1∶2.3。未来日本的老龄化率将会进一步升高，到2060年老年抚养比将低至1∶1.3。急剧发展的老龄化，毫无疑问会给现有的社会保障制度、养老制度带来巨大冲击，制度层面的大范围重构迫在眉睫。

在家庭结构不断向核心家庭化转变的过程中，越来越多的老年人被置于子女家庭关照之外，成为一个无法回避的问题。同时值得注意的是，很多老龄社会政策并没有考虑大家庭结构和区域社会的转变，缺乏老年人意识层面的改变，这也导致了老年社会问题的进一步加深。所谓老年社会问题，既需要立足于现代社会结构的转变、从经济状况和健康状态加以区分，同时还要去思考不同年代和阶层的个体如何能够主体性地参与到社会中的问题，这也是值得我们进一步深入探讨的话题。

有关支持老年人终身学习的相关经验，依赖现有高校主导的法国模式和重视老年人自律学习理念的英国模式最具代表性[①]。面对老龄化社会的到来，各个国家有必要根据自身的社会结构、政治体系，以及公民与大学的角色，构建一个能够保障老年人社会主体性参与的制度体系。制度层面的应对和意识层面的再社会化就如同两个车轮，少了任何一个方面社会这辆"车"都无法前行。单纯制度层面进展迅速，会使车子因失去平衡而倾倒。在老龄化社会到来之际，本文通过考察老年人再社会化中"话语"与"场"的含义，向大家介绍一下重视现有大学主导性作用的老年学习模式——立教第二人生大学的情况。

一 中日韩老龄化现状

联合国将老龄化率超过 7% 的社会定义为"老龄化社会"，将老龄化率超过 14% 的社会定义为"老龄社会"。日语中用"倍加年数"来衡量一个国家的老龄化速度，指的是该国从"老龄化社会"转变为"老龄社会"所要花费的年数。从图 1 可以看出，中日韩三国的老龄化率明显高于世界平均水平，其中日本是

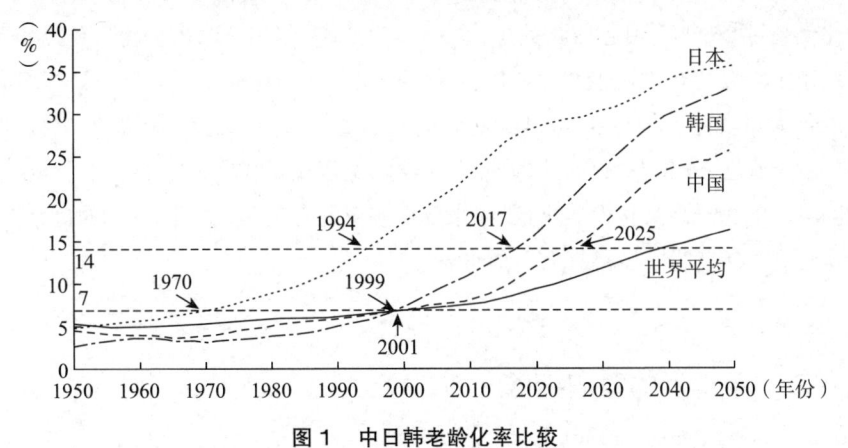

图 1 中日韩老龄化率比较

注：65 岁以上老年人超过 7% 即为"老龄化社会"、超过 14% 即为"老龄社会"，这是衡量老龄化进程的重要指标。出处：大泉启一郎基于联合国 World Population Prospects; The 2010 Revision 作图（『日経ビジネス』，2012 年 11 月 30 日 https://business.nikkeibp.co.jp/article/report/ 20121126/240076/）

---

① 木下康仁，「国境を超えるシニアの学び：University of the Third Age 運動の国際展開」、立教大学社会学部応用社会学研究東京、立教大学社会学部、2018、No.60: 1–3.

三个国家中老龄化率最高的,而从"老龄化社会"转变为"老龄社会"的"倍加年数"来看,韩国历时最短、速度最快。

大泉启一郎在研究中指出:伴随中日韩等亚洲国家老龄化率的不断升高,促进经济发展的"人口红利"已经在逐渐消失[①]。日本是在获得了一定财富积累之后迎来老龄化的,但韩国、中国以及泰国等,却是在"未富先老"的状态下迎来了老龄化的急剧推进。在亚洲各国"人口红利"逐渐消失的同时,老龄化问题也在悄然、快速地前行。

<日本>老龄化率7%：1970年　　　<中国>老龄化率7%：2001年
　　　　老龄化率14%：1994年　　　　　　老龄化率14%：2024年
　　　　倍加年数24年　　　　　　　　　　倍加年数23年
<韩国>老龄化率7%：1999年　　　<泰国>老龄化率7%：2001年
　　　　老龄化率14%：2016年、　　　　　老龄化率14%：2022年
　　　　倍加年数17年　　　　　　　　　　倍加年数21年

日本是亚洲国家中最早进入"老龄化社会"的,转变为"老龄社会"用了24年,并且在2010年老龄化率超过21%进入"超老龄化社会",到2015年这一比例超过26.7%,引起广泛关注,但韩国从"老龄化社会"转变为"老龄社会"只用了17年,比日本的老龄化速度更快。中国在老龄化速度上虽然与日本相当,但老年人口实际数量将在2024年远远超过日本达10倍以上。亚洲各国的"倍加年数"都在20年左右,而法国用了115年,英国用了47年,德国也用了40年。亚洲各国的少子高龄化发展迅速,未来要做好仅花费英国、德国1/2的时间从"老龄化社会"转变为"老龄社会"的准备。

二　老年人的意识变革

进入老龄化社会,支撑社会保障和养老金制度的现役劳动人口的比例就会逐渐下降。以下几点就是影响日本社会保障制度可持续性的几个关键问题。

①收支平衡问题;

②老年人护理的社会化问题;

---

① 大泉啓一郎、「老いていくアジア　繁栄の構図が変わる時」、P37、東京中公新書、2007年.

③家庭、社区的支持角色问题；
④老年人的再就业与再雇用制度的改善；
⑤女性劳动环境的改善；
⑥护理人才的保障与法律的修订；
⑦其他。

即便进入老年期，人们仍然习惯于一直以来的生活方式和水准，而如果依赖社会保障和年金制度来保证这样的生活水准，就很难实现"收支平衡"。老年人不仅收入减少，还应当对自身社会地位和角色的变化保持自觉，通过内化符合这一年龄阶段的生活方式和行为方式，以减轻维持社会保障和年金制度的财政负担。老年人再社会化的过程，不是国家或社会的强制性过程，而必须是通过与同辈群体对话实现"自我重构"，通过自己的"话语"实现自我角色的自觉和内化的过程。

老年人的再社会化与"自我重构"的背景在于日本社会结构的变化。总务省统计局劳动力调查数据显示，1957年6月就业人口中雇佣劳动者人口为2017万人，就业率为47.5%，不足1/2。但到1987年6月这一数据就上升到4426万人，占比74.9%。到2016年11月，这一数据再次上升至5733万人，占比达88.9%，将近90%的劳动力人口在企业、自治体等平台就业。从事农林水产等第一产业的劳动者，以及木匠、水泥匠等手工劳动者，他们是没有退休年龄的，只要有能力无论多大年龄都将作为"行业老将"活跃在行业第一线，始终是他人的坚实依靠。

楠木新指出，在日本社会结构变化过程中，面对老龄化的发展，老年人生活方式面临困境。也就是说，企业、自治体等平台的就业者，多数情况是因为有统一的退休基准，即使想继续工作也不得不退休。与第一产业的劳动者和匠人们不同，对他们而言退休即离开工作岗位，因而不得不重新思考该如何面对未来20年以上没有范本的老后生活。

"在一个没有战争、和平且富裕的时代"从事一项名为"上班族"的工作，伴随就业人口数和就业率的急剧上升，退休后的生活方式问题必然成为一个全新且重要的普遍性社会问题。谈到"退休后"，人们经常单纯的将其与"老龄化问题"相提并论，但事实上我们还是有必要将这些问题也纳入进行理解。[①]

---

① 楠木新、「定年後 50歳からの生き方、終わり方」、P26、東京中公新書、2017.

三　老年人的再社会化

我们正在迎来老龄化社会这样一个未知的时代，社会是每一位老年人实现意识再社会化的场所，因而未来应当基于此来完善新的社会政策。所谓社会化，即如呼吸饮水般自然的将个体所属集团、社会的规范、价值观以及行为方式不断内化的过程。通过与他人互动，习得行为方式、价值观以及如何表达和控制情绪，并通过集团和社会化礼仪加以强化。

埃里克森[1]将社会化要分为3个阶段：①幼年期社会化，②青年期社会化，③成年期社会化。成年期的社会化，因为含有将青年期形成的人格统一进行重构的意味，从而也称其为"再社会化"。老年人在退休的同时，还将面临社会地位和角色的巨大转变，经济基础也会也会有很大变化。因而，老年人的再社会化始于自我的统一，假设预期的现实并对丧失传统角色保持心理平衡。Havighurst[2]指出，人生各个阶段都有必须完成的课题，如果能够顺利完成这些课题，就可以获得心理的满足感和充实感。老年期面临的课题以下几个方面。

①适应逐渐衰退的体力和健康状况；
②适应退休和收入的减少；
③适应配偶的死亡；
④与其他同辈群体建立密切联系；
⑤履行对社会和公众的义务；
⑥为过上满意的物质生活做好准备。

再社会化过程中的自我重建，与其说是外部强制力作用，不如说是内生问题与外部环境要求相一致的相互作用的结果。从这个角度讲，通过反省式的"话语"回顾过去的历史，从其现在的价值和立场出发进行重构，可以说也一个将容易分裂的人生重新归位于统一的尝试。阪本在Havighurst提出的老年期内省行为的基础上，指出"话语"在实现自我重构上的意义。

所谓"话语"，它可以是自我的生活史，也可以是虚拟的故事，都可以看作一种自我表达行为。这是一种内省行为，能够在描述事件外向行为的同时实现自我反思和自我理解。换句话说，叙事的自我表达是由过去的各种经验自我创

---

[1] E.H.エリクソン、『幼児期と社会1』、p317～353、東京、みすず書房、1977年.
[2] R.J.ハヴィガースト、荘司雅子監訳、「人間の発達課題と教育」、玉川大学出版部、1989年：25

造的，自我回顾是通过"话语"来促进的。①

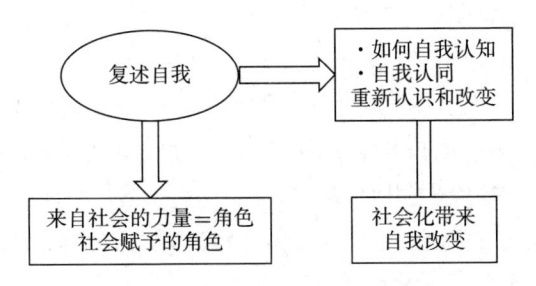

图 2 通过"话语"实现自我重构

（出处：阪本陽子、「高齢期の社会における「語り」の意義」、教育研究所紀要、文教大学、2005 年 12 月、p.76）

"话语"是"话语"者和倾听者的相互作用过程，社会通过该过程，以前被社会授予的传统角色相对化，并促进了自我认知和认同的变化。老年人再社会化的过程曾经被认为是由其在家庭和社区中的地位变化促成的。人与家人一起成长，并根据自身在家庭中的角色变化进行再社会化。在社区中也有适合老年人的地位和角色，老年个体通过他人的看法和习惯自然而然地实现再社会化。但是，随着核心家庭化的发展，以及城市化和个人隐私主义的推进，家庭和社区以往的再社会化功能在不断弱化。

在此基础上，现代社会结构的变化，产生了在企业、自治体等平台工作的庞大工薪阶层。他们一般到 60 岁或者 65 岁就会在退休、退职的名义下，失去各种社会地位和角色。互联网的普及和社交媒体的渗透极大地扩展了虚拟语言空间，但我认为网络空间单方向的"话语"表达不会带来老年人的再社会化。在虚拟的匿名社会中，很容易表露出寻求他人认同的强烈需求，即使在复述自我时也容易出现不负责任的表达，因而很难实现通过对话获得角色相对化。与同辈群体的直接沟通交流、学习和相互倾诉，是老年人再社会化的起点。

四 支持老年人终身学习

如今，高校正在积极参与各种各样的社会协作活动。与企业合作、开展产

---

① 阪本陽子、「高齢期の社会における「語り」の意義」、教育研究所紀要、越谷、文教大学、2005、76.

学联合项目和区域交流,并且积极推进全球范围的大学间交流合作等。但作为一个终身学习型教育机构,许多大学仍然处在自我革新的旋涡中。目前许多学校开设市民讲座、终身学习中心、市民大学,以及专门针对社会人的研究生院(专业人才研究生院、独立研究学院等各种研究生院),这些现象正是新型大学已经萌芽的表征。尽管各个高校并未明确表示,但这些现象意味着:他们已经认识到大学本身不再只是年轻一代的学习场所,中高年龄层也应当成为受教育的对象(包括专职人员的再教育),这也意味着大学需要通过自我革新,成为终身教育和学习的场所。

自1970年以后,对老年人学习的支援就逐渐在各个国家开始以终身学习、第二人生大学(Second stage University)、老年大学,或者第三年龄大学(U3A)等形式开展起来。现如今"跨越国境的终身学习模式:第三年龄大学"更是成为潮流,并结成U3A(AIUTA)协会等组织开展活动(木下、2018)。对老年人的支持形式和内容也开始多样化,从单纯支持老人重新学习逐步走向支持其再就业,支持他们成为真正的社会主体。很多报告显示,老年学员们以重新学习的场所为基础,人际关系从以往的"社缘关系"逐步转变为相互学习的"学缘关系",还自发结社组成NPO/NGO团体解决社会问题(坪野谷、2017)。

五 "立教第二人生大学"的设立

"立教第二人生大学"并不是文部科学省认可的普通高校,而是立教大学为社会提供的一个终身学习场所。该课程自2008年4月开始授课,目的是为以"团块世代"(1947年至1949年出生的人)(堺屋、1980;2009)为主的老年人们提供一个以人文科学教养为基础,支持他们"重新学习""重新挑战"的新学习场所。"立教第二人生大学"旨在创造一种全新的教学环境,帮助老年人自主踏入"第二人生"——将老年人们再次集结在大学校园里,使人与人之间、社区与社会之间的关系网络得以重建,同时也通过这个平台使他们成为社会参与的生力军[①]。

(一)课程特色

本科(1年制)课程包括:①老龄化社会概论,②社区设计与经营,③有关

---

① 笠原清志、「立教セカンドステージ大学設立:文部科学省設立趣意書」、2008年.

规划"第二人生"的各项课程。学员修完初级课程（1年制）以后，还可以继续进修高级课程（1年）。以往的终身学习课程一般由学员自主"点单式"选取。而"立教第二人生大学"则采取导师制，即所有学员入学后都须选定一个导师，在导师的带领下组成一个讨论小组，修完所有课程（包括必修课）以后，每位学员须从自身出发思考如何度过"第二人生"，或者针对某个特定领域，写一篇毕业论文。另外，学员们还可以免费选修2门立教大学面向本科生开设的公共课。如此，"立教第二大学"的学员就可以与普通大学生一起同窗共读，有望通过课程创造交流机会。

讨论小组扮演着连接整个大学与每位学员的中间角色，在讨论小组中学员们不仅可以讨论论文思路，即便是毕业以后，其仍然是学员们聚会、合宿、进行"话语"交流的平台。而且，每位学员不仅仅是接受教育服务的对象，他们同时也是支撑起第二人生大学的主体。他们自发组织各项活动，组成自己的新闻编辑委员会、宣传委员会、圣诞节执行委员会以及夏季清里合宿委员会等等。

（二）课程内容

1. 老龄化社会基础概论课程

退休意味着进入一个几乎完全陌生的生活环境和人际关系中，与过往人生的差距会使许多人陷入困惑。基础概论课程，就是一组指导学员在新的环境和人际关系中，重建与家庭、与社区的联系，与他人相互支持，逐渐摸索出符合自己的生活方式，开启丰富多彩的"第二人生"的课程。

2. 社区设计与经营课程

这是一组帮助学员思考"第二人生"生活方式，重新学习和重新挑战的课程。NPO/NGO被称为21世纪新公共性的执行者。立教大学未来将以NPO/NGO和构建新商业模式为核心，利用一直以来积累的各种人际关系网络，开展研讨会和实习项目等实践性讲座。

3. 第二人生规划课程

许多日本男性直到退休前一刻仍始终在为企业、公司奔忙，而家庭生活和社区社交活动则几乎全权推给他们的妻子。这种模式下，从人际关系和生活自理能力角度来看，可以想见他们退休以后的生活状态。因此，这组课程的目的就是帮助学员反省以往的生活方式和价值观，传授夫妇双方作为平等的公民主体建立理想夫妻关系时应该掌握的知识和技巧。

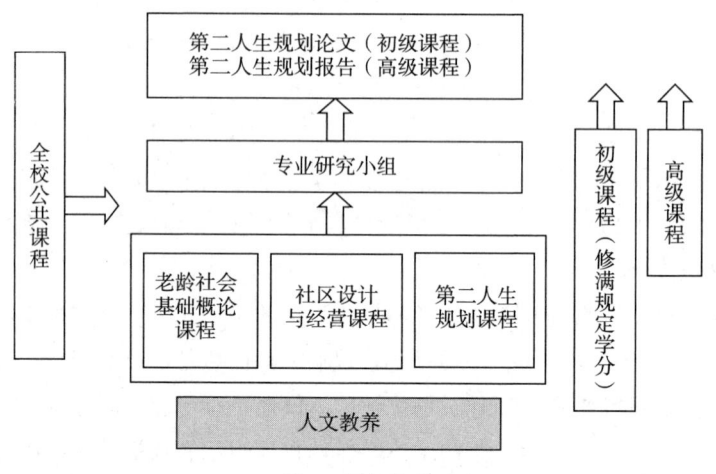

图 3　课程构成

六　学员档案

在 2008 年招收第一届学员时，设定的申请条件为年龄 50 岁以上，且只招收 70 名学员，发出资料 1500 份，最终有 170 人申请。考试费用为 1 万日元（约合人民币 600 元），申请人须根据自己的过往经历写一篇 2500 字左右的小论文，基于小论文对所有申请人进行面试。申请者中男女几乎各占一半，平均年龄 61 岁，从学历看，高中毕业占 26%，7% 毕业于专科院校及其他，短大或大学学历占 64%，还有 3% 研究生学历。自那之后招收的 10 届学员，在平均年龄和学历构成上基本没有太大变化。在入学申请时提交的小论文中，下面这些叙述和表达比较多：

> 小时候因为家里穷，没想过也不能想去读个大学。但是现如今已经将儿女养大成人、为父母养老送终，自己终于可以无后顾之忧地来读书了。

> 年过 70，其实已经做好了奔赴黄泉的准备了，但是当我看到立教第二人生大学的宣传手册时，久违的学习热情又被点燃了。

大学时代，因为社会动乱和打零工，几乎没有什么在学校学习的记忆。退休以后，不知道做什么好，一度非常困惑。听说我要去立教第二人生大学，妻子由衷为我高兴。①

让我印象深刻的是：申请者中高中毕业的女性是同等学历男性的 2 倍以上；短大或大学毕业的申请者超乎想象的多，如果将研究生学历也算在一起，这一比例高达 67%。由此可以推测，"立教第二人生大学"的学员不仅具有高学历的优势，在经济上相对充裕，对知识的关注度也较高，可以说他们是"积极的老年阶层"。当面试结束，我仿佛能够听到以"团块世代"为中心的老年人阶层正在发出"我想重回校园""该如何过好未来的人生让我困惑"的悲鸣。

七　创造新的生活方式

现在，日本越来越多的大学开始开设终身学习中心，或者针对社区、社会开办公开讲座。还有些学校专门设立专业研究生院或独立研究生院，为社会人提供再教育场所。即大学教育的对象范围在不断拓展，不再局限于以往的 18～23 岁的青年学生。未来第二人生大学要如何应对以"团块世代"为中心的老年人的教育，必将成为时代新课题。当问及开设这所学校的意义所在时，立教第二人生大学运营委员会委员、负责"个人史"教程的立花隆老师如是说②：

我认为 60 岁是人生的黄金时代。我也是过了 60 岁，才突然看清许多事情。50 岁之前拼命地工作，到如今再回头看，那时候因为思虑不足浪费了许多本不该浪费的精力。幸运的是，如今无论是大脑还是身体仍然能够健康运转。虽然不知道这种状态还能够维持多少年，但只要脑袋还清醒，就还有好多想要学习的东西。建立"立教第二人生

---

① 笠原清志，「立教セカンドステージ大学　団塊の学び直し支援」(日本経済新聞、教育欄、2008 年 9 月 29 日、朝刊)」
② 「立教セカンドステージ大学」には、その設立の趣旨に共鳴して多くの著名な方々が参加した。ロッキード疑獄の際に「田中角栄研究」を著し、その解決に大きな役割を果たしたとされるジャーナリストの立花隆氏、NHKのアナウンサーである松平定知氏、社会学者の上野千鶴子氏、そして老後の生き方研究の加藤仁氏等が挙げられる。

大学"的想法，让我欣慰之至。有的人退休以后就想悠然自得享受生活，必然也有许多人退休以后想要进入学校重新学习。在给他们讲课的同时我自己也在学习，真希望这种充满喜悦的生活能够一直持续下去。（立教第二阶段大学宣传册，2010年，首页致辞。）

"立教第二阶段大学"的教学对象限定在50岁以上，旨在通过大学的支持为这部分人提供重新学习和挑战的机会。从这个意义上来讲，它和联合国教科文组织以及日本中央教育审议会设想的一般终身教育有所不同。该校将教育对象限定在特定的年龄层，其设立主旨就是即便毕业以后，仍然为学员习得健康生活方式和拓展社会关系提供帮助。对老年人而言"重新学习的机会为新的社会参与和生活方式提供了方案"，让他们意识到"不是去对社会提要求，而是要思考我们能够为社会做什么"，"立教第二人生大学"的建校理念，是以发挥自主能动性、努力实现这些想法为前提的。

八　中国的老龄化问题

中国2013年老年人口已达1.27亿万人，并以每年860万人的速度递增，根据预测，到2050年，老年人口总数将达4.5亿人，占总人口的1/3。另外，80岁以上老年人和需要护理的老年人口以每年100万人的速度递增，到2050年，80岁以上老年人总数将超过1亿人，中国将进入超高龄社会。中国老龄化令人忧心，不仅因为老龄化率的升高，还因人口基数庞大导致的老年人口实际数量的巨大。

新中国成立（1949年）初期的高出生率和平均寿命的延长，以及30年代出生率下降等各种原因复杂交织，导致中国快速进入老龄化社会。出生率下降的主要原因是育儿成本的增加、重视个体社会价值的社会风潮以及"独生子女政策"等。在这种人口结构下，一旦促进经济发展的"人口红利期"终结，迅速老龄化带来的问题就会在社会各个领域凸显。同时，中国还面临着经济发展水平滞后于老龄化发展速度导致的"未富先老"现象。发达国家基本都是在人均GDP超过1万美元以后才进入老龄化社会的，而中国直到2017年人均GDP仍只有8643美元（名义收入），未来"未富先老"现象必将给中国社会带来巨大负担。

中日国际共同研究报告（要点）"中国人口老龄化：未来趋势及其对经济的影响和对策"一节中，提出了以下政策建议作为未来的应对之策：1）改善家庭护理条件以解决农村养老问题；2）打破城乡社会保障制度"二元体系"，促进社会融合；3）适当调整独生子女政策，将老龄化风险最小化；4）发展银发产业，打造新的经济增长引擎。

该报告从数据角度恰当分析了中国社会面临的老龄化问题，基于各领域专家的专业知识多角度、全方位讨论了目前的经济和社会政策。虽然其中提出的未来政策、论点都是基于实证数据的，提议具有启发性，但其中经济政策也好，社会政策也罢，最终都始于政府或行政立场，而缺乏从老年人自身角度进行的讨论与思考。即，该报告书缺乏通过确立老年人的社会主体地位，会给家庭、社区社会形态带来怎样的改变，以及会在多大程度上减轻社会保障和养老金制度负担这样的视角。

中日国际共同研究报告（2013年3月发行）提出5年后的今天，从中国政府公布的数据可以看出，形成该报告书的各项前提条件已经开始动摇，相关的财政收支正急剧恶化。财政部数据显示，中国2016年保险金收支赤字为6056亿元（约合日元10兆5千亿日元），以养老金、医疗保险为中心的财政赤字较2015年增长70%，为填补赤字的财政补贴达1兆千亿元，是5年前的2倍。未来伴随少子高龄化的加剧，不可避免地会进一步推升财政补助金额，这必将成为未来中国的巨大财政负担。

结　论

目前，中国"文革"一代正在老去。当他们逐渐褪去主要社会角色且经济相对宽裕时，65岁以后的人生究竟该如何度过的问题会自然凸显。在这个过程中，"广场舞"就闪亮登场，他们希望通过"唱歌跳舞"找回那些年轻时没能享受到的快乐。这其中无意识地混杂了"想要找回失去的什么东西"或者"得为未来做点什么"的反省和对未来的焦虑感。这种集体性心理行为，一旦失去目标或者经济基础出现动摇，很容易转化成对他人和社会的强烈攻击性行为。而老年人的这种自我反省和对未来的焦虑感，通过学习和再社会化建立起新的人际关系，可以促使他们主动地进行社会参与。

"立教第二人生大学"从建立之初就受到社会的广泛关注，电视、广播、报纸以及各种杂志争相报道。受到关注一个很重要的原因在于，我们的出发点是希望老年人通过在大学的再社会化实现自律、自立。因为"立教第二人生大学"的成立跨越了传统大学终身学习的框架，即便毕业以后也可以通过"Support Center"给予老年人支持，为社会提供了一中全新的商业模式。来自美国哥伦比亚大学、捷克共和国查理大学的社会教育研究者，以及许多日本大学的学者、文部科学省官员等都积极来到这里旁听或是发来实地考察请求。2014年11月，"立教大学"作为终身学习最先进案例，接受了日本文部省大臣下村博文及"终身教育执行会议委员会"（教育再生実行会議委員会）一行的视察访问。

　　日本在短短24年间，从老龄化社会一跃成为世界首个进入老龄社会的国家。虽然"立教第二人生大学"起源于发达国家日本，但希望它能够成为未来老龄化问题不断深化的中国的一个参考，去思考中国大学的形态以及终身学习的新模式。也就是说，面对不断深化的老龄化问题，要完善社会保障和养老金制度，缓和对各项社会制度的负荷，必须要有大学、企业、NPO/NGO等支撑老龄社会的社会主体来参与。

【参考文献】

中国高齢者産業調査報告書、日本貿易振興機構（ジェトロ）、北京事務所、2013年3月．

日中国際共同研究報告書、中国の人口の高齢化：進行の趨勢、経済への影響及び対策、内閣府経済社会総合研究所、2012年8月．

大泉啓一郎、「老いていくアジア　繁栄の構図が変わる時」、中公新書、2007年．

E.H.エリクソン、『ライフサイクル、その完結＜増補版＞』、みすず書房、2001年．

木下康仁、『シニア：学びの群像　定年後のライフスタイルの創出』、弘文堂、2018年．

木下康仁、「国境を超えるシニアの学び：University of the Third Age 運動の国際展開」、『立教大学社会学部応用社会学研究』No.60、2018年．

王勇丽、「退休老年人再社会化的测量指标开发」、北京外国语大学[D]、2015年11月．

堺屋太一、『団塊の世代』、文芸春秋社、1980年7月．

堺屋太一、『団塊の世代』、出版文化社、2009年3月．

坪野谷雅之監修、「立教セカンドステージ大学：RSSCの社会貢献活動の軌跡」、21世紀アクテイブシニア社会共生研究会編、2017年11月．

笠原清志、「団塊の世代とセカンドステージ大学」、文部科学省編『マイナビ』、2008年1月．

日本経済新聞、「老いる中国　社会保障重荷」、2018年2月28日．

日本近世的"四书学"

〔日〕辻本雅史* 著 邢永凤** 译

【摘　要】明代四书学经历了成立、展开,到固定为经书的历史过程,日本在德川时期(1603~1868)接受了明代四书学,意味着日本的思想、知识被纳入了同时代的东亚儒学文化圈。

但日本在具体的接受过程中既有忠实于朱子学的朱子学派,也有对抗明代四书学的崎门学派,还有以解构四书学为目的的伊藤学派以及创立了五经学的徂徕学派,呈现出百家争鸣的局面。另外,随着和刻本以及四书学的学习用书的不断出版,儒学在日本逐渐成为道德教化之学。

【关键词】日本近世　四书学

【要　旨】明の四書学は成立から展開へ発展し、経書化することで明の学問世界の代名詞になった。徳川日本が明の四書学を受け入れることにした。それは日本が同時代の東アジアの儒学文化圏に属すことを意味しているようになった。

しかし、徳川日本は四書学を受け入れる中、様ざまな有様を呈している。朱子学に忠実に祖述する朱子学者が存する一方、明の四書学を対抗する安齋学派がある。そればかりか、脱四書学を目的とする伊藤仁斎、五経学まで創立された徂徠学もあった。また、和刻本の出版と教育の発展に従って、四書学をはじめとする儒学はその後の日本では道徳教育の学問になりつつであった。

---

* 辻本雅史,京都大学教授,主要研究方向为教育史、近世日本思想史。
** 邢永凤,山东大学外国语学院教授、博士生导师,主要研究方向为近世日本思想史、中日文化比较研究。

【キーワード】近世日本　四書学　受け入れ

Abstract: The Four Books in the Ming Dynasty underwent a process of establishment, development, and definition as Confucianclassics. Japan accepted the studies of ofFour Books in the Tokugawa period (1603~1868), which meant that the thoughts and knowledge of Japan were incorporated into the contemporary Confucian cultural sphere of East Asia.

However, during the acceptance, there was the school of Zhu Xi which stayed true to Zhu Xi's philosophy, the school of Yamazaki Ansai which was against the Four Books of the Ming Dynasty, the school of Ito Jinsai which aimedat deconstructing the Four Books, and the school of the Ogyū Sorai which initiated the study on the Five Classics. Different thoughts flourished throughout Japan at that time.With the publication of the Japan block-printed editions andcoaching books for the Four Books, Confucianism gradually became a school of moral education in Japan.

Keywords: Japan Morden; Study of Four Books; Acceptance

一　四书学的成立——作为一种方法的概念

在日本德川思想史的研究中，四书学并非一个不言自明的概念，四书学的成立与朱子学的成立同时进行。即朱子继承了二程（程明道、程伊川）的《大学》修订工作，将《大学》作为"初学入德之门"之书，将《中庸》作为"孔门传授之心法"即传授道统的真理之书，从《礼记》中选出，然后把这两本书与记录孔子、孟子的具体言行的《论语》与《孟子》一起定为四书，构建了一个具有一定完整意义的学问世界。这意味着四书被赋予了经书的地位，"四书学"由此成立。

具体说来，朱子编写了"章句"以配合《大学》《中庸》的原文修订，另外，他还编写了《论语》《孟子》的"集注"，之后将以上的"章句"与"集注"合并成了"四书集注"。接着，朱子编著了"四书或问"，并进行了解说。朱子为经书化的四书赋予了完整的学术意义，为自己的知识世界提供了思想依据。也就是说，朱子通过被称为"四书集注"的四书注释，创立了具有高度思想性的完整的学术理论。这便是四书学的成立过程。朱子认为，"语孟集注添一字不得，减一字不得"（《语类》卷十九第五十九条），又规定了学习四书的顺序（学、论、孟、庸），展现了其知识的紧密性与完整性。另外，在朱子四书学之外，五经起着补充四书的作用。

不过，朱子自己并没有将其认定为四书学，也没有使用这个名称。他应该也没有想到此后会出现以此为名称的学问。由此说来，这里所说的四书学，只是一种暂时性的概念，或者说是一种方法的概念。可以将其称为"作为方法的四书学"。

二 四书学的展开——科举之学

元代朱子学被认定为正统学问，从而确立了其科举之学的地位。这意味着朱子学成为研究与学习的基本知识。元代，程瑞礼著成《程氏家塾读书分年日程》一书，规定了科举应试的学习课程（标准的朱子学学习法）。

明代又有了进一步的发展。洪武十七年（1338），"科举定式"广为流传，学习法和学习原文标准化有了新的进展。从四书学角度来看，这意味着，志在科举的年轻学子，将四书作为最重要的经书，参阅集注研读四书。也就是说，学习知识就是参阅集注、研读四书。于是，对"四书集注"读法的讨论成为这一时期的热点，这可以看作明代四书学的展开。这些研读与解释"四书集注"学术的出现，意味着四书集注的解释书，即四书疏释之类的书相继出现。

四书的疏释书（集注注释书）最早始于南宋时期[①]。元代时期则出现了胡炳文的《四书通》（1330年以前刊行）、陈栎的《四书发明》、倪士毅的《四书辑释（大成）》等。在此基础上，明代时期，国家规定与统一了科举所应依据的集注注释之学。永乐十三年（1415），永乐帝下令编纂刊行了《四书大全》（胡广编，同时还有《性理大全》《五经大全》）。这本《四书大全》主要依据倪士毅的《四书辑释》与吴真子的《四书集成》，是集四书集注疏释书的大成之作。这样，法定了科举的学习用书，"明代四书学"内容得到了统一。另外，注疏

---

① 例如，真西山的《四书集编》、赵顺孙的《四书纂疏》、祝洙的《四书集注附录》等等。

本大量出版的一个重要原因是南宋中期以后，其中包括明代后半期，商业出版的普及与渗透[①]。

三 "集注"的经书化——四书学的固定

如上所述，明代朱子学的四书集注成为科举考试的主要内容。于是学子们通过参照《大全》疏释书广泛研读集注。这样，集注本身被看作"无谬的原文"，事实上集注占据了经书的位置。也就是说，依据疏释书研读集注，结合集注理解朱子学，这样就完成了将朱子学看作儒学正统的"知识轨道"。如果科举制度脱离了这一轨道的话，就会被烙上"异端"的烙印。明代四书学，就好像是在这样一条封闭的线上不断反复再生产，而失去了对朱子学客观审视。

从明代四书学的"知识轨道"上脱离出来的异端之一便是阳明学。王阳明以《大学古本》(《礼记》大学编)作为自己学说的依据。即，反对通过"格物致知"研究"理"的《大学章句》，主张应重视"诚意"的《大学》。阳明学通过再次解释四书之一的《大学》原典而成立。阳明儒学的革新在于其破除了明代正统四书学的原文解释。明清时代，出现了很多重新审视朱子学的运动，思想史上也得到了新的发展。但是这些异端受到控治，明代四书学的科举体制一直持续到了清代末期。也大量出版了以明代四书学为据的科举学习用书。16世纪到17世纪传到日本的儒学书籍，主要是科举学习的出版书之类。

四 17世纪德川日本对四书学的接受

16世纪后半期到17世纪，日本对大陆、朝鲜的正统学问（朱子学）产生了浓厚的兴趣，旨在以此替代佛教。16世纪后半期之后，朝鲜、中国的木版图书成为日朝贸易、日中贸易的主要输入品之一。虽然其中也有少量的手抄写本，但大部分是木版图书。中国、朝鲜的科举制度根深蒂固，同时也大量流通着四书学的集注疏释书和学习用书。明代商业出版的普及和木版图书的大量出版，

---

① 佐野公治《四书学史の研究》东京 创文社、1998年。井上进《中国出版文化史——书物世界と知の风景》名古屋 名古屋大学出版会、2002年。

促进了四书学书籍的流通，也促进了书籍向日本流入[①]。江户时代，舶载本被带到了贸易港口长崎。经长崎的幕府官员"书物审查"后，由幕府首先购买一些必要的书籍，之后诸侯国、民间书店便竞相购买。当时，幕府的图书选定工作由林家来负责。购买的图书被收藏在幕府的文库、江户城内的红叶山文库之中。林罗山的工作之一是选定应当购入的舶载本，然后对这些书籍进行"点校"[②]。罗山的训读被称为"道春点"，而且被看作训读的标准。另外，在福冈藩担当此工作的是贝原益轩，他的训读被称为"贝原点"。

17世纪的日本接受了中国科举制度下的朱子学即明代四书学。这意味着日本列岛的思想、知识被纳入了东亚同时代的儒学圈。日本被纳入东亚儒学圈的媒介是出版。德川儒学的创始者藤原惺窝（1561~1619），确实受到了在战争中俘获的朝鲜知识分子的直接影响，但是如果没有朝鲜、明朝汉籍的舶载本，他就无法形成自己的知识体系。藤原惺窝的门生、仕于德川幕府的林罗山（1583~1657）正是通过阅读舶载本接受了朱子学。除此之外，贝原益轩（1630~1714）、中村惕斋（1629~1702）、安东省庵（1622~1701）、毛利贞斋（生卒年不详）等16世纪末到17世纪的儒学者，也大抵如此。

在此，以福冈藩儒学者贝原益轩为例，考察他们通过舶载本接受朱子学的实际情况。益轩在担任图书购入一职之后，很早接触到了长崎的舶载本。虽然他几次亲自前往长崎，但平时一般都是由相交颇深的长崎商人将输入书籍的目录送给他。

益轩读了何种舶来的儒学书籍？益轩编纂了四书集注的注疏本。他将入手的大全本以及明末的注疏本进行了筛选，编纂了面向日本初学者的简单的注疏本，并立志出版新的学习用书。在编纂第一卷《大学新疏》的时候，他选择了如下的舶载本作为摘录的对象。也就是说，至少以下这些舶来的木版图书，他都读过。

首先是《朱子语类》。这本书的前提是《大学章句》中的解释。第二本是元代倪士毅的《四书辑释》（《四书辑释章图通译大成》1342年刊）。此书继承了其师陈栎的《四书发明》，并参照了胡炳文的《四书通》。同时忠实于朱子学说，是此后出现的《四书大全》的底本。第三本是《四书大全》。此书以前面提到的

[①] 大庭脩《汉籍输入の文化史——圣德太子から吉宗へ》东京 研文出版、1997年。大庭脩《江户时代における中国文化受容の研究》东京 同朋社、1984年。
[②] 即在舶载本上添加读音顺序符号、送假名等辅助记号以便日语阅读。（译者注）

倪的《四书辑释》为底本,是集吴真子的《四书集成》等其他的南宋之后的四书学书籍的大成之作。比起《大全》来,益轩对《辑释》大加赞赏。因为他不喜欢《大全》的"小注繁缛支离而不切"(益轩《读经总览》)。此外,还有蔡清(虚斋)的《四书蒙引》(1504年前后刊)、林希元的《四书存疑》(1523年原序)、陈栎(紫峰)的《四书浅说》(16世纪中期成书)。这三本书都排除当时阳明学系的解释,对明代科举标准的正统朱子学进行了注释。益轩认为:"《蒙引》《存疑》《浅说》以朱子为宗,初学之徒不能理会于朱注者,须以此等说为阶梯。"(《读经总论》17页)其对这三本书进行了很高的评价,指出它们是有利于初学者理解"集注"的学习用书。另外,益轩认为明代卢一诚的《四书讲述》、王纳谏的《四书翼注》、张居正的《四书直解》也有一定的帮助。他指出,元明两代有很多的注释书,但除了以上书籍,没有其他有用的书籍(《读经总论》)。此外,益轩否定陆王学(阳明学)认为其"阳儒阴佛"。另外,在德川日本的《大学》解释书中,有迹象表明益轩浏览过山崎暗斋的《大学启发集》,但他对此完全没有引用过[①]。综上所述,益轩以明代科举知识为前提,以明代出版的标准四书学学习用书为基础,对朱子学进行了研究。

当时林罗山等众多的日本儒学者所读的书(朱子学——四书的学习),可能也和以上这些书籍类似。其中,例如,林罗山没有对集注进行解释(编纂注疏书),而是致力于在舶载本上添加训点,以使同时代的日本人能够读懂这些书籍。此后,他添加训读的汉籍原典得以出版发行。

结果,17世纪的日本接受大陆儒学时,除了《四书集注》等朱子原典外,同时还有朱子的集注,以及注疏之书。因此,日本儒学者们选取明末的各种注疏类书,并在此基础上确定研究方向,研读四书和朱子的集注。这意味着17世纪的德川儒学被纳入了东亚同时代的儒学圈之中。

五 对抗明代四书学——山崎暗斋与崎门派

在德川日本,不仅有着接受明代四书学的儒学者,也存在强烈反对明代四书学的儒学家,山崎暗斋(1618~1682)就是其中的一个。他指出,明代科举

[①] 辻本雅史《贝原益轩と出版メディア——〈大学新疏〉编纂と出版の努力》《近世思想史研究の现在》东京 思文阁出版、1995年。辻本雅史《贝原益轩对〈大学〉的解释》,黄俊杰编《中日〈四书〉诠释传统初探(下)》台北 台湾大学出版中心、2004年。

中所规定的注疏本，即明代四书学已经陷入了琐碎的训诂注释学之中，脱离了朱子本来的学问。他抨击了以贯彻四书集注的训诂注释的"朱子末学之书"为依据，理解朱子学的方法性错误。这实际上是他与以同时代日本儒学者们的方法性错误进行对抗。暗斋对明代四书学的否定，从侧面反映出了同时代日本的多数朱子学者，以明代四书学的训诂注释学为宗的事实。

暗斋反对明代四书学，希望像朱子"体认自得""理"一样，用追求别人经验的方式，自己理解体会朱子学[①]。崎门学的这种方法是使朱子学精神深化到自身之中，在社会生活中实践朱子学。在这种情况下，他设法通过身体而不是原文来体验理。也就是说，暗斋确信通过读"文字媒介"的方法，将无法达到"理的体验"的目标。只有通过暗斋亲身进行"讲释"这一方法，才能对门人弟子进行知识的传授。对暗斋而言，"知的媒介"不是出版的书籍，而是活着的身体。暗斋的思想只忠于朱子这个人的知识。从这个意义上说，暗斋否定明代四书学，但不否定朱子四书学。他认为，"媒介"不是"文字"而是自己的"身体"。这体现出了暗斋独特的思想。暗斋认为，思想只有通过自己的身体在日常生活中实践，才是活着的思想。这便是暗斋学（崎门学）的思想。

六　解构四书学——伊藤仁斋

京都商人出身的伊藤仁斋（1627~1705），生存在以注疏书为依据的明代四书学和与之相对抗的暗斋学的夹缝中。青年时期的仁斋和当时的儒学者一样，努力自学研读从明、朝鲜舶载而来的舶载本，但最终却陷入了知识的危机之中，受到了不小的打击。之后，他与暗斋朱子学理的形而上学相对抗，从"人伦日用学"的立场出发，创立了独特的仁斋学。即他没有以朱子学为宗，而是直接把握和实践"孔孟之道"。仁斋认为《论语》是"最上至极宇宙第一书"，孔子是"最上至极宇宙第一圣人"，而《孟子》是《论语》的"义疏"。也就是说，他坚信唯有《论语》《孟子》中所指出的"孔孟之道"才是真理，并从"人伦日用学"的视点，阅读了所有的经书，仁斋创立了意在以探求经书"古义"为目标的"古义学"。结果，仁斋写成了《大学非孔氏之遗书辩》一文，将《大学》排除在了经书之外，之后又对《中庸》进行了批判。也就是说，仁斋并没有对明代四书

[①] 子安宣邦《江户思想史讲义》第二章、东京 岩波书店 1998 年。

学进行原文解释，而是通过自己的严密的四书原典批判最终创立了新的仁斋学（古义学）。这一学说也采取了对四书原典进行新解释的形式。这样，仁斋不仅否定了明代四书学，同时也否定了朱子系统归纳的朱子四书学。如上所述，仁斋学在德川日本时期，解构了四书学从而实现了"脱四书学"。

七 五经儒学的成立——荻生徂徕

荻生徂徕（1666~1728）贯彻了伊藤仁斋开创的解构四书学和"脱四书学"的路线，创立了与四书学相对抗的以五经（六经）为中心独特的儒学学说。这就是徂徕学。徂徕认为五经之后没有朱子学所假设的"理"。他指出，"圣人之道"存在于五经原文之中，并通过具体化的形式（物）体现。五经不是理论或解释的原文，而是由先王（圣人）所规定的"物"——"教诲的条件"。五经虽然是文字原文，但体现着先王所规定的"物"。这就是徂徕的经书观。因此，从原理上说，五经不是解释或注释的对象。虽然徂徕著有《论语》的注释书《论语征》，但并没有写五经的注释书。从这个意义上说，徂徕学虽然抛弃了四书学创立了五经中心主义，但并没有形成新的"五经学"。

徂徕并没有依据"朱子末学"的学习用书形成自己的学问。他的学问主要是青年时期，在上总的农村自学《大学谚解》而形成[①]。徂徕学通过"脱四书学"的仁斋学，对四书进行了批判，从而彻底脱离了四书学。最终，徂徕依据先王的绝对性而不是孔孟的权威，通过研究五经，主张"治国安民的儒学"。

徂徕学的成立过程中，也在方法上反对暗斋学。暗斋学不是通过读书传授理的"体认自得"，而是以老师"讲释"的形式传授。徂徕强烈反对这种方式，这与徂徕学的古文辞学有着很深的联系。在排斥明代四书学这一点上徂徕学与暗斋学相同，但是与暗斋的"讲释"学相反，徂徕认为读书的目的应是"习熟"先王时代用"古文辞"写成的五经。

可以说，徂徕在青年时期通过在农村"看读"中国的书籍从而形成了自己的知识体系。由此，徂徕对汉文的日语读法产生了根本性怀疑。经书均由中国且是古代中国的语言写成，经书的语言因时间与空间的差距将日本人双重隔绝在外。这本来就是日本人读不懂的语言。怎样读懂，成为徂徕直面的难题。但

[①] 吉川幸次郎《徂徕学案》《仁斋、徂徕、宣长》，东京 岩波书店 1975 年。

这不是从徂徕开始才出现的问题，而是自古以来一直困扰着日本人的难题。在历史上，至少在12世纪，日本便以和训法即在汉文上加上"读音顺序符号、送假名"的日语读法。但是，徂徕否定了和训，主张应该用原音（中国语发音的口语）阅读汉文经书。

实际上，徂徕劝说人们在按和训读完之后，参照辞典反复"自读"，熟习无标点训诂本的"看书"（用眼睛读），即"第二等之法"。事实上这种读法在徂徕学派中得到了实践。徂徕的读书观是，"唯一双眼，合三千世界人，总莫有殊"（《译文荃蹄初编卷首》）。虽然不发中文的音，但因为所看之文和中国人一样，所以通过"看书"，内心不断深思，就能够正确读懂古文辞中的语言。徂徕认为，使"习熟古文辞"成为可能的"看书读书法"，才是德川时期正确阅读经书的方法，即所谓徂徕学的方法。徂徕学读书法的目标在于通过看书能够读懂经书语言中的微妙的感觉。使之成为可能的方法就是动员"眼与心"而不断地熟习经书。可以说，这种读法就是使经书在自己的体内"身体化"。在这里，没有暗斋学中那样的拥有特权的讲解者。没有任何讲解，学习者动员自己的眼与心（甚至是全身）研读经书，这就是徂徕学的学习方法。如此说来，徂徕学的"知之媒介"是读书，是熟读经书的"身体"与"心"。

八　儒学的普及——和刻本和学习用书

德川日本的知识资源主要就是儒学，儒学传播的媒介，最初是中国、朝鲜出版的舶载本。因为舶载本贵重而价高，所以起初只有极少部分特权知识阶级专享品。也就是说儒学当时只是具有特权性质的知识。但是，17世纪前期京都开始兴起民间的商业出版，17世纪后半期以后，大阪、江户迅速普及。出版物的体裁多种多样，包括实用书、教训书、娱乐书、知识书等，其中也包括了汉文书籍的和刻本。

所谓和刻本，就是在日本出版的汉文书籍。和刻本始于室町时代的禅宗寺院。京都五山的五山版全国闻名，但其中的大部分都是佛教经典，也包括少许诗文和儒书。这些都只是满足了寺院僧侣和大名阶级的需要，并没有在市面上流通。

然而，17世纪30年代（宽永年间）前后，民间书店开始出版和刻本。例如，《四书大全》早在宽永年间（17世纪30年代）、《朱子语类》在宽文八年（1668），其和刻本由京都的书店出版发行①。大部分的和刻本出版时都附有和训，添加和训的目的是方便江户时代的人们读懂汉文书籍。当时，幕府儒学者林罗山的训点被称为道春点，是和训中的权威。与此相抗衡的是山崎暗斋的嘉点本。另外，还有通俗易懂的贝原益轩的贝原点和中村惕斋的惕斋点等。此后，后藤芝山的后藤点以及19世纪佐藤一斋的一斋点等广为盛行。添加和训的方法就是直接在原文上标示日语的读法，因为读法就是解释的一种表现形式，所以其中也包含知识、思想等问题。

和刻本在元禄期前后不断增加，进入了大量出版的时代。这些和刻本之后也有大量的明代四书学的注疏本。和刻本的增加反映了阅读汉文书籍、学习儒学人口不断增多的事实。换言之，儒学（朱子学）从以舶载本为媒介的少数知识特权阶级的知识，发展成为在社会中间阶层中普及的知识。舶载本已经不能满足人们对儒学书籍的需要，由此，诞生了和刻本，这也使学习四书学人数不断地扩大②。

儒学学习阶层的扩大，再次促进了四书学习用书的出版。其中不仅包括明代四书学中的《大全本》的和刻本，还包括简单易懂的四书集注的学习用书。例如，中村惕斋的《四书示蒙句解》二十八卷十四册（1701年自序，1719年刊）。此书用大字标示四书的原文，用简单的日语对朱子的集注的部分进行解释说明。序文中讲到，为了满足世人的需要，把他给门徒弟子们所做的"讲释"变成了文字出版，面向没有读过汉文的四书集注，但想要学习集注解释的初学者。这一期时期，通过研读简单易懂的日语讲释文，便能够习得四书集注的要点。

另外，还有一些水平较高的学习用书，例如毛利贞斋的《四书集注俚谚钞》五十卷五十册（1715年刊）。此书首先用大号字标示四书的原文，然后逐句的引用朱子"集注"的汉文原文，用中号字标示，之后再用简单易懂的日语逐句进行解释说明。同时适当引用明代四书学的注疏类，表明解释的依据。总之，此书对以明代四书学为基础的集注原文进行了详细的注释和解说。此书上写着"毛利贞斋述"，由此可见这是对其口头的"集注讲义"的整理记录。

《四书集注俚谚钞》中引用的注疏等书目包括：《大全》的诸注、蔡虚斋的《蒙引》《知新日录》、张侗初的《四书演》《或问》《语类》、倪士毅的《辑译》、许

---

① 长泽规矩也《和刻本汉籍分类目录》东京、汲古书院、1976年。
② 关于儒书的阅读人数增加的问题，历史学方面正在对此进行探究，如横田冬彦《历史的研究16天下泰平》东京、讲谈社、2002年等。

白云的《通义》、陈紫峰的《浅说》、林希元的《存疑》、马汉宗的《微言》、薛文清的《读书录》、林子全书、卢未人的《讲述》，另外还有王纳谏、林次崖、唐士雅、程复心、陈北溪、吴临川、胡云峰、真西山等人的著作。其中，还有一些作者自己的解说，用"愚按……"来表述。总之，这是一本基于明代四书学的四书集注的学习用书。此书的读者是那些不满足于惕斋的启蒙书类，自己又无法直接学习明代四书学的学习者，如，地方上的儒学者或私塾指导者阶层等。当然，这此书对那些自己讲释四书的儒学者们也有很大的帮助。

九　18世纪后半期以后的四书学

18世纪后半期，儒学开始在幕府政治和各藩政治中发挥作用。幕府在18世纪90年代，将朱子学定为"正学"，采取"禁止异学政策"，开始对武士实施儒学考试制度，建立昌平坂学问所作为幕府直接管辖的大学。同时，全国的很多藩也开始建立藩校，面向武士的儒学教育得到普及。可以说在没有建立科举制度的德川日本社会中，在一定程度上形成了"儒学的制度化"。其特点整理如下。

（1）武士教育几乎普及全国，其基础是朱子学。也就是说，朱子学被看作武士必须具备的教养。

（2）异学的禁止和朱子学在的学校的普及，使朱子学得以定型。我将其称为"正学派朱子学"。这促使藩校和学问所的学习方法和教育课程定型。另外，被定型为教育学说的朱子学，同时也是教化民众的学说。也就是说，以实践性伦理为中心的朱子学，主要作为维持社会秩序规范的"教化的言论"普及开来，用于对民众的政治性教化之中。成为教化的、言论的儒学，构成了日本近代国民教化言论的原型[①]。

（3）在"儒学制度化"的体制之下，朱子学的原典，不仅由民间的出版书店出版，而且还以幕府学问所出版局的"官版"以及全国藩校的出版部局的"藩版"的形式大量流通。官版和藩版的原典，不仅更值得信赖，而且价格便宜，且原则上是免费提供给学生的。

总之，从18世纪后半期到明治维新，以朱子学为中心的儒学得到了广泛普及。学习儒学的武士和一部分民众，按字面意思诵读四书，确实拥有了朱子学

---

① 辻本雅史《近世教育思想史の研究》东京 思文阁出版、1990年。

修养。但是，被定型了的儒学在思想上缺少新意。在这种体制之下四书学的将来会怎样？在经过仁斎学和徂徕学之后，也受到了清代考证学的影响，四书学已经没有了绝对的权威性。虽然在以朱子学为正学的体制之下，以四书为中心的儒学（四书学）依然存在。但是，它最多也只是以定型的形式对"集注""或问"等朱子原典的再生产。因为，儒学已经成变为日本近世的道德教化之学。

（原文出处：辻本雅史『日本近世における「四書学」の展開と変容』收入季刊《日本思想史》第70卷，ぺりかん社，2007年。翻译时有删减）

【参考文献】

辻本雅史『近世教育思想史の研究』东京、思文阁出版、1990年。

佐野公治『四书学史の研究』东京、创文社、1998年。

井上进『中国出版文化史——书物世界と知の风景』名古屋、名古屋大学出版会、2002年。

大庭脩『汉籍输入の文化史——圣德太子から吉宗へ』东京、研文出版、1997年。

大庭脩『江户时代における中国文化受容の研究』东京、同朋社、1984年。

辻本雅史『近世思想史研究の现在』东京、思文阁出版、1995年。

黄俊杰编『中日〈四书〉诠释传统初探（下）』台北、台湾大学出版中心、2004年。

子安宣邦『江户思想史讲义』东京、岩波书店、1998年。

横田冬彦『历史の研究16 天下泰平』东京、讲谈社、2002年。

战后日本的阳明学研究史与荒木见悟的位置

〔日〕伊东贵之[*] 著 〔日〕深川真树[**] 译

【摘　要】本文首先将海外研究者视为主要读者，试着对战后日本以中国的"近世"（宋、元、明、清）时期为对象之哲学、思想史研究动向及其概况，特别聚焦于阳明学，予以俯瞰性介绍及概说。在此作业前提下，本文尝试回应学术史的要求，批判性地考察受时代限制而展开的前人之主要研究，其意义、地位、问题及界限等。此外，将概括性地介绍与考察荒木见悟的研究所具有的独特意义与性质。

【关键词】中国的"近世"　战后日本　阳明学研究史　荒木见悟

【要　旨】本論では、まず、主として海外の研究者を念頭に置いて、戦後日本における、中国の「近世」（宋・元・明・清）と呼ばれる時期を対象とした、哲学・思想史をめぐる研究動向やその概況について、取り分け、陽明学に焦点を当てて、俯瞰的な紹介と概説を試みたい。こうした作業を踏まえて、それぞれ学術史的な要請に応えつつ、時代的な刻印を帯びて展開された、主要な先行研究に関して、その意義や位置づけ、問題点と限界などについて、批判的な考察を行いたい。次いで、その中で、特に荒木見悟氏の研究が有した独自の意義と性格に関して、概説的な紹介と考察を加えたい。

【キーワード】中国の「近世」　戦後日本　陽明学研究史　荒木見悟

---

[*] 伊东贵之，国际日本文化研究中心教授，主要研究方向为中国近世思想史、中日比较文学思想。
[**] 深川真树，中山大学哲学系副研究员。

Abstract: This paper is written for scholars overseas. It attempts to outline the post-war Japanese study of Chinese philosophy, thought and their developments in "modern" ages (i.e., Song, Yuan, Ming and Qing Dynasties). Special attention will be given to the study of Yangming philosophy. In other words, this paper hopes to review critically the research by previous scholars within their historical contexts by evaluating the significance, importance of their study, realm of their study and their answers to questions. The paper will also offer a review of the uniqueness and significance in the study of Araki Kengo.

Keywords: China's "Modern" Ages; Post-war Japan; the History of the Study of Yangming Philosophy; Araki Kengo

前 言

荒木见悟（1917～2017）从第一本著作《佛教与儒教：构成中国哲学的成分》（1963）以来，便致力于分析与掌握贯穿中国近世的哲学、思想活动之结构，并阐发其中佛教思想的重要性，进而揭露儒教思想与佛教思想之间的对抗或影响关系。在此领域，荒木可说是日本的第一人。其发掘、博搜与涉猎大量第一手资料的工作，着实惊人。约半世纪，他孜孜不倦地持续展开研究，累积庞大成果。无论在质或量上，其研究成果均为后世楷模。

然而，不可否认的是，荒木见悟在基本的问题意识上，仍受到时代限制。本文试图批判性地继承这些问题点，间接地说明荒木个人始终倾心自佛教思想而来的存在问题，尤其是其晚年著作《忧国烈火禅：禅僧觉浪道盛的奋斗》（2000）。

本文的设定是以海外研究者为主要读者，试图对战后日本围绕中国所谓"近世"——大概宋代至明清交替时期（11～17世纪）——时期之哲学、思想史的研究动向及其概况，特别是以朱子学与阳明学为中心，进行俯瞰式的介绍及概说，同时就荒木见悟独特的位置与研究史上的意义进行一些考察。

须声明的是，本文将宋、元、明、清四朝的漫长期间定义为"中国近世"。关于这点，若有研究者稍微熟悉日本中国史学界的历史、经纬、情况，便会立即想起"唐宋变革说"或者"宋近世说"。此学说首先由内藤湖南所提倡，到战后，为以属于同一学统的宫崎市定为首的中国史、亚洲史学领域中之京都学派所继承。笔者认为，至少在哲学、思想史的脉络中，"唐宋变革说"或"宋近世说"大致妥当。但若要讨论此点则过于繁杂，在此不详论。①

关于广义宋学出现后的儒教思想之展开，日本、华语圈及欧美等学界各有概括性观点，如"近世儒教（学）""宋明思想"或"宋明理学""新儒教"（Neo-Confucianism）等，就结果而言，可谓相符。但在本文中，通过介绍的几本论著，能够明显看到这样的观点的问题点与界限。

另外，拙文为了讨论方便起见区分如下三个时期，并按照每个时期的思想特征进行论述：①以宋学与朱子学为中心的宋代或宋元思想研究，或者从"宋明思想"的观点切入的研究。②以阳明学为中心的明代思想研究，或者探索元明时期陆王心学之系谱的研究。③关于所谓明末清初时期之思想的研究。以此为基础，本人顺带考察荒木见悟研究所具有的意义，并以他在相关领域中留下的伟大功绩作为本文的结论。

一　宋代思想研究

在此首先概述上述"①以宋学与朱子学为中心的宋代思想研究"，或者战后从"宋明思想"的观点切入之研究的动向。

关于战后日本对宋代以后儒教思想的研究状况，市来津由彦的见解富有启发性。他认为以1980年代初为一个分期，可分为前期与后期研究。②依笔者之见，从方法论的观点来看，在前半时期，依附在西方哲学话语下的观点涌现，但同时亦呈现正面情形，即传统汉学与中国哲学的方法累积精致的实证主义研究，可谓迎来集大成时期。③至于后半时期的近三十年间，一方面"宋明思想"的观点被相对化，从与社会史较近的观点切入的分析或考究成为主流。此时期研究

---

① 参照伊东贵之《作为思想的中国近世》，东京大学出版会，2005。中译版参见杨际开译，徐兴庆校订《中国近世的思想典范》，台北：台湾大学出版中心，2015。
② 市来津由彦：《儒教思想研究》，收入远藤隆俊、平田茂树、浅见洋二编《日本宋代史研究的现状与课题：以1980年以后为中心》，东京：汲古书院，2010。
③ 关于1980年代前半以前的研究动向，参照山下龙二《中国思想史研究的发展：以时代划分为中心》（《名古屋大学文学部研究论集》，哲学16，1968）；山井涌、山下龙二《宋明学文献目录》（收入荒木见悟等编《阳明学便览　阳明学大系·第12卷》，明德出版社，1974）；岛田虔次《战后日本宋明学的研究概况》（《中国哲学》第7辑，1983）；吉田公平、市来津由彦《日本宋明理学研究状况概述》（《中州学刊》第27号，1985年第3期）；大岛晃《日本的宋明儒学研究概况》（《上智大学国文学科纪要》第6号，1989）；市来津由彦《儒教思想研究》等。

不仅吸收东洋史学、中国史学的成果，亦积极吸收如道教研究或佛教学等周边领域的成果。此外，此时期研究受到话语论和文本分析等影响，重新探索哲学、思想体系的内在架构。总的来说，此阶段已到了回应种种状况的变化而摸索新方向的阶段。[①]

首先可举出的是，安田二郎在战后不久所出版的《中国近世思想史研究》（弘文堂，1948；后出增补版，筑摩书房，1976）。这在某种意义上是时代先驱的独特研究。安田二郎于战前、战中早已脱离汉学背景，在西方哲学方面深有造诣，甚至引证西方哲学的概念解析朱熹（朱子）、王守仁（阳明）和戴震等人思想的内在架构，对后来岛田虔次的研究产生重大影响。

在传统中国哲学领域的研究中，具实证意义且成绩显著者，首先可举出楠本正继《宋明时代儒学思想的研究》（广池学园出版部，1962）、荒木见悟《佛教与儒教：构成中国哲学的成分》（平乐寺书店，1963；后再出版，研文出版，1993）、友枝龙太郎《朱子学的思想形成》（春秋社，1969；同改订版，1979）等。

楠本的《宋明时代儒学思想的研究》（1962）将朱子学与阳明学视为此时期的核心，在江户后期以来的汉学风气下，叙述宋学出现至阳明后学的思想推移，同时透过"体认"的方法论，潜进研究对象之思想或著述的深处，贯彻同情的理解与把握。此书在楠本死后获得朝日文化赏。楠本为幕末时期的儒者楠本端山的孙子，在九州大学教书，从他的门下，有下面将提到的冈田武彦、荒木见悟等人才辈出。

在此之前的中国哲学研究，主要探索以朱子学和阳明学为中心的儒学思想内部的演变。与此相对，荒木的《佛教与儒教：构成中国哲学的成分》探讨《华严经》、《圆觉经》、《大乘起信论》、法藏、密藏、大慧禅。荒木通过独特视角下的佛教思想，阐明两者之间的相互影响，并让该时期的思想史更具有流动性和变化性，进而开拓新局面。

友枝的《朱子学的思想形成》则积极利用清朝考证学和江户儒学的成果，以笃实且周密的方式追究朱熹（朱子）思想形成的时序推移和展开，同时对朱熹思想中的意识与存在、知识与实践等哲学性问题加以细致分析。此书至今仍是值得参照的代表性著作，无论在实证或哲学方面，均有重大成就。

[①] 关于1980年代以后研究动向和状况，参照早坂俊广《"宋明思想"研究的现状与课题》（《中国：社会与文化》第19号，2004年）；土田健次郎《日本宋明思想研究的动向》（《日本思想史学》第37号，2005年）、《近年日本的中国儒教研究》（收入《日本的儒教研究成果的分析与展望》，国际儒教文化论坛、第3届工作坊（东京大学）摘要集，2009）；伊东贵之《作为思想的中国近世》；市来津由彦《儒教思想研究》等。

此外，简单提及一下其他值得注意的研究与论著。早期具概论性质的通史有宇野哲人的《支那哲学史：近世儒学》（宝文馆，1954）。在实证方面卓越贡献的则有今井宇三郎《宋代易学研究》（明治图书出版，1958）、市川安司《程伊川哲学研究》（东京大学出版会，1964）、《朱子哲学论考》（汲古书院，1985）等。后藤俊端《朱子的伦理思想（朱子的实践哲学续编）》（后藤俊端博士遗稿刊行会，1964）、山根三芳《朱子伦理思想研究》（东海大学出版会，1983）等，从伦理学的观点考察朱熹的思想体系。比较独特的研究可举出高桥进《朱熹与王阳明：物、心、理的比较思想论》（国书刊行会，1977）与山田庆儿《朱子的自然学》（岩波书店，1976）。前者从伦理学及比较思想的问题视角出发，后者则是中国科学史专家，从朱熹的宇宙论等自然哲学出发，全面地论述天文学、气象学等整个自然学的著作。

翻译和译注方面，有荒木见悟、沟口雄三《朱子·王阳明》（世界名著·续4，中央公论社，1974年）、吉川幸次郎、三浦国雄《朱子集》（中国文明选3，朝日新闻社，1976年；后改订版，三浦国雄《"朱子语类"抄》，讲谈社，2008年）。卓越的概论和评传，有岛田虔次《朱子学与阳明学》（岩波书店，1967年）、三浦国雄《朱子》（讲谈社，1979年；后改订版，《朱子传》，平凡社，2010年）、大滨皓《朱子哲学》（东京大学出版会，1983年）等。另外，还在陆续出版的《朱子学大系》（全15卷，既刊14卷，明德出版社，1974~1983年），虽是导论却是相当全面的翻译，内容包括朱熹的先驱和后学，以及朝鲜朱子学和日本朱子学等。

在与日本和朝鲜的关联上，阿部吉雄的《日本朱子学与朝鲜》是在实证方面的重大成就。此外，丸山真男的《日本政治思想史研究》（东京大学出版会，1952年）虽现在在个别论点和实证的正确性方面受到较大怀疑和批评，但由于当时的时代思潮等原因，其不仅对政治思想史和日本思想史领域，亦对中国思想史领域和知识界有深刻影响。然而，丸山真男将朱子学比作托马斯·阿奎那的哲学体系，而且静态性地将它理解为封建思想。此观点现在已经站不住脚。守本顺一郎的《东洋政治思想史研究》则批判性地继承了丸山的方法论，同时依据马克思主义的阶级史观来进行研究。其观点显然也已经站不住脚。[①]

[①] 此后有关日本思想史与政治思想史领域的论著，从各种方面试图对丸山的思想史学进行一定的批判与修正。譬如，尾藤正英：《日本封建思想史研究：幕藩体制的原理与朱子学思维》（青木书店，1961年）；相良亨：《近世日本儒教运动的系谱》（理想社，1965年）；田原嗣郎：《德川思想史研究》（未来社，1967年）；渡边浩：《近世日本社会与宋学》（东京大学出版会，1985年；增补新装版，2010年）；黑住真：《近世日本社会与儒教》（ぺりかん社，2003年）；等等。

二　中国近世思想史研究

下面简略介绍一下近 30 年来以宋学、朱子学为中心的中国近世思想史研究之新动向，同时总括其意义。在此期间，该研究反映学界各种情况的变化，并精确地呼应其变化。研究史上具有划时代意义的著作陆续出版，呈现恰如宋学、朱子学研究的"文艺复兴"之盛况。

总体来说，该领域近 30 年来的研究基于一个共同的问题意识：怀疑与批判先预设到达道学之历史的宋代思想史的看法，亦即"宋明思想""宋明理学"的框架——被朱熹言说化后，随着朱子学获取霸权而确立的"道统"史观。此时期的研究大多从此怀疑与批判的角度出发，试图回到该思想产生的情境，借此重构在其所处历史与社会情况中的思想史。

此时期的代表性研究，首推三浦国雄的《朱子、气与身体》（平凡社，1997）。此书以"气"为主轴，从历史意识、鬼神论、易说、身体技法等观点重释"作为气的思想的朱子学"，而将其视为与养生思想或道教、佛教的身体技法相连接的思想。三浦提出如上新观点，重新将朱子学定位在儒、佛、道三教相交错之近世思想的大脉络中。三浦另有翻译、译注及概论、评传方面的卓越成就。如前揭《朱子集》（1976；后改订版，三浦国雄《"朱子语类"抄》）和《朱子》（1979；后改订版，2010）等，尤其是后者的成就，早就论及了朝鲜朱子学。此外，三浦亦有涉及道教、养生思想、风水等各种著作。他试图浑然一体地考察中国风土与思想文化的特质，此独特活动亦值得注意。①

另外，木下铁矢的《重读朱熹：朱子学理解的一个绪论）》（研文出版，1999年）依照朱熹的具体文本，试图解读其细节内容，即"追究"朱熹思索当下的"活生生的思考"之"微弱的'痕迹'"。如早坂俊广所指出，乍看之下，这种态度的"特质确实与（其他论著中显着的）文脉主义、思想史的关怀大相径庭"。②

---

① 三浦国雄：《中国人的话语形式：洞穴、风水、壶中天》（平凡社选书，1988 年；后改订版，《风水：中国人的话语形式》，平凡社，1995 年）、《气的中国文化：气功、养生、风水、易经》（创元社，1994 年）。

② 早坂俊广：《"宋明思想"研究的现状与课题》，《中国：社会与文化》，东京：东大中国学会，2004，19 号。

然而，从中我们却可看出对"一个思想体"志向的拒绝而避开"宋明思想"这种问题结构的态度。①

小岛毅的《学的形成与展开》（创文社，1999年）透过检视所谓"宋学"所具有的共识、他们的问题视角或思考框架证明"宋明理学"话语结构的纲要，即在"性理学"与"心学"、"道问学"与"尊德性"之间的对立相克构图，以及清朝考证学者将其转化而得的"汉学"与"宋学"之对立图式，均为某种虚构的产物。小岛试图凸显此时期无论朱子学、阳明学或考证学都重视的"修己治人"（修养和教化），以及其方法的礼学意义。此外，他还主张必须脱离朱熹（朱子）编造的"周敦颐神话"。此主张在下述的土田健次郎的《道学的形成》（2002）中亦可看到。②

土田的《道学的形成》极为强调"回到其发生之处而掌握"宋代思想史的态度。换言之，"以往道学史的主流是，以朱熹为主轴叙述道学学说的展开。往往也有以明代思想为出发点，将其形象归源于宋代的议论"。然而，此书"不仅重视道学内部的思想展开，亦着重道学如何意识到外部思想而展开思想话语，并试图呈现道学在北宋初期至南宋之思想动向中的形成与展开"。因此，把欧阳修、王安石、苏轼等人作为分析对象，他们虽在道学周边或近旁互相抗争，却难以确定在思想史的位置，进而将常被视为道学形成史上逸话中的登场人物，即陈襄、胡瑗、杨时等思想家，重新定位于同时代思潮之中。③

市来津由彦的《朱熹门人集团形成的研究》（创文社，2002年）在思想史的整理及重构中，与上述的论著相比，更明确地采取历史与社会史的研究立场。

---

① 木下铁矢此后也陆续发表许多值得瞩目的著作，诸如《朱子学的位置》（知泉书馆，2007年）；《朱熹哲学的视线：朱熹再读续编》（研文出版，2009年）；《朱子："功能"与"职务"的哲学》（岩波书店，2009年）；《朱子学》（讲谈社，2013年）等。此外，关于清代考证学和思想史的著作有《"清朝考证学"及其时代：清代思想》（创文社·中国学艺丛书，1996年），木下在该书中也保持一贯的态度：先不采取许多轻率的"思想史"的论断，并认为学者言说的中心有"自由的生命之气息"跃动，而试图从中看出"对于经书之语之精心的个人化"。《清代学术与语言学：古音学的思想与系谱》（勉诚出版，2016年）则是他过世后有人为他整理出版的著作。

② 此外，小岛毅的相关著作有后述的《近世中国的礼的言说》（东京大学出版会，1996年），还有《朱子学与阳明学》（放送大学教材·放送大学教育振兴会，2004年；后改订版，筑摩书房，2013年）；《中国思想与宗教的奔流：宋朝》（讲谈社，2005年）等许多著作。

③ 此外，土田有相关翻译、译注《朱熹 论语集注》（全4卷，平凡社·东洋文库，2013~2015年），亦发表卓越的概论与启蒙书：《儒教入门》（东京大学出版会，2011）；《江户时期的朱子学》（筑摩书房，2014）等。

然而，其问题意识与上述的《道学的形成》相同，采取如下态度：不要以完成了的朱子学为前提进行讨论，而要看到它的形成，并波及地方社会，在这发生与传播的现场。同书包含着眼于朱熹话语的生成过程（这一过程出现于《朱子语类》等问答型资料中）之微观视角，同时不仅重视思想的内在分析，而且重视其社会功能或地域性背景等层面——对其门人和交友讲学的历程或科举制度等——的宏观视角。此书的特征在于，上述的两个视角相交差而描绘出较立体的思想史样貌。

此外，三浦秀一的《中国心学的高峰：元朝知识分子与儒佛道三教》（研文出版，2003 年）将焦点置于许衡（鲁斋）、吴澄（草庐）、宋濂（潜溪），分别分析金末元初、宋末元初及元末明初时期思想界的动向。虽然探究"心学的棱线（译注：心学高峰的流变）"的整体架构，无法否定其中目的论的倾向，但他着眼于过去在"宋明理学"的架构中往往被忽略的金元之际的思想史，并跨越儒佛道三教的框架，以几乎相同的分量俯瞰三教来进行叙述。

再者，吾妻重二的《朱子学新研究：近世士大夫的思想史视域》（创文社，2004 年）对于作为近世中国士大夫学问的朱子学，从各种观点——如存在论、人类观、学术方法论、修养、政治思想、社会实践等——综合性地把握朱子学，同时详细探讨朱子学与道教、佛教、六朝玄学，乃至阳明学、耶稣会士的学问、考证学之间的影响关系，将朱子学重新定位于以那些思想、宗教为形成因素的同时代思潮之中。吾妻亦阐明欧美学界使用新儒教（Neo-Confucianism）概念的经纬："从起初至今，（新儒教一词）用来代表朱子学，有时用来包含扬弃朱子学而形成的阳明学"，同时指出与"宋明理学"相类似的观念史型哲学观造成了这种观点。另外，吾妻对此提出异议，重视历史脉络，站在近年从更广泛的政治、社会环境之视角把握士大夫知识的新潮流之上，暗示当前有关中国近世思想史的理解正在面临转机。①

伊东贵之的《作为思想的中国近世》基本上主要研究明清时代的经世思想等，但与此同时，某种程度上是基于上述宋学、朱子学研究的新动向而立论，亦即排斥先预设到达道学之历史的思想史观，摒弃从朱子学到阳明学的"宋

---

① 吾妻重二于下一著作《宋代思想研究:儒教、道教、佛教的考察》（关西大学出版部，2009 年）中，更进一步显示以儒佛道三教为对象的研究态度。

明理学"框架。此书在这些方面上与上述著作有共同的倾向。此外，伊东提出在战后日本的中国哲学、思想研究中有两种观点，即作为从宋学、朱子学到阳明学等的时序展开掌握近世思想的视角，以及从清末或近代的时间点回溯而把握明清思想，之后再对此加以评价的视角，认为两者的取向未必一致。作者试图将明清交替时期的思想定位于"中国近世"此一更广泛的思想史脉络中。

垣内景子的《关于"心"与"理"的朱熹思想结构研究》（汲古书院，2005年）踏实地研读《朱子文集》与《朱子语类》等基本文献，除"理"概念之外，亦聚焦于"心""工夫""敬"等有实感的、主观性的因素与实践论上的概念甚至是实践性行为，其中一贯呈现的志向或态度是：重新追寻与建构朱熹思想的内在性。

另外，在宋代经学、礼学、春秋学等与朱子学相近领域的研究中，值得注意的有佐野公治的《四书学史研究》（创文社，1988年）、山根三芳的《宋代礼说研究》（溪水社，1996年）、近藤正则的《程伊川对〈孟子〉的接受与推演》（汲古书院，1996年）、高畑常信的《宋代湖南学研究》（秋山书店，1996年）、佐藤仁的《宋代的春秋学：宋代士大夫的思考世界》（研文出版，2007年）。

与朱子学相关的综合性论文集有有田和夫、大岛晃编的《朱子学的思维：中国思想史上的传统与革新》（汲古书院，1990年），同样的翻译、译注有田中谦二的《朱子语类外任篇译注》（汲古书院，1994年）、佐藤仁的《朱子学的基本用语：北溪字义译解》（研文出版，1996年）等。要特别提及的目录学成果是，九州大学中国哲学研究室编的《二程遗书索引》（九州大学中国哲学研究室，1973年）、田中谦二的《朱门弟子师事年考（正·续）》（《东方学报》第44、48册，1973年、1975年；后收入《田中谦二著作集》第3卷，汲古书院，2001年）、盐见邦彦的《朱子语类口语语汇索引》（中文出版社，1985年）等。

现在，根据沟口雄三等人的提议，以《朱子语类》的全译为目标，主要由佐藤錬太郎、垣内景子、恩田裕正诸位组成的《朱子语类》译注刊行会正在进行翻译、译注的工作。汲古书院出版沟口雄三、小岛毅监修／垣内景子、恩田裕正编的《〈朱子语类〉译注》（2007）卷一～三〔理气·鬼神〕后陆续刊行，至2018年夏为止，已出版多达15册的译注。

接下来，本人将概略地考察包括追寻陆王学系普的研究在内，主要以阳明学为中心的战后日本明代思想史研究的状况；包括明清交替、明末清初时期在内，以厘清中国"近代"或"前近代"之样态为志向的研究。

三 战后日本明代思想史研究

战后日本对此时期的哲学、思想史研究，以阳明学与明末清初时期的思想为核心对象，一方面承担克服所谓"亚洲停滞论"此一战后历史学界的重要课题，另一方面却又带来四种有时互相对立、影响的情况。①广义的"近代"主义的观点，常以欧洲的"普遍"为中心；②亚洲主义的立场或心态，包含抗拒与怀疑欧洲的"普遍"契机；③马克思主义宣扬另一"普遍"主义立场；④中国哲学领域的研究拥有战前以来累积的成就。因此，可以说从多元视角提出的研究成果陆续出版，激烈交锋。①

当时评价标准不一，有历史学的视角，暂且将此时期视为趋向"近代"的时期。传统的中国哲学研究则关注哲学、理论的内容，将焦点置于近世思想史的高峰、完成状态的朱子学与阳明学。无论哪一类型的研究，均稍有忽略间歇期的元代、明代初期之倾向。②

---

① 关于以阳明学为中心的明代思想史之前人研究，参照山下龙二《明代思想研究的發展》(《名古屋大学文学部研究论集》，哲学12，1964年)；山井涌、山下龙二《宋明学文献目录》(1974)；大岛晃《日本宋明儒学研究的概况》(1989)；吉田公平《王阳明研究史》(收入冈田武彦编著《阳明学的世界》，明德出版社，1986；后收入吉田公平《日本的阳明学》，ぺりかん社，1999年)；山下龙二《明代思想研究史》(《名古屋大学文学部研究论集》，哲学33，1986；后收入《阳明学的终结》，研文社，1991年)；伊东贵之《如何理解明清思想：由研究史的素描开始》(奥崎裕司《明清是什么样的时代：思想史论集》，汲古书院，2006年)等。

② 关于元代至明初时期的前人研究不能说是相当稀少的，但战前时期的成果有秋月胤继：《元明时代的儒教》(甲子社书房，1928年)。此外，研究对象较为广泛的战后成果可举出佐野公治：《明代前半时期的思想动向》(《日本中国学会报》第26辑，1974年)；马渊昌也：《十三—十五世纪士大夫思想中的"欲"的把握：以"天理、人欲""道心、人心""无欲"为中心》(有田和夫·大岛晃编《朱子学的思维：中国思想史上的传统与革新》，汲古书院，1990年)；氏著：《元、明初性理学的一个面面：朱子学的弥漫与孙作的思想》(《中国哲学研究》第4号，1992年；福田殖：《由吴康斋到陈白沙：明代初期学术思想的动向》(《九州大学教养学部文学论集》第37号，1992年)；正文中也论及的三浦秀一：《中国心学的高峰：元朝知识分子与儒佛道三教》(2003)；近年的成果：吉田公平：《中国近世的心学思想》(研文出版，2012)；三浦秀一：《科举与性理学：明代思想史新探》(研文出版社，2016年)；福田殖：《宋元明的朱子学与阳明学》(福田殖著作选Ⅰ，研文出版，2016年)等。

顺便一提，福田殖继承楠本正继的学统，是冈田武彦、荒木见悟两位的同门后学，他有《荒木见悟先生的学问》《楠本端山》《冈田武彦先生的生平与学问》等评述性、回顾性文章，均收入其遗稿集，见福田殖《日本与朝鲜的朱子学》(福田殖著作选Ⅱ，研文出版，2016年)。

上述各种立场，依据广义的"近代"主义的观点之学者，尤为强调这样一个观点：中国或亚洲受到"西方的冲击"之前，已在近世或前近代时期，自发性、内发性地孕育独自的近代性之兆头。

采取此一观点的早期代表性论著中，作为在中国史学与中国思想史领域有巨大影响的划时代性著作，首先要举出岛田虔次的《中国近代思维的挫折》（筑摩书房，1949年；后改订版，1970年；另，井上进校注，平凡社·东洋文库版〔上·下〕，2003年）。

起初，岛田虔次在上述安田二郎的影响下开始研究。安田二郎将重点置于静态地分析朱子学与阳明学等哲学思想的结构。与此不同，岛田虔次从极为广阔的、历史性的视角，针对自王阳明经由泰州学派到李卓吾的，所谓王学（阳明学）左派的思想史展开，予以很有吸引力的描述，甚至成功再现当时社会与思想运动的动态关联与生动气息。然而，就结论而言，虽岛田一方面指出在当时思想史的展开中已出现"天理"与"人欲"即"天人之间的分裂"，以及"个人"的出离与近代"市民意识"的萌芽，但另一方面却又认为这些近代因素因出现过早而必然遭受挫折。这是呼应与承担"亚洲停滞论"的克服此一战后历史学界的重要课题。但与此同时，如岛田本人所言，其中包含以西欧人文主义为理念上的范式、以西欧近代的价值基准为默认前提等问题。这种态度受到沟口雄三等人的批判。他们认为岛田显然将西欧近代的价值基准和框架等外在价值嵌套于中国。

另外需要指出的是，上述丸山真男的《日本政治思想史研究》几乎是同时期的著作，在日本思想史和政治思想史的领域，与岛田有着共同的问题意识。然两者处理的对象与时代完全不同，岛田主要研究中国明代，丸山则研究日本江户时代。两个著作的共同点是从中日两国朱子学瓦解的过程中寻找近代思惟模式的萌芽，而且在问题领域与研究视角上，亦有许多一致的部分。丸山以弗兰茨·柏克瑙（Franz Borkenau）的学问作为基础，由从"自然"到"人为"的形式描绘出到达近代性的轨迹，岛田的视角酷似于此，自不待言。

此外，岛田于《朱子学与阳明学》（岩波书店，1967年）中，一方面将阳明学展开的到达点视为"'内'部的凯歌""圣人之道'内'化的顶点"，另一方面评论徂徕学而将其界定为"'道'的彻底外化"。这种立场可说是与丸山的观点互补。从反面来看，对徂徕学的性质给予甚高评价的丸山几乎忽

· 51 ·

视阳明学。①

关于传统的中国哲学领域的研究，不能忽略继承上述战前以来楠本正继之学统的冈田武彦、荒木见悟两位的研究。

冈田首先于其代表作《王阳明与明末儒学》（明德出版社，1970年；后收入《冈田武彦全集》第10、11卷，同前，2004年）中，继承其师楠本的研究，以王学为中心，详细追踪王阳明以后之明代思想的历史展开。冈田关注极为广泛，如王学左派（现成派）、王学右派（归寂派）、正统派（修证派）及其批判者，以及受到王学的巨大影响后在某种程度上企图回到朱子学框架的东林学派的人士等，基于对他们思想之逻辑结构的内在理解与学派脉络，追踪其历史展开。在《宋明哲学序说》（文言社，1977年；后改订版《宋明哲学的本质》，木耳社，1984年）等著作中，关于"宋学""明学"及王廷相、吴廷翰等"反宋明学"的流变，将此三者各分为"唯理思想""唯心思想""唯气思想"以进行分类与整理。笔者认为，此方法与后述山井涌的"理的哲学""心的哲学""气的哲学"等分析框架与类别化不谋而合。

荒木见悟出版《佛教与儒教：构成中国哲学的成分》后，发表有关明代思想的一系列著作，如《明代思想研究：佛教与儒教的交流》（创文社，1979年）、《佛教与阳明学》（第三文明社，1979年）、《阳明学的开展与佛教》（研文出版，1984年）等。如前所述，荒木阐发"本来性—现实性"的问题领域，即对人之现实状态的认识，对其本来状态的志向，这两者之间递归性且回流性的相互往来。他在发表以上著作的时期，作为其问题领域中的一个变种，理解"理学"与"心学"之间的挣扎、相克——极具拘束力的"理学"与如从内破壳般地对抗"理学"的"心学"之争。不过，从这些框架与问题视角本身来看，在某种意义上与岛田虔次的视角一样，皆具有先入之见。

以冈田、荒木两位为中心编纂的《阳明学大系》（全11卷·别卷1，明德出

---

① 关于清代思想史，岛田没讲述清楚，但似乎暗示以下一些基本观点：明末达到顶点的思潮，到清朝政权成立后，如滔滔流水被压制，成为暗流，由此，"挫折"成为定数。岛田其他成就被整理在许多著作中，如《中国革命的先驱》（筑摩书房，1965年）；《隐者的尊重：中国的历史哲学》（筑摩书房，1997年）；《中国的传统思想》（みすず书房，2001年）；《中国思想史研究》（京都大学学术出版会，2002年）等。岛田的中译本有《朱子学与阳明学》〔蒋国保译〕（陕西师范大学出版社，1986年）、《中国近代思惟的挫折》〔甘万萍译〕（江苏人民出版社·海外中国研究丛书，2008年）。有些岛田的研究成果被翻成英文，出版其精华的选集：*Shimada Kenji—Scholar, Thinker, Reader: Selected Writing on the Intellectual History of Modern China*, Translated with an Introduction by Joshua A. Fogel, MERWIN ASIA, 2014. 此外，笔者亦稍微讨论过岛田虔次思想史学的问题意识（参照拙著《作为思想的中国近世》及拙文《我们是如何认识传统中国的：学术论争与儒教之影》）等。

版社，1971~1974年）亦具有传统的中国哲学研究之集大成的风格。此外，以阳明学为中心的明代思想史研究不胜枚举。譬如，山下龙二《阳明学研究》（现代情报社，上、下，1971年）、《阳明学的终结》（研文社，1991年）、吉田公平《陆象山与王阳明》（研文出版，1990年）等。再者，小岛毅的《近世中国的礼的言说》（东京大学出版会，1996年）从有关"礼"的言说史此一新颖视角重新把握此时期的思想史，由此试图展现上述前人研究中的问题之处，并予以一定的批判与修正。此后近年的成果，除了论及元朝、明初时期的吉田公平的《中国近世的心学思想》（研文出版，2012年）、福田殖的《宋元明的朱子学与阳明学》（福田殖著作集Ⅰ，研文出版，2016年）之外，还有在实证、目录学方面有较大成就的永富青地的《王守仁的文献学研究》（汲古书院，2007年），以及以全东亚为范围重新探讨阳明学的马原昌也编的《东亚的阳明学：接触、流通、变容》（东方书店，2011年）等。

对此，基于不同立场的马克思主义历史观的政治思想史研究，如岩间一雄继承上述守本顺一郎的《东洋政治思想史研究》出版了《中国政治思想史研究》（未来社，1968年）、《中国的封建世界形象》（同前，1982年）等。他们认为，马克思主义生产模式的发展阶段论是世界历史的普遍理论，从中国历史验证此前提。岩间得出如下结论：阳明学遮盖了作为封建思维完成态的朱子学正被动摇的事实，以唯意志论重编与补强朱子学。对此，西顺藏的《中国思想论集》（筑摩书房，1969年；后收入《西顺藏著作集》全3卷，内山书店，1995年）一面吸收依照马克思主义的思想活动，一面展开强有力的思辨。奥崎裕司的《中国乡绅地主的思想》（汲古书院，1978年）则以袁了凡、李卓吾及清初的张履祥为素材，试图把握"乡绅地主"的整体思想。这些均是值得注意的独特研究。

四 中国"近代"或"前近代"

第（三）时期相对较早指出明清时期思想之连续性的著作，可举出后藤基巳的《明清思想与基督宗教》（研文出版，1979）和山井涌的《明清思想史的研究》（东京大学出版会，1980）。

山井涌的《明清思想史的研究》相对于同时期的其他研究，较积极地暗示明清思想的连续性，同时借由"理的哲学""心的哲学""气的哲学"等分类来整理中国近世思想史。关于明末清初时期的思想，山井提及其变迁过程——从明学经由以所谓三大儒（黄宗羲、顾炎武、王夫之）为中心的"经世致用之学"到清学。比起与泰州学派和李贽产生热烈共鸣的岛田虔次等人，山井涌的研究显得极为冷静。他提及的图式完整性较高，但也有类型化的倾向，以最终趋向于重视"气"的思想家模式整理这个时期思想史的流变，因此与其他许多论著共同包含某种近代主义的倾向。①

接着，沟口雄三在其代表作《中国前近代思想的屈折与展开》等著作中，吸收与继承上述岛田虔次、荒木见悟、西顺藏等代表战后日本中国思想史研究的前人成果，同时大量引进东洋史学，特别是社会经济史领域的成就，突破停留在理气论、人性论等纯哲学性狭隘框架中的中国哲学领域，描绘出包含政治、经济思想的广义思想史之流变，这即他研究的第一个特征。他不拘泥于在明代至清末的思想史潮流中表层上的学派（school）异同，试图掌握贯穿此时期整个思想史的深层事实，这点便是他研究的第二个特征。根据沟口雄三的见解，在明末清初时期，"理"的观念转换重生，即从否定"人欲"转变为肯定人的生存欲、占有欲，直截了当地说是包含经济欲望的"人欲"，但并无失去作为"分"（社会欲望的相互调和）之"条理"的道德主义性质，"理"的观念不断更新，可以说"天理"的世界观，共同体（commonwealth）的"仁"观，以"公""均""平"等为特征的中国的"大同"思想，在此时期大致没变。他提及如下脉络：这种传统便酿成清末革命思想的背景，可谓中国独特的"大同"的共和思想之孙文的民生主义以及此后的社会主义思想等，均来源于这种传统。因此，沟口将岛田的说法——中国的近代到李卓吾的阶段经受了"挫折"——当作批判与克服

---

① 另外一提，同书亦收录有关朱子学的论考，山井涌亦有相关著作：《黄宗羲》（讲谈社，1989 年），此书为包含原典选集的评传。

此外，关于以明末清初时期为中心的前人研究之概况，参照村山吉广《由明学到清学Ⅰ：研究史而来的展望》（《中国古典研究》第 12 号，1964）；大谷敏夫《清代思想史研究札记》（《为了新的历史学》第 152 号，1978；后收入《清代政治思想史研究》，汲古书院，1991）；滨口富士雄：《清学形成的背景》（《东方学》第 58 辑，1979；后收入《清代考据学的思想史研究》，国书刊行会，1994）；前揭伊东贵之《如何理解明清思想：由研究史的素描开始》（2006 年）等。

再者，有关明末清初时期之思想的专著可举出小野和子《明季党社考：东林党与复社》（东洋史研究丛书·50，同朋舍出版，1996 年）；荒木见悟《李二曲》（シリーズ阳明学 18·明德出版社，1989 年）；石田和夫《孙穆堂》（シリーズ阳明学 19·明德出版社，1992 年）；泷野邦雄《李光地与徐乾学：康熙朝前期的党争》（白桃书房，2004）；松野敏之《王夫之思想研究：以〈读四书大全说〉有关"作圣之功"的讨论为中心》（早稻田大学出版部，2010）等。

的对象。

此外，吾人可以指出，对明末清初时期的历史情况与清朝政权本身的正面评价，潜在于沟口思想史研究的如上基本视角之根底。也就是说，沟口证明在明末清初时期，政治观、君主观、公私观及人类（人性）观等方面发生巨大变化，其背景是富民阶层（地主、商人阶层）经济、社会力量的增大，并借此暗示他们所扮演的角色可比拟欧洲资产阶层的历史角色。关于清朝政权，沟口提出如下见解：其政权本身虽经过各种曲折，但就结果而言，采纳东林派等人的意见，作为地主联合政权而存立。沟口对一个当时流行的立场——由于对清末革命思想的过度共鸣而将整个清朝体制当作否定的对象，不合理地低估了清代思想史的立场——提出疑问，此后这种立场便开始受到批评。①

然而，虽是近年的著作，但井上进的《明清学术变迁史：出版与传统学术的临界点》（平凡社，2011）继承岛田的系谱，对此加以若干修正，大致上沿袭岛田思想史观来加强论述。整体来说，井上博搜与涉猎大量史料来支持其论证，其结论在此意义上可以说是从许多方面把握复杂情况且保持均衡，但针对贯穿清代的时代精神持冷淡态度。也就是说，井上一方面指出清朝汉学在深层意义上与王学相连，另一方面注意到两者之间的明显差异。他说："明末之学成为潜流，封闭在个别事情上保存自己"，又说："在根底上支持汉学的是明末的精神"，但另一方面，得出如下结论：从思想活力方面来看，清代二百五十年间毕竟是有时被视为中国本身之表象的"闭塞与停滞的时代"。在此意义上，井上进的研

---

① 此外，以下研究虽未收录于专著，但若要理解沟口雄三对明清交替时期之思想史的观点不能错过《东林派人士的思想：前近代时期期中国思想的展开（上）》（《东京大学东洋文化研究所纪要》第75册，1978年）。

沟口此后发表了许多值得瞩目的著作。《作为方法的中国》（东京大学出版会，1989）摸索"中国"特色的近代，并对战后中国近代史研究的倾向提出根本性的疑问。《中国的公与私》（研文出版，1995）将中国思想史与日本思想史或西欧进行了比较。《中国的冲击》（东京大学出版会，2004年）也引起了一般读者的反应。《中国思想史》（东京大学出版会，2007）是与池田知久、小岛毅两位学者共同撰写的；《中国思想的精粹》（Ⅰ·异与同的中间/Ⅱ·东往西来）（岩波书店，2011）则是收录其生前未收录于专著之论考的文集。

沟口论著的中文翻译，包括在台湾刊行的已有几本，但前几年由生活·读书·新知三联书店出版的全6册的《沟口雄三著作集》（2011~2014）显然最为完整，亦包含日本出版的专书未收录的几篇论文。

另外，关于沟口思想史学之研究史上的位置与其意义和问题等，参照伊东贵之《解说：传统中国的复权，寻找中国的近代》（《中国思想的精粹Ⅱ：东往西来》，岩波书店，2011）。

究与上述近年的研究动向绝然不同。①

五　荒木见悟在研究史上的位置

根据以上战后日本中国近世思想史或阳明学研究的回顾与总括，包括个人历史的背景在内，本人将概观荒木见悟在研究史上占有的独特位置，乃至其研究成果的重大意义，以此作为本文的结论。②

与其师楠本正继一样，荒木有志于更普遍的纯正哲学，与之亲熟并将其作为思索的动力，但并不轻易表露，而是经历如下险峻且困难的路程：深潜于宋明的儒学思想，迫近其骨骼与结构，厘清它的独特特征的同时，糅合自身深层次的哲学、思索与宋明儒学思想，使之丰富充沛。此外，以下只不过是笔者的想象，但笔者认为，对许多与荒木同时代的日本知识分子而言，纯正哲学首先为西田哲学等京都学派的哲学，接着在战后的一阵子，他们便默默地设想其为存在主义的哲学。处女作以来，人类的"本来性—现实性"，即可谓在两个极端之间相互摆动或往来的问题域，一贯是荒木见悟分析中国思想的基本框架。吾人能否从中看出西田哲学自觉理论的幽微痕迹、听到海德格尔哲学中颓落的此在趋向本真的实在之余音在缭绕。

与此同时，可以推测，荒木身上汇聚了对佛教哲学深刻的、本质上的理解，恐怕还有个人的倾心与投入，以及类似信仰之物。荒木屡屡述怀如下经验：他

---

① 顺便一提，井上进亦对中国的整个出版文化具有深厚的造诣，另有《中国出版文化史：书籍的世界与知识的情形》（名古屋大学出版会，2002）、评传《顾炎武》（白帝社，1994）等著作。关于清代思想史研究的整体状况，大谷敏夫于《清代思想史研究动向》（《中国史学》第3号，1993；后收入《清代政治思想与鸦片战争》，同朋舍出版，1995年）一文中，整理了近年的新动向。
关于清朝考证学研究近年的动向，伊东贵之的《作为思想的中国近世》与《如何理解明清思想：由研究史的素描开始》（2006）进行了概观，除此之外，马渊昌也在埃尔曼（Benjamin A. Elman）〔马渊昌也、林文孝、本间次彦、吉田纯译〕的《从哲学到文献学：后期帝政中国的社会与知识的变动》（知泉书馆，2014）中有"译者解说"，相当详尽，值得参考。
② 关于荒木见悟的研究成果，《荒木教授退休记念　中国哲学史研究论集》（苇书房，1981年）收录此书刊行以前的著作目录，另参照福田殖《荒木见悟先生的学问》（《日本与朝鲜的朱子学》，福田殖著作选Ⅱ，研文出版，2016）等。
据笔者管见，翻成中文的荒木见悟之著作有《佛教与儒教》〔杜勤、舒志田等译〕（中州古籍出版社·中国哲学前沿丛书，2005）。除此之外，还有《中国心学的鼓动与佛教》（中国书店，1995）的中译版，即《明末清初的思想与佛教》〔廖肇亨译〕（台北：联经出版事业公司，2006；后上海古籍出版社，觉群佛学译丛，2010）。另外，武汉大学国学院陈晓杰正在翻译《明代思想史》。

于1940年（昭和15年）进入九州大学法文学部，在此与当时支那哲学史科主任教授楠本正继博士会面，这时告知希望进修中国哲学，楠本便教导他说："今后的（支那哲学）研究，只有儒教还不够，务必借助于佛教之力。"① 即使是人文学领域，在理解某一研究的内容时，不应轻易参照当事人的个人履历，但荒木首次在长崎师范学校任教时期便遭受原子弹轰炸，失去了一个孩子，又，其本来的出身地便是广岛，笔者不能不感到其研究与如上经历之间有某种因果关系。②

此外，如前所述，荒木于其成名作《佛教与儒教：构成中国哲学的成分》一书中，不同于此前中国哲学研究只追寻儒学思想内部的变迁，不仅以华严思想与禅宗，甚至以说明如来藏思想的《大乘起信论》为素材，从独特的视角解读佛教思想，由此阐明两者之间的互相影响和交涉关系，将该时期的思想史描绘得更有流动性和变化性。再者，作为跨越儒教、佛教的分界线且贯穿其中的共通思维、逻辑结构，他提出上述可谓人类的"本来性"与"现实性"之相互往来的问题域。

所谓如来藏思想，似乎与"本来圣人"、"满街都是圣人"或者"本来成佛"、"本来无一物"等词或观念一同赋予荒木很大的灵感。"本来性—现实性"的逻辑结构与架构、问题域的出现，可说来自这种灵感。荒木就此原委说："在近年的佛教界，盛行于中国，传至日本，而在佛教思想史上构成巨大浪潮的如来藏思想究竟是否符合佛祖教说的问题，引起热烈的讨论。我缺乏原始佛教的知识，故并无学力判断其所论的是非，只是我想提请注意，对所谓如来藏思想的形成产生重要影响的《楞严经》《圆觉经》《大乘起信论》等经典，在中国制作的可能性很高，而且如来藏思想在本来主义的传播中扮演重要角色。"③

荒木说："本来性的存在，在人欲沸腾中，如何被背弃，如何被污染，都毫无动摇，不，愈被背弃、愈被污染，愈显现其迫近的存在性，故并无离开本来性的现实性，又无灭掉本来性的现实性。"他又说："与本来性对置的现实性，

---

① 例如，荒木见悟：《阳明学与佛教心学》（研文出版，2008年）的《后记》。
② 荒木见悟：《到释迦堂之路》，苇书房，1983年。
③ 荒木见悟：《新版 佛教与儒教：构成中国哲学的成分》（研文出版，1993），《新版后记》，第434页。关于如来藏思想之形成的代表性研究，有高崎直道《如来藏思想的形成：印度大乘佛教思想研究》（春秋社，1974），此书早先著名。顺便一提，出版后第二年，高崎直道获得日本学士院赏·恩赐赏。荒木见悟在此所说关于如来藏思想是否是佛教本来教说的论争，即指松本史朗《缘起与空：如来藏思想批判》（大藏出版，1989）、袴谷宪昭《本觉思想批判》（大藏出版社，1990）、同《批判佛教》（大藏出版社，1990）等引起的一系列论争，他们主张如来藏思想乃至本觉思想并非佛教。
无论如何，如来藏思想、本觉思想与佛性思想等构成中国佛教、日本佛教与日本思想的基调，或者大概的框架，对此事实本身应该没有异议。

可认为是在某种形式、某种意义上从本来性乖离。这样的乖离,因非本来性的东西混入实践主体而产生,并在主体意识的失挫中被体验,其意识可被理解为向着本来性的现实性的自我表现,向着现实性的本来性的自我否定。故此乖离使主体的身心动摇,同时逼迫其正常化,在本来性与现实性相一致之前,不会停止动摇。"① 从如上表现可看出以下立场。圣与俗之间的辩证往来与扬弃,也就是在尘世中寻出神圣性的显现或流露,不仅与佛教,而且与基督教等启示宗教有相通的旨趣,此外还与"皈依"(conversion)有相似的契机。其与陀思妥耶夫斯基对人的理解相通,可说具有人类之普遍性。

此后,在主要以明代思想为对象的《明代思想研究:佛教与儒教的交流》(1972)、《明末宗教思想研究:管东溟的生平与思想》(1979)、《阳明学的开展与佛教》(1984)、《阳明学的位置》、《明清思想论考》(1992,均是研文出版)等一系列的著作中,荒木阐发"本来性—现实性"的问题域,即对人之现实状态的认识,对其本来状态的志向。这两者之间递归性且回流性的相互往来,作为其问题域中的一个变种,荒木开始阐释"理学"与"心学"之间的挣扎、相克,亦即极具拘束力的"理学"与如从内破壳般地对抗"理学"的"心学"之争。不过,从这些框架与问题视角本身中亦可看出,在某种意义上,他与岛田虔次一样都具有先入之见。譬如,沟口雄三后来批评此见解陷入片面的"外框—内主"的理解。② 然而,依笔者之见,荒木对佛教思想的理解或倾注,对沟口雄三如何理解李卓吾的"真空"概念有巨大影响。③

荒木到晚年陆续发表《中国心学的鼓动与佛教》(中国书店,1995年)、《阳明学佛教心学》(研文出版,2008年)等论著,除此之外,亦有许多方方面面的成就,如有关佛教的《云栖袾宏的研究》(大藏出版,1985年),抄译、翻译、译注有《竹窗随笔》(明德出版社,1969年)、《大慧书》(筑摩书房,1969年)、《大应》(讲谈社,1978年)、《辅教编》(筑摩书房,1981年)、《大应国师语录》(讲谈社,1985年)、《珊瑚林:中国文人的禅问答集》(ぺりかん社,2001年)、《竹窗随笔:明末佛教的情形》〔云栖袾宏、荒木见悟监译,宋明哲学研讨会翻译〕

---

① 荒木见悟:《新版 佛教与儒教:构成中国哲学的成分》,《序论:本来性与现实性》,第5~6页。
② 沟口雄三、伊东贵之、村田雄二郎:《中国这一视角》(これからの世界史4・平凡社,1995),第1章"中国近世的思想世界"。
③ 沟口雄三:《中国前近代思想的屈折与展开》(东京大学出版会,1980),上论第1章"生活在明末的李卓吾"、第2章"理观的再生:从'无'到'真'";氏著:《李卓吾:行走正道的异端》(集英社・中国の人と思想⑩,1985)等。

（中国书店，2007年）等。

最后本人将简略论及《忧国烈火禅：禅僧觉浪道盛的奋斗》。觉浪道盛生活在明末清初时期，后来对方以智等学者有巨大影响，但因言行极其破例，而难以定位于禅宗史上，此前几无学者讨论他。该书首次正式研究这位杰出僧侣的生平与思想，但从开头便带有浓厚的作者关怀自身存在性问题的叙述。比如何谓"自由""禅""自己""心"等。虽然作者也有表述个人历史中灵魂彷徨的散文集《到释迦堂之路》（苇书房，1983年），但《忧国烈火禅》属于研究专书，作为研究专书却又有深入、令人充满共鸣的诠释，可说是一本稀奇的著作。

与此同时，从思想史研究的层面来看，荒木从该书正式开始将清代当作研究范围，这点令人很感兴趣。在此以前，许多研究者的研究视角，用中文的说法来说，仅止于"宋明理学"此一典范的框架内，马渊昌也等人早已指出荒木的研究亦包含同样的弱点。马渊指出某一思想比较接近"理学"或"心学"，此倾向如何影响该思想的实践论＝修养论层面或社会认识，这种问题意识容易带有类型论的倾向，而且，这种框架到"本来圣人"说消退的清代便失去其有效性。[①]总体来说，本来性在清代思想史的脉络中常被视为前代思想展开之余辉，然而，《忧国烈火禅》则阐明对此热烈的志向。至少在清代初期它仍在脉动，确实持续存在着。

总之，笔者希望从荒木在实证与文献上卓越的著作与成就的背后提取出他自身的哲学或思想，乃至听取存在性的心声，并为此重新翻阅荒木的作品。

[①] 马渊昌也：《明清时代人性论的展开与许诘》，《中国哲学研究》创刊号，东京大学中国哲学研究会，1990年。

热点问题

从妖怪研究的视角考察敦煌壁画[*]

〔日〕小松和彦[**] 著 王 鑫[***] 译

【摘 要】 以俵屋宗达的《风神雷神图》为代表,在日本,风神与雷神常常被描绘成一对神祇,其形象大多和我们所说的"鬼"相似。这样的风神雷神图在中国的佛教遗迹敦煌壁画中也可找到,因此,可以认为此图样是经丝绸之路,与佛教一同传入日本的。此次讲演,除了考察上述问题,还进一步以图像为手段,考察佛教中所说的"魔",即"类似妖怪的东西"是如何传入日本并对日本"类似妖怪的东西"的造型产生了巨大影响这一问题。

【关键词】 丝绸之路 风神雷神图 敦煌 佛教 妖怪

【要 旨】 俵屋宗達の「風神雷神図」が典型であるように、日本では風神と雷神はセットで、また「鬼」と判断される姿かたちで描かれることが多い。このような風神雷神図は中国の仏教遺跡・敦煌の壁画にも見出されるので、シルクロードを経て仏教とともに日本に伝来したものと思われる。この講演では、さらにそれとともに、仏教でいう「魔」、すなわち「妖怪的なもの」も伝来し、日本の「妖怪的なもの」の造形に少なからぬ影響を与えたのではないかということについて図像を手がかりに検討する。

【キーワード】 シルクロード 風神雷神図 敦煌 仏教 妖怪

---

[*] 本文以 2017 年 6 月 26 日在北京日本学研究中心举办的"丝绸之路与日本"讲演会的讲演稿为基础,经作者修改整理而成。
[**] 小松和彦,国际日本文化研究中心所长,日本著名文化人类学、民俗学、妖怪学者。
[***] 王鑫,北京大学医学人文学院讲师,博士。主要从事日本思想史、文化史、妖怪学研究。

Abstract: Take Sotatsu Kawaraya's "God of Wind and Thunder" as the representative, in Japan, the god of wind and thunder are often depicted as a pair of gods, the image of which is mostly similar to what we call "ghost". Such a picture of God of Wind and Thunder can also be found in the murals of Dunhuang, a buddhist relic in China. Therefore, it can be considered that this pattern was introduced into Japan along with Buddhism through the silk road. This lecture, in addition to the above questions, will further take the image as a means to investigate the socalled "demon" in Buddhism, , that is, "something similar to a demon" is introduced into Japan and has a great influence on the appearance of "something like a monster" in Japan.

Keywords: Silk Road; God of Wind and Thunder; Dunhuang; Buddhism; Demons

我是主持人刚刚介绍的国际日本文化研究中心所长小松和彦。此次承蒙北京日本学研究中心的邀请，非常感谢。

此次研讨会是探讨丝绸之路与日本的关系，我并不是研究丝绸之路的专家。但是，我对丝绸之路的中转地敦煌很感兴趣。之所以这么说，正如刚才主持人所介绍的那样，我对日本的妖怪文化，特别是妖怪画很感兴趣，一直从事这方面的研究，我推测敦煌壁画与日本的妖怪画之间存在某种联系。

当然，我并不认为妖怪实际存在。我认为妖怪是由人创造出来的，是一种"文化"。研究"作为文化之妖怪"是我的立足点。

在日本，各种各样的妖怪被绘制成画，这些妖怪画虽历经变迁，但是我从很早以前一直就有一个很单纯的疑问，即："这些妖怪最初的形象是否是从中国或经由丝绸之路从遥远的西域传入日本的呢？"因这次有机会前去敦煌参观，所以我来之前仔细翻看了莫高窟壁画的照片，越看越觉得日本的妖怪尤其是在日本被称为"鬼"的东西，其原形是经由丝绸之路传入日本的。

今天，我想就这一问题，重点以敦煌壁画为中心，做一个内容粗浅的讲演，希望大家多多批评指教。在此，我使用的敦煌壁画的照片皆引自日中共同研究成果《敦煌莫高窟》（全5卷，敦煌文物研究所编，平凡社）。

丝绸之路，简言之，即主要将中国的丝绸运往西方，作为交换，将西方货物运至东方的道路。日本是丝绸之路东边的终点，奈良正仓院中收藏着经由丝绸之路运来的西方宝物。不仅有乐器（螺钿紫檀五弦琵琶）、纺织品（花毡）等物质文化，还有植物（葡萄、石榴、西瓜、胡萝卜等）等等。

其中，最重要，也是日本人最感兴趣的是"佛教"。佛教传入日本是在奈良时代，虽然是经中国或朝鲜半岛传入，但是由于其发源地在印度（天竺），因此日本人有了这样一种观念：中国与日本有着直接往来，而距离中国十分遥远的另一端的世界——印度与日本也是相通的。近代以后的研究表明敦煌的佛教遗迹以及佛教壁画中描绘的佛像等与传入日本的佛像、佛教画十分相似，敦煌是佛教东渐的中转地，从西方，印度某个南方经由敦煌或西域传播至东方中国，又传到日本，因此，敦煌的佛教遗迹与日本的佛教遗物有相似之处并不奇怪。

在此种意义上，我想日本人或许自奈良时代、平安时代起就对大陆另一端的佛教发源地充满了憧憬和向往。《西游记》的故事以及三藏法师这一去天竺取经的中国僧人的名字在前近代就为日本人所熟知。我也同样怀有这样的憧憬与向往，一直想找机会去敦煌，去西域看看。这次能为我提供这样一个机会，真是十分欣喜。

因此，今天我的讲演题目选择了敦煌与日本"妖怪"之间的关系。如前所述，我试图从妖怪研究的视角审视敦煌壁画，因此我想提出这样一个假说，即佛教传入日本意味着佛像随同佛教经典一道传入了日本，诸如释迦像、菩萨像等，与此同时，佛教中被称为"魔"的东西也一并传入了日本。

这个"魔"的画像到底与日本的"妖怪"（在此设定为"鬼"）有何种程度的相似性或不同性是今天的主题。从广义上讲，今天的主题基于"比较妖怪学"或"比较妖怪图像学"这一研究视角。

这里有六幅图（图1），这六幅图反映了今天的大主题，这六幅图哪张是日本的？哪张是中国的？哪张是中国以外的国家的？我感觉它们非常相似。我先不说这些图片的出处，我们先来探讨，在结论部分我会公布答案。通过指出此乃日本绘画、此乃中国敦煌壁画可以使我们明白妖怪画的传播文化史。

首先，在日本，有着各种关于"鬼"的形象。但是，我想给大家看一看最初的典型的"妖怪"绘画形象或"魔物"形象。这幅图（图2）是16世纪绘制的《百鬼夜行绘卷》（大德寺真珠庵藏）中描绘的妖怪，被视为现代妖怪的起源。仔细观察，这些道具上长着眼睛、鼻子和手脚的奇形怪状之物成群结队地行走在街上。我们再往前追溯一下描绘"妖怪"形象的作品。这是13世纪的《春日权现验记绘卷》（宫内厅藏）中的一幅场景，画的是使人生病的"赤鬼"（图3）。即便是现代日本人，一眼也能断定它是"赤鬼"。

图 1

图 2

图 3

从妖怪研究的视角考察敦煌壁画

这是《大江山绘卷》，也叫《酒吞童子绘卷》中的一幅场景，是根据击退盘踞在京都西北方大江山一带的叫作"酒吞童子"的鬼的故事制成的绘卷。这一场景援引自更为古老的绘卷《大江山绘词》（逸翁美术馆藏），长着角、通体红色的巨型鬼便是首领酒吞童子（图4-1），此外还描绘了许多侍从鬼（图4-2）。虽然都是"鬼"，但形象各异。这是14～15世纪的作品。

图 4-1

图 4-2

再介绍一幅制作于14世纪的《融通念佛缘起绘卷》(克利夫兰美术馆藏)（图5）。这里画着聚集在一起的众鬼，表示它们是带来疫病或死亡的"鬼"。仔细看，它们相貌各异，或许是绘师有意识地将它们区分描绘，请看它们的脸，可以看出是基于动物或人的形象创作而成的。有的"鬼"头上顶着头盖骨，通过头盖

· 67 ·

骨的形状可以知道它们之间的差别。这样的画法或许想要表达的是这个头盖骨的灵魂成为怨灵现身于世。

图 5

通过上述绘画我们可以得知日本的妖怪形象是各式各样的。不过，这些形态各异的妖怪形象并非都是日本人凭借想象创作出来的，应该有更为早期的画作为这些形象的创作提供灵感源泉。这就是将佛典中的释迦传记（佛传）配上插图的《绘因果经》。这幅图是收藏在醍醐寺中日本传世最古老的绘卷，其完整版已经失传，仅有断简存于几座寺庙。大家一看便知这幅绘卷不同于后世的日本绘卷，后世的绘卷都是先有题款，然后插图，这幅绘卷上面是图，下面是题款，并且题款全部用汉字书写。这幅绘卷制作于奈良时代，也就是东大寺正仓院建造的年代。从绘卷的形式来看一般认为它并非出自日本，而是制作于中国，或是中国写本的一部分。

坪井绿根据其服装推测这幅绘卷乃隋唐时期的作品。我所关注的是这一场景：在释迦讲经之所出现了一些奇形怪状之物和蛇等动物，试图妨碍释迦说法（图 6）。这幅图下面的题款用汉字写着"一目或众多目或大腹长身或羸瘦无腹或长牙利爪"等各种各样异形之物袭击了释迦讲经之所，这些怪物被总称为"恶类"，上面的图讲的便是这则故事。"恶类"在佛教用语被称为"魔"，相当于我们所说的"鬼"或"妖怪"。这幅绘卷如果出自中国，我们完全可以认为这种"魔"的形象对其后日本"妖怪"形象的形成产生了某种影响。在平安时代，将那些半夜聚集行走在都城街头的鬼称为"百鬼夜行"，"百鬼夜行"指的就是形态各异的鬼，《今昔物语》中以"说话"形式对百鬼夜行进行了释义，其中讲到有的鬼长着一只眼，有的鬼长着多只眼，这让我们想到它与《绘因果经》中"魔群"的关系，也可以认为它与《融通念佛缘起绘卷》中聚集在一起的鬼之间是有联系的。

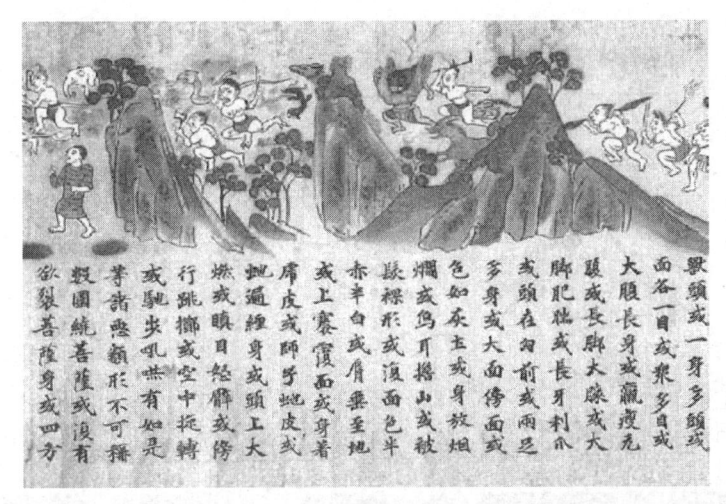

图6

关于《绘因果经》，我对中国的佛教画不太了解，不知中国是否有类似画卷传世？如果有了解的，请一定赐教。我在日本调查了有关中国佛教画的资料，多以介绍敦煌等西域壁画为主，对于隋唐以后中国的佛教画并无详细介绍。

下面，我想将敦煌壁画及雕刻中的佛像等与日本做一个比较。之所以对二者加以比较是为了确认一下二者究竟有多大程度的相似性，也就是说确认一下敦煌佛教与日本佛教之间存在多深的关系。在此基础之上我们才能够进一步对"类似妖怪的东西"加以比较。

首先，关于佛像，日本以三尊佛居多，在敦煌三尊佛也较为常见。仅从这一点便可看出两者具有相似性。此外，菩萨像居多这一点也与日本类似。法隆寺的释迦三尊像、百济观音像等与敦煌的三尊像、菩萨像非常相似。日本绘卷中描绘的身着羽衣的天女、人面鸟迦陵频伽（净土鸟），在敦煌壁画中也有样貌完全相同的天女，可知二者在形象上有很深的渊源。敦煌与日本的阿修罗像也十分相似，在敦煌亦有长着如大象般长鼻子的欢喜天像。不过，敦煌的欢喜天像并非日本两尊欢喜天拥抱在一起的双体欢喜天。

其次，在敦煌，画中经常出现"夜叉"（药叉）的形象。而在日本，虽然有"夜叉"一词，但是夜叉的画像和雕刻却很少。《金刚夜叉明王》虽是夜叉像，却与敦煌的"夜叉"形象无直接关联。能乐中有"夜叉面"，但指的是"鬼面""般若面"。另外，泉镜花的著作中有《夜叉池》，不过这里的"夜叉"暗示着池主"龙神"。可见，敦煌的夜叉形象似乎并未明确地传入日本。

我想通过上述介绍大家应该明白了敦煌莫高窟的佛教画、佛像在整体上与日本的佛教画、佛像十分相似，同时仅凭这一点，我们就能理解前人们之所以一直强调它们与日本是有关联的原因所在。

其实，此前在日本佛教美术与敦煌佛教遗迹方面人们主要关注释迦、菩萨等佛教众神像之间的关联，而尚未从妖怪学的视角对中日"类似妖怪的东西"进行过比较研究。接下来，让我们从这一视角出发来观察一下敦煌壁画。

当探寻日本"鬼"的雕刻始于何时的时候，我们发现其制作时间亦始于奈良时代。日本最早的"鬼"的雕刻见于法隆寺，有的"鬼"在建筑下方作为建筑的支撑物，有的则被佛祖踩在脚下（图7），它们被称为"邪鬼"。有趣的是在敦煌也可找到长相几乎一样的"邪鬼"（莫高窟第384窟，晚唐）（图8）。将其挪至日本，例如放置于法隆寺下，也绝不会觉得格格不入。二者竟如此相似。

图7　　　　　　　　　图8

刚才我们提到过日本最早的绘卷《绘因果经》，这一绘卷的创作原形可以在敦煌莫高窟的壁画中找到，那就是壁画上的《佛传绘》。例如，这一场景（《第428窟，萨埵那太子本生，北魏》）是释迦本生谭（本生经故事）的一部分，中段右图讲述了释迦前世的萨埵王子（萨埵那太子）为了饥饿的老虎和它的7个孩子，以身饲虎，救助其性命的《舍身饲虎图》（图9），日本法隆寺玉虫厨子上的这幅图最为著名。这些佛传绘与《绘因果经》一样，也绘有妨碍释迦说法的"群魔"（恶类）。也有描绘释迦及其众弟子击退群魔的《降魔成道图》。例如，第254窟前室南壁（北魏时代）的壁画便是《降魔成道图》（图10-1）。将此图放大我们可以注意到里面画着许多与释迦方面的军队战斗的似人非人、似鬼非鬼、不知为何物的东西（图10-2）。也就是说这幅图细致地描绘了"魔王军队众人"。这些"魔军"的形象与日本的"鬼""妖怪"极为相似，称其为它们的同类亦不为过。例如，这个魔，体格如"鬼"一般骨骼健壮，正拉弓引箭，试图射杀释迦。如果将这些"魔物"作为"鬼"插入日本绘卷中的话恐怕也毫无违和感。它们与日本初期的"鬼"形象竟然如此接近。再举一例，这是第428窟的《降魔图》，图中的"魔群"正从左右两侧夹击端坐于中央的释迦（图11），魔群中有的长着角，这也与日本的"众鬼"相似。

图 9

图 10-1

图 10-2

图 11

仔细观察敦煌的"群魔",我们会不由得认为这些群魔的形象深深影响了日本"众鬼"形象的造型。也就是说,佛教沿着丝绸之路传入日本,与此同时,"群魔"的形象也随之传入日本。从这个意义上说,丝绸之路亦可称为"鬼传来之路"。

从妖怪研究的视角考察敦煌壁画

下面就进入我今天讲演的核心话题。其实,在敦煌壁画中,我一直最想看的是"风神雷神"的壁画。提到《风神雷神图》,在日本,江户初期俵宗达的《风神雷神屏风》(建任寺藏)最为著名(图12)。因为是国宝,我想很多人都知道。图中,"雷之神"与"风之神"是作为一对神祇,描绘在一起的。雷神背后有一圈太鼓,传说雷神敲击太鼓发出雷声。风神怀中抱着一个大袋子,传说这是送风工具,从这个袋子送出风,形成大风。雷神,既有与风神描绘在一起的,也有单独描绘的,可以说最初单独描绘的较为普遍。风神与雷神虽然被称作"神",其形象却明显似"鬼"。如若去掉他们身后的太鼓和怀中的袋子,毫无疑问会被认作"鬼"。雷神那站在云端、长相似"鬼"的形象似乎已深深烙印在多数日本人的心中。

图 12

将风雷二神作为一对神祇描绘似乎从很早开始就已经成了定式,在京都莲华王院三十三间堂中有制作于13世纪的《风神雷神像》(雕塑)。同样制作于13世纪的《北野天神缘起绘卷》(北野天满宫藏)中虽然只有雷神,其形象也是背着太鼓(图13)。此外,尚未受到太多关注的是制作于奈良时代的《绘因果经》,其中,在与群魔对抗的释迦队伍当中,也可寻得背着太鼓的雷神的身影(图14)。他身旁虽然没有风神,但是在雷神前方的释迦军队中有一个魔物,手捧前端为蛇头的细长风袋或羽衣。在军中,捧着类似于风袋或羽衣的只有它,由此推断或许是风神。《绘因果经》的原本据认为来自中国,由此可知,在隋唐时期的中国,或许风雷二神也是一对,也被描绘为我们刚才所见的形象。

· 73 ·

图 13

图 14

图 15

从妖怪研究的视角考察敦煌壁画

通过上述考察，我们明确了将风雷二神作为一对神祇描绘并非日本的独创，早在中国已经形成。其实，已有先学指出敦煌壁画中的风雷二神也是作为一对神祇描绘在一起。敦煌莫高窟第249窟窟顶西侧的"阿修罗像"制作于6世纪的西魏时期，在阿修罗像的上方，左右成一对，描绘着在日本被称为"风神"与"雷神"的神（图16）。左上方，很多太鼓呈圆形环绕着雷神；右上方，一个神将一个细长、布状之物呈半圆形背在身后。这个"细长布状之物"或许就是风袋（送风装置）。这个细长的布与我们刚才在《绘因果经》中看到的风神所背的"细长风袋"的形状基本一致。而且，敦煌的风神雷神也被描绘成骨骼强壮、穿着兜裆裤、类似于日本的"鬼"的形象，这点也基本一致。此外，根据我的调查，法国吉美（Guimet）美术馆收藏的伯希和藏品敦煌《降魔成道图》中也有背着同样太鼓的雷神和风神（图17），也描绘有与《绘因果经》中的"群魔"类似的"群魔"（图18）。由此可知，将风雷二神作为一对神祇描绘在敦煌已经形成定式。

图 16

通过上述考察我们不难看到，在敦煌繁荣兴盛起来的佛教美术由隋唐时期的中国传入奈良时代的日本，其中便有作为一对神祇的风雷二神像，同时，"群魔"的形象也随之传入。作为一对神祇的风雷二神图在日本流传至今，成为流行图案固定下来。

有趣的是，在敦煌与日本之间的佛教传播中转地的中国大陆，直到唐朝佛教都十分兴盛，其后由于不断出台的排佛政策导致佛教逐渐衰落，风雷二神的形象也随之销声匿迹。据我调查，明清时期的百姓所熟悉的雷神形象，例如，明

· 75 ·

图 17

朝《绘图三教源流搜神大全》中的"雷公"（并非称之为"雷神"，而是称之为"雷公"）便不是与风神作为一对，也不是背着太鼓的"鬼"的形象，而是长着似鸟般的尖嘴、背后背着翅膀的形象（图 19）。此形象无论如何也不能说是继承了敦煌风雷二神的传统形象，反而让人觉得与日本的天狗有着某种渊源。个中缘故有待今后进一步考察，并且也有必要考察邻国韩国的风雷二神的形象，韩国与日本一样在古代都受到了佛教的影响。

图 18 　　　　图 19

从妖怪研究的视角考察敦煌壁画

通过上述考察我们便可得知日本的风雷二神形象是从敦煌经由中国大陆传入日本的,也有力地印证了上面提到的"群魔"形象传入日本,对日本的"魔",即"鬼",进而对"妖怪"形象的形成产生了影响这一观点。这也就是丝绸之路也可称作"鬼传来之路"的原因所在。

讲到这里,其实我就可以结束我的讲演了。不过,我想再从其他角度思考一下日本的"鬼"的形象或许不仅限于敦煌,有可能来自更远的西方这一问题。

仔细观察可以发现法隆寺的"邪鬼"、兴福寺的天灯鬼、龙灯鬼(图20)、莲华王院的风雷二神、甚至俵宗达的风雷二神,如出一辙,均佩戴着"手环"和"脚环"。但是,日本并没有佩戴手环、脚环的习俗。也就是说,这样的装饰是基于传入日本以前的中国或西域的习俗。换言之,这样的脚环、手环印证了"鬼传来之路"的存在。

考察敦煌壁画发现确实如此。下面这些图均为唐代作品,莫高窟第196窟的《劳度叉变相图》中单独的风神图(图21)以及第201窟《舞乐图》中奏乐跳舞的乐人们均佩戴着"手环、脚环"(图22)。也就是说通过手环、脚环我们也可以得知西域的"鬼"或者作为"鬼"之原形的佛教中的"神",或"佛教的敌人"(魔)是经由丝绸之路传入日本的。

图20

图21

再深入一步,我们也有必要考察一下敦煌与西方人的关系。土耳其伊斯坦布尔的托普卡珀宫中收藏一部叫作《萨莱相册》的画集,其中有许多描绘异邦之人或奴隶等所谓"异类"的画。仔细看，这些人头上长角、长着长尾巴，手脚上配戴着手环与脚环（图23、24），其形象仿佛日本的"鬼"。

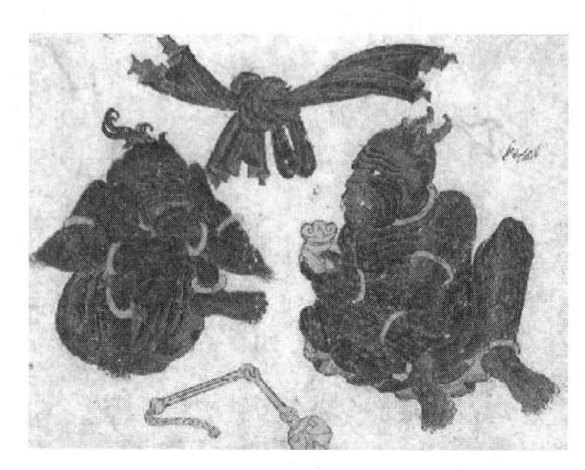

图22

图23

据脇坂淳的研究表明在比敦煌更遥远的西部塔里木盆地的克孜尔石窟壁画中，虽然不是与雷神作为一对，但是也有风神的形象，甚至在古希腊文化与佛教文化交融的2世纪前后的犍陀罗佛教遗迹中也有风神。它们都背着随风飘扬的薄布做的"细长风袋"。日本的"鬼传来之路"或许可以从敦煌延伸至更远的西方。

以风雷二神之形象、佛教中的"魔"之形象以及佩戴"手环、脚环"等习俗等为线索，沿着丝绸之路考察日本的"鬼"之原像是一项异常艰巨的工作。但是，它或许就是重新考察东亚文化史的一个抓手。希望今后研究日本"鬼"文化的学者，务必通过从东至西的丝绸之路来探寻"鬼"之原像。这样一定会取得内容丰富的学术成果。

最后，我们再来看看讲演最初给大家展示的六幅图。我想大家应该能够看出哪幅图是哪个地区哪个年代的了吧？这里有三张敦煌的图、两张日本的图和一张土耳其的图。相比大家也看出了它们之间的相互关联。

我的讲演到此为止。对于我今天的讲演内容如果在座各位有相关资料的话请一定不吝赐教。今天仅仅是对我学习结果的一个拙劣汇报，感谢大家的聆听。

【参考文献】

《亚历山大大帝与东西文明交流展》图录、東京东京国立博物馆、2003年。

《绘因果经》(日本绘卷全集1)、东京角川书店、1960年。

《克孜尔石窟》(《中国石窟》第1卷)、东京平凡社、1982年。

《西域美术》第1卷(Guime美术馆,伯希和藏品,J·F·Jarrige监修)东京讲谈社、1994年。

田中一松、《绘因果经断卷降魔图(松永本)解说》、东京《国华》第881号、1965年。

敦煌文物研究所《敦煌莫高窟》全五卷、敦煌文物研究所编、东京平凡社1980~1982年。

坪井绿、《绘因果经研究》、东京山川出版社、2004年。

《佛传绘》(日本的美术267)、东京至文堂、1988年。

脇坂淳、《風神·雷神图像的系谱与宗达笔〈风神雷神图〉》、大阪《大阪市立美术馆纪要》第4号1984年。

日本的丝绸之路研究
——研究史概论及其时代背景[*]

〔日〕山泰幸[**] 著 王 鑫[***] 译

【摘 要】 本文探讨了20世纪初至20世纪后半期日本从关注丝绸之路发展到丝绸之路热潮的整个过程。考察了战前至战后，日本对"西域""丝绸之路"认识的形成过程，并结合时代背景阐释了其与日本国家身份地位形成的深刻关系。最后，阐明了丝绸之路被认定为世界遗产之后所来带的社会影响，并提出关于文化产业创造的崭新研究领域——"遗迹社会学"，倡导使遗迹"活"起来。

【关键词】 丝绸之路 敦煌文书 正仓院 大谷探险队 遗迹社会学

【要 旨】 本文では、20世紀初め以来の日本におけるシルクロードへの関心の始まりから、さらに20世紀後半以降の日本におけるシルクロード・ブームについて検討する。戦前から戦後にかけての「西域」や「シルクロード」のイメージ形成の過程が、日本のアインデンティティ形成と深い関係を持ってきたことを、その時代背景と関連付けて考察する。さらに、シルクロードの世界遺産化がもたらす社会的影響の解明と、遺跡を活用した文化産業の創造に関する新たな研究分野としての「遺跡社会学」を提唱する。

【キーワード】 丝绸之路 敦煌文書 正倉院 大谷探検隊 遺跡

---

[*] 本文以2017年6月26日在北京日本学研究中心举办的"丝绸之路与日本"讲演会的讲演稿为基础，经作者修改整理而成。
[**] 山泰幸，社会学博士，日本关西学院大学人间福祉研究院副院长、教授，关西学院大学"丝绸之路研究中心"所长，灾害复兴制度研究所副所长，主要从事人类学、思想史文化理论研究。
[***] 王鑫，北京大学医学人文学院讲师，博士，主要从事日本思想史、文化史、妖怪学研究。

社会学

Abstract: This lecture explores the whole process from Japan's paying attention to the development of the silk road at the beginning of the 20th century to Japan's silk road craze during the second half of the 20th century, and examines the formation process of Japan's understanding of "western regions" and "silk road" from the pre-war to the post-war period, and explains its profound relationship with the formation of Japan's national identity and status in combination with the background of the times. Finally, the lecture expounds the social influence brought by the silk road after it was recognized as a world heritage site, and puts forward a new research field on the creation of cultural industry—"sociology of relics", advocating to make relics "live".

Keywords: Silk Road; Dunhuang Documents; Shosoin; Otani Expedition; Sociology of Ruins

大家好，我是日本关西学院大学的山泰幸。日本关西学院是一所有着130年历史、基督教派的大学，校园非常美丽，老一辈的人几乎都知道，系列电影《年轻大将》的主角加山雄三曾在这里拍过写真，这里也经常被作为电影外景的取景地。数年前，我在我们学校设立了"丝绸之路研究中心"，一边整理过去日本关于丝绸之路的研究成果，一边学习有关丝绸之路的知识。今天，我想简要介绍一下这些成果。

在日本丝绸之路研究曾经非常热。虽然现在也有丝绸之路研究，但是在过去的一个时期形成了一股热潮。这股热潮是在何种背景下形成？这股热潮虽说是突然出现的，但其背后还是可以看过去研究的积累。首先，我想介绍一下日本人是如何获得有关丝绸之路的信息与知识的。其次，丝绸之路在几年前被指定为世界遗产，我一直研究如何让世界遗产"活"起来这一问题，最后如果有时间我也想介绍一下我们可以从何种视角使丝绸之路"活"起来。

首先，丝绸之路一词出自哪里？一般认为欧洲、德国的地理学家李希霍芬（Ferdinand Von Richthofen）在其著作《中国》（1卷，1877年）中最早使用该词。自1877年开始使用算起，这个词已有150年的历史了。因其承载了欧亚大陆东西交通的历史，通过绢丝运输打通了古代中国与希腊、罗马的贸易通道，因此将其命名为"绢丝之路"，即丝绸之路。

日本的丝绸之路热始于何时？我通过调查资料发现最早有很多关于"西域"，即中国西部的研究，但是没有以"丝绸之路"命名的书。1961年，一个瑞典人，或许丝绸之路命名之人的弟子，他的《丝绸之路》一书在日本被译成了日文。这是一个契机。其次是早稻田大学的长泽先生，他也出了一本丝绸之路的书。他在这本书中写了一些很有意思的事情。他写道：让东京奥运会的圣火沿着丝绸之路传递而来，奥运会始于希腊、始于遥远的另一端，手持圣火，沿着丝绸之路奔跑，让它一直传递到东京吧！当时，战争结束，经济好转，马上要迎来东京奥运会，是日本上升势头最为强劲的时期。此时，奥运圣火要从欧洲传递而来，丝绸之路一词开始被频繁使用，被视作极富历史传奇色彩的词汇。

此外，那时刚好是大谷探险队成立50周年，举办了《丝绸之路美术展》。这些因素叠加在一起，使那个时代出现了这样一种现象：只要冠以"丝绸之路"，就会引起日本人的兴趣。"丝绸之路"一词由此开始被广泛使用。

使日本人对西域产生兴趣的是井上靖，虽然他没有使用"丝绸之路"一词。他在小说《敦煌》中讲述了莫高窟文献的来历，如何被封存，如何被发现，尽管是虚构的故事，却博得了大家的欢迎，引起了普通读者的极大兴趣。这是1959、1960年的作品，与上面基本属同一时期。

使日本人进一步对丝绸之路产生兴趣的是日本NHK推出的丝绸之路系列特集，其中的音乐由喜多郎创作，非常令人怀念。这个系列节目是日中两国共同制作，20世纪80年代开始播放，直到80年代末，每个月播放一集。不仅对那个时代的成人，对那个时代的孩童也产生了极大的影响。进入21世纪，日本NHK又制作了"新丝绸之路"系列节目，同时还定期策划了几档相关节目，在社会上产生了巨大的反响。

配合丝绸之路的节目，1988年在奈良举办了奈良丝绸之路博览会。总策划是井上靖。博览会还同时举办了几场展览活动，一个是平山郁夫作品展，展出了他创作的描绘丝绸之路沿途风景的绘画作品，同时，更有意思的是还展出了他沿途收集到的几个国家的文物。主题是"民族的睿智与浪漫"。入场人数达682万人次。其后，成立了"奈良丝绸之路博览会纪念国际交流财团"，建立了"丝绸之路学研究中心"，持续开展相关活动，每年出版报告书。这一研究中心主要从事历史学、考古学研究，不知是否因为预算问题，该研究中心于2008年关闭。几年前，我在我所在的日本关西学院大学成立了"丝绸之路研究中心"，这一举动恐有逆时代潮流之嫌。

另外，提到"新丝绸之路"，日本人会联想到正仓院，后面我会详细阐述。正仓院为一般人所了解是在昭和15年。这一年是日本皇纪2600年，日本全国举行了盛大的庆祝活动，其中一个策划便是在东京的上野地区展览奈良正仓院的宝物，参观队伍排得很长。那时的日本已经发动了战争，是日本势头最猛的时候。但是昭和21年，日本战败，也在奈良举办了正仓院展，据说大家看了展览精神会振奋起来。知道日本有很珍贵的文物，虽然大多来自外国，但会让大家精神为之振奋。从那之后，每年都会定期举办正仓院展，而每次展览都会唤起人们尘封的记忆：日本的古代文化来自西域或受到西域的巨大影响。正仓院与丝绸之路之间有着密不可分的联系。

2005年，举办正仓院展时，读卖新闻出版了一本《新丝绸之路纪行》杂志。当时报纸上也刊登了这则消息。纪行就是旅行的意思，即一边旅行一边报道。丝绸之路的终点等词逐渐固定下来。刚才提到1961、1962年，长泽和俊先生写了一部关于丝绸之路的书，同时他还写了一部《丝绸之路的终点——通往正仓院之路》。这对大众丝绸之路印象的形成也产生了重要影响。以上大致介绍了日本民众对丝绸之路印象的演变过程。

战后，60年代至80年代，丝绸之路在媒体的宣传下，其梦幻般的形象迷倒了很多日本人。但是，它并非一夜间忽然受到大众追捧的，而是由战前以来的研究成果的积累而促成的。接下来我想介绍一下战前的丝绸之路研究。

首先要提的是东京大学建筑研究系教授伊东忠太先生。他年轻时在《建筑杂志》上发表文章称："法隆寺建筑的柱子与希腊神殿的柱子十分相似，都是中间部分隆起，在古代或许就有希腊文明、希腊文化传入日本。"当时虽然也有过类似论述，但是他的这一说法最为有名。

关于这个问题，国际日本文化研究中心（下面简称"日文研"）的井上章一先生年轻时写过一部《法隆寺的精神史》，对此进行过详细考证。详细内容在此不再赘述，大家请看这幅照片，是否似曾相识？其实也并不十分相似，但是那个时候的人们很希望认为它们相似。

哲学家和辻哲郎使上述这种说法得到了进一步普及。他建立了日本系统伦理学，在古代文化史研究、艺术研究方面取成果卓著。这位学者年轻时曾游览了奈良的古神社与古寺庙。他自称是古董研究家，一边旅行，一边参观飞鸟、白凤、天平时代的古寺，看着佛像的头部推测建造它们的人，解读建造者的感受力，写下了著名的《古寺巡礼》。这本书当时非常畅销，现在依然如此。年轻时，很多人都拿着这本书去奈良旅行。

和辻先生看到奈良的佛像写道：它们来自中国，更来自印度、中东和希腊，一定受到了那些文化的影响，日本古代流淌着希腊人的精神。当然，不单是接受了这些文化，而是日本古代就具有了能够接受它们的文化。不仅仅是单纯地接受这些外来文化，还在受其影响的同时，形成了日本的形式美和独具特色的日本文化。

因此，在某种意义上，他阐述了日本文化地位的同时，也提出了日本文化与遥远的异国文化有着密不可分的影响关系。这样的观点在当时受到了大家的普遍认可，虽然和辻自己之后逐渐转向追寻日本文化的固有性与独特性，但这一观点影响力之大，直到现在仍有许多人坚信。和辻出版《古寺巡礼》这部书时正值日本全国对西方极为关注之时。

刚才提到大谷探险队发挥了很大作用。净土真宗大谷光瑞是净土真宗本愿寺的法主，不仅家族资产丰厚，也十分有学识，他从欧洲出发，三次考察敦煌，带回了许多佛教相关的遗物与文献，引起了很大的轰动。这些遗物现在主要收藏在龙谷大学。这是他们当年旅行的地图，从巴黎、伦敦出发，行程之长，令人叹服。他们从旅行地收集了大量资料，20世纪初带回日本，可是如何研究这些文物是一个很困难的课题，后面我会详述。刚好这时一群有研究能力的人开始向京都聚拢。

另一个与之相关的问题就是欧洲兴起的"东洋学"或称"汉学"。英国人斯坦因与法国人伯希和相继进入敦煌，发现并购买了大量敦煌文书并将它们带到欧洲。斯坦因由于不懂中文，不知道所购买文献的好坏，据说他虽然买了很多文献，却没有太有价值的。大家都说大英博物馆里并没有太有价值之东西。但是，伯希和却不同，他在语言方面十分有天赋，他寻找到敦煌非常有价值的文书，大量购入。在这一过程中，他来到了北京，见到了与日本有交流的罗振玉等人，让他们帮助联系了京都的内藤湖南、狩野直喜等人，成为日本敦煌学以及京都出现的"支那学"得以发展的重要契机。

我们来看看这两个核心人物。当时，在东京有一所帝国大学，政府打算在京都也建一所大学，计划先建立文科大学，为了建立文科大学，也就是今天的文学部，数名老师来到了京都。就在快要建成之时，出现了伯希和的发现，于是狩野直喜便来到了北京，看到了敦煌文书，其后又前往欧洲，参观了带到欧洲的文献。这个人其后在俗文学研究、"说话文学"研究方面功绩卓越。内藤湖南，我想大家都知道，他是著名的研究中国的学者，是京都大学东洋史、中国学研究的核心人物。这些人抱着对抗欧洲"汉学"的意识，抱着自己的研究绝不能输给欧洲这样一种精神，开始投入汉学研究。

在内藤湖南的著作集中记录了这样一个小插曲：那时流行一个词叫"敦煌主义"。刚好是在1909年前后，伯希和收集的文献，在罗振玉的帮助下，准备运到北京。清政府不能坐视不管，便派遣官员协助运输。据传，那些官员拿走了有价值的文献，把不太有价值的运到了北京。英法学者邀请内藤等人来北京参观这些敦煌文献。这在当时是一件大事，那时帝国大学刚刚建成，京都大学的文科大学也刚刚建成，突然要派遣五名学者来北京，那时的交通不像现在这般方便，因此此事登在报纸上引起了很大轰动。

这些学者的调查以及大谷探险队的考察，包括各种相关的展览会、展示会，大家都对其产生兴趣，这就变成了一件大事。学者们开始共同研究敦煌古文书。包括京都大学研究东洋史的桑原骘藏。我觉得有趣的是，"日文研"一直很重视共同研究，而共同研究寻其根源可以追溯到国立民族学博物馆的共同研究以及京大人文科学研究所桑原武夫关于卢梭的共同研究。据认为桑原武夫是开创共同研究的第一人，其父便是桑原骘藏。由于敦煌古文书的发现，考古学、美术史、历史学等领域的学者开始共同研究，这在战前已经开始。这是一个非常大的契机，或许是日本战后共同研究的雏形。当时大家称之为"敦煌主义"。

当时，中国的学者，与京都的内藤湖南有交流的罗振玉、王国维等人，之后参加了辛亥革命，并逃亡日本，在京都得到了帮助，停留了一段时间。罗振玉停留的时间更长。再之后，他们有的去往满洲（即中国东北地区——译者注），开始了各自的人生。他们在京都期间也加入了共同研究。据说他们那时每天见面交流，当时京都的学者正在积极学习清代考证学，能够与中国学者直接交流一定对他们产生了巨大影响。王国维最终不知缘何投河自杀了。

除了京都的学者，东京的学者也开始将目光投向丝绸之路研究。其中一个代表性学者是白鸟库吉。这位学者出版了几大本东洋史论集，其中有《西域史研究》上下两集。在下集出版过程中，于明治44年不幸逝世，正值敦煌文书发现不久。他认为像《西域传》那样描述中国古代的文章，虽然记载了关于西域的传说，但是否与史实吻合，则很难考证。因此，以此来追溯西域的历史很困难。不过，他说最近欧洲的学者来到敦煌，做了大量调查，出了很多成果，我们绝不能输给他们，我们也要对此展开调查。我想这可以称为"敦煌冲击"，敦煌遗物的发现对日本的中国学、东洋学的形成所产生的影响远远超乎我们的想象。

还有一大成果就是对中国石窟寺院的调查。一是刚才介绍过的伊东忠太，还有就是现在京都大学人文科学研究所的前身，东方文化学院京都研究所，这里的考古学家们在战时一直没有停止各种记录，出了很多成果，留下了大量资料。最近京都大学人文科学研究所将这些资料收集、整理，出版了系列丛书《敦煌石窟》。2008 年，举办了展览会，展览了近七十年的研究成果，由此得知当时取得了巨大的研究成果，以至一说到丝绸之路就会联想到石窟的人们应该说就是受到了这些成果的影响。

此外，当战争逐渐激烈，民族学家，现在也称为文化人类学家开始来到中国大陆展开实地调查。张家口有一个西北研究所，那里的许多学者都在战后的丝绸之路研究方面十分活跃。当时他们还很年轻。那些在那里工作的年轻人观察当地游牧民的生活，将其记录下来，也使他们对丝绸之路产生了浓厚兴趣。

随着敦煌文献的出土以及战争的深入，约有十年的时间，"东西交涉史""东西交涉的历史"等词开始流行。例如，藤田丰八，此人也与罗振玉一起在北京工作过，出版了《东西交涉史研究》。"东西交涉史"这个名字是他去世后加上的。市村瓒次郎也是研究东洋史的先生，他的书也非常有趣。此外，岩村忍也是战后十分活跃的学者，1939 年，他听从书店的意见，将其著作命名为《东西交涉史》。或许在当时，大家都对"东西交涉"非常感兴趣，以至于冠以此名就可以提升销售量。有点跑题，但是 13 世纪，例如马可波罗等，很多欧洲人对中国感兴趣，研究当时欧洲人文献中的中国形象应该是一个很有趣的课题，现在也算一个新鲜的课题。

刚才提到的"东西交涉史"，随着战争迫近，历史学者云集的学会——史学会为了纪念其成立五十周年，出版了巨著《东西交涉史论》。序言这样写道：东西交涉的历史始于汉，唐及之后一直持续，现在可谓东西交涉的第四阶段。日本发动了战争，逐渐展示出实力，甚至比欧洲更强大。我们过去受欧洲文化影响，今后东方文化将影响欧洲。

这一时期，"西域""东""西""东西"等词汇的含义逐渐具体化，也可以说它的含义产生了变化，在东西对抗、政治对立的时代背景下，重新解读东西历史，进入了一个富有强烈政治意味的时期。例如，将中国文明圈总称为"东亚"，提出"东亚"将逐渐强盛于"西洋"，也反映了日本在战时的想法。那么，"东西"一词究竟指什么？其含义如何？谁该使用"东西"一词？是西方人说"东西"，还是东方人说"东西"？什么是"西"？什么是"东"？这些问题在当时一直是含糊不清的。石田干之助是一个头脑非常聪明的人，他写了一本非常有趣的书叫《长安之春》。还写过一篇《支那文化与西方文化的交流》的论文。从 1936 年起，东西交涉研究引起了学者们的关注与兴趣。他在文章开篇写道："'支那文化与西方文化的交流'这个题目本身便包含着一个很难解答的问题。我们首先要解答什么是'支那文化'？什么是'西方文化'？什么是'交流'？即便我们知道什么是'支那文化'，那么'西方文化'是指什么？'交流'又是指什么？如果想从严格意义上去思考，则越想越难，越是反复自问自答，事情则变得越来越复杂……"

他最初给自己设定了这样一个题目，然而什么是"西方"，原本说不清。不知到哪里为止算是"西方"？如果一直向西方走，最终会绕地球一圈返回。西方的边界在哪里，这些都不清楚。这远远超出了"西域"这个特指中亚地区、具有比较性的空间，"西"这个概念涵盖范围很大，很模糊。与此相关，所谓"东"这个概念，哪里算"东"？那时大家都不知道该使用哪个词语，指的是什么。战后至60年代，直到出现丝绸之路一词，"东西文化交流""东西交涉"的相关研究很多。如松田寿男先生，主要研究东西文化交流，考察东西交涉的实际情况。东西交涉其实与世界史相关，两个学科领域大致出现于同一时期。

世界史中的哲学这一说法由京都学派提出。战后，研究逐渐摆脱了政治，出现了从某种程度上基于中立立场出发描述世界历史的趋势。代表性人物有梅棹忠夫，他著有《文明的生态史观》以及石田英一郎。东西问题与世界问题交织在一起，战后派的学者们开始对世界史或称人类史产生了兴趣。

通过上述介绍我们可以看出战后主要的学术调查遍布各个领域，以研究欧亚和丝绸之路的居多，也有关于安第斯山脉的考察。

日本真正开展起学术探险是在战后。战后，对很多地区都进行了调查，在此，我想介绍几个主要人物。首先是江上波夫先生，他十分博学，提出了"骑马民族国家说"，他认为骑马民族来到日本、占领了日本，建立了日本古代王朝。他对外来民族的说法很感兴趣。

还有一位是冈崎敬先生，他是东洋考古学家，他之所以出名是因为出演了NHK的丝绸之路节目。

此外，最近去世的樋口隆康先生也是从考古学角度研究丝绸之路的权威。他曾担任过丝绸之路学研究中心的主任。他在上旧制一高时，咨询过和辻哲郎，称自己想学考古，和辻建议他去京都，之后他开始研究考古学。他读过很多和辻的书，深受其影响。

还有一位是最近去世了的国立民族学博物馆的加藤九祚先生，他是上了年纪之后才开始研究考古学的。他的俄语非常好，因其战后曾被扣留在苏联，他在日本也很有名。

最后一位便是石田英一郎先生,他曾在西北研究所工作,担任过副所长。战争结束后,他未能马上回到日本,便在北京的辅仁大学收集了很多资料,以"马"的资料为主,收集了很多"说话文学"等方面的文献资料。战后,他撰写了《河童驹引考》《桃太郎的妈妈》等著作,阐明在欧亚大陆上广泛流传着类似传说。他也是小松和彦先生的老师。在此意义上讲小松先生也算是丝绸之路民族学研究先驱队伍中的一员。石田先生的想法来源于养蚕与马。这在丝绸之路研究中是一个很大的课题,非常了不起。

至此,我大致介绍了日本的丝绸之路热以及丝绸之路研究的历程。当然,还有很多优秀学者未能一一介绍。

2014年,丝绸之路被指定为世界遗产。最后,我想谈谈作为世界遗产如何打造其价值。丝绸之路被指定为世界遗产意味着这个词成了一个正式的名称,也就是说学者们随意起的名字进入了世界遗产名录。

丝绸之路这一学术概念于150年前被首次提出,出现了一批想要研究它的学者。通过学术调查与研究,丝绸之路作为研究对象演变成了一个具有崭新价值的空间。

丝绸之路研究主要有两大视角:一是从遥远的历史事实研究古代丝绸之路的实际情形。当时的人们过着怎样的生活?有怎样的交通网?从史学角度追溯其历史。二是通过近代以来的学术研究发现并赋予它新的价值,将其作为被创造出来的概念开展研究。

其实,这两个视角应当结合起来,否则,哪里可以称之为丝绸之路?这里也算,那里也是,似乎有具体的地点,可似乎又没有。也就是说,作为概念的丝绸之路必须要与具体地点相结合才可以。

此外,它成为世界遗产之后,会对沿途地区产生怎样的社会影响?多数情况下,会出现游客增多的情况,并且受到经济效益影响,产业会出现变化。以前从事农业之人可能改行经营土特产,人们的生活将会发生很大变化。我们必须要考虑随着其世界遗产化,地区以及社会将产生怎样的变化。如若出现问题,我们该如何应对,如何使其产生新价值。

基于这些问题,数年前,我提出了"遗迹社会学",研究遗迹与现代社会的关系。例如,古代,遗迹被大家使用之时,它便不能被称为"遗迹",只有到了现代,我们才会将之称为"遗迹"。参观遗迹,我们可以研究过去,也可以研究现在。

例如,我们去参观古坟,古坟里有空调等现代化设备,在遗迹中使用现代最新科技，它作为现代现象出现。这就是社会学的研究对象，也是我的问题意识所在。

此外，参观遗迹，不听解说我们对它是不了解的。一块普通的石头，被告知是石器的时候我们才会对它的价值感到震惊。无人解说，我们便不能了解。因此，必须要对其加以说明，表明它是遗迹。说得极端些，通过介绍，或许没什么大不了的东西也可以变成遗迹。我将其称为"遗迹化"。我想介绍一下"遗迹化"需要开展怎样的工作。

一、要有解说牌，看到解说牌我们便可以了解遗迹的价值。观察发现，有些游客甚至不参观遗迹，只拍解说牌的照片。

二、再进一步发展，应该建立类似于博物馆的地方。告诉大家这里是绳纹时代的博物馆，那个时代人们会这样举行祭祀，不管其是否真实，可以用这样的方式吸引游客。

三、这幅图是复原的吉野里遗迹，正中间端坐的是卑弥呼，旁边是我的朋友，左边是吉野里遗迹的吉祥物 HIMIKA。长得有点像卑弥呼，又不太像。一般认为邪马台国真实存在过，所以这个吉祥物取了一个与卑弥呼相近的名字。名字有点微妙，听起来好像挺聪明，又有点狡猾。吉祥物在日本被称为"YURUKYARA"，什么东西都可以有吉祥物，比起遗迹来，有时吉祥物可能更重要。

四、食物和特产。日本各地都有点心等特产，基本都不太好吃。里面的东西也大同小异，重要的是包装。日本到处都卖特产，这一点很重要。

五、体验。例如，穿着弥生时代的衣服生火，虽然不知道当时的情形究竟如何，但是这样的体验活动很有趣。

六、传统建造物保存地区。修缮古建筑，使现代人也可以使用。将其古老原形商品化，也就是所谓"传建地区"，既老也新。

最后，我想说，日本在使遗迹"活"起来这方面做得非常细致，想了各种方法，运用了各种手段。丝绸之路好不容易成为世界遗产，我想可以借鉴日本的经验。同时，观察记录世界遗产化这一全球现象给现代社会带来的影响也是一大研究课题。随着世界遗产化，对更多人产生影响的是产业问题，为了地区经济发展也有必要开展丝绸之路研究。

我的讲演就到这里。谢谢大家。

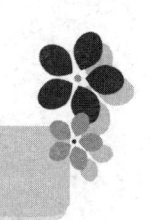

国别和区域

二战后日本智库建设及对华决策作用分析

柳 玲[**]

【摘　要】二战后，日本智库由最初借鉴美国经验逐步充实发展。政策性强、与政府关系密切、有独特的影响路径是日本智库的特点。当前日本外交决策主体的多元化使智库可以通过直接影响首相的方式去影响决策，同时，智库通过与媒体通力合作将调研成果公之于众形成民意、主持各种规模的国际交流活动、参加政府组织的恳谈会、全民公开讨论等路径对政府施加影响并实行政策提案，在外交决策过程中起到咨政建言的作用。

【关键词】智库　对华决策　决策作用　影响路径

【要　旨】戦後、日本シンクタンクはアメリカから経験を積んで徐々に発展してきた。政策性が強く、政府と密接な関係を持ち、特殊な影響ルートを持つことは日本シンクタンクの特徴である。当前、日本の外交政策決定の担い手の多角化はシンクタンクが直接首相を影響する方式で政策決定を影響させるようになった。それとともに、シンクタンクはメディアと協力して、調査と研究結果を大衆に公表して世論を形成し、また、各規模の国際交流活動を主催し、政府側の懇談会に参加し、公開討論の方式で政府の政策決定に影響を与え、政策提言を出し、政策決定の過程で政治に資し、建言の役割を果たす。

---

[*]　本文系国家社科基金项目"当代日本对华舆论形成的结构和机制研究"（16BXW051）阶段性研究成果。
[**]　柳玲，北京外国语大学北京日本学研究中心博士研究生，中国矿业大学外文学院讲师，主要研究方向为日本社会、日本智库。

【キーワード】シンクタンク対中政策決定役割影響ルート

Abstract: After the war, Japanese think tanks gradually developed from the experience of the United States. Japanese think tanks attach great importance to policy research. Starting from research on practical issues, they are committed to building a policy-oriented think tank for all citizens to participate in. Strong policy, close ties with the government, unique influence paths, and huge influence on decision-making are characteristics of the Japanese diplomatic think tank. The current diversification of Japan's foreign policy decisions allows think tanks to influence decisions by directly influencing the prime minister. At the same time, think tanks collaborate with the media to publicize research results to the public to form public opinions, host international exchange activities of various scales, and participate in government organizations' symposiums. The public discussion and other channels have exerted influence on the government and implemented policy proposals. They have played an important role in advising the government in the process of diplomatic decision-making.

Keywords: Think Tanks; Decisions to China; China's Rise; Decision-Making Roles; Impact Path

一 智库概念的发展

智库的英文名称为"Think Tank",最早发源于美国。美国智库的领头人詹姆斯·A·史密斯(James A. Smith)在其著作中指出,智库一词起源于"战争时期使用的军事术语,泛指制定作战计划以及谋划战略的机密指挥室"[1],由此可见20世纪初期的"Think Tank"是作为军事战略机关发祥的。"Think Tank"发展到今天,泛指从事研究和咨询业务的机构,通常意译为智库、智囊团、头脑机构、

---

[1] James A. Smith アメリカのシンクタンク(美国的智库)[M].(長谷川文雄 石田肇 译)タイヤモンド社、1994年、P6.

参谋库、思想库等。美国宾夕法尼亚大学"智库与公民社会项目"每年都会发布《全球智库指数报告》，对全球知名智库进行排名。此机构将智库定义为"政策决策者以及一般市民在获得充分信息的基础上，围绕公共政策相关诸课题进行政策决定，为国内国际相关诸问题的政策进行指向型的研究、分析、建言的组织机关"[①]。该项目负责人詹姆斯·麦甘（James McGann）在一次受访中指出"无论哪个智库，重视的核心因素都是智库产品的质量、参与政策的程度、影响公众的能力，等"。由此可见，尽管目前在国内学术界对智库的定义已没有太多的争议，但通过分析总结，应该强调智库概念的两个核心，即 1. 针对某问题的调查研究；2. 影响公共政策。只进行科学研究而未对公共政策或者政府决策产生影响的机构并不能称之为真正意义上的智库。反言之，智库应该对政府决策产生不同程度的影响。而日本大百科全书中也将智库定义为"为政府的政策决定以及企业战略经营决定提供策略的调查研究机关"。

二 日本智库的历史发展和现状

（一）日本智库成立的背景

早在 1945 年以前，日本负责问题收集分析的主要是一些调研组织和调研机构，还不能称之为真正意义上的智库。这些调研机构的调研事业为日本智库的产生和发展奠定了稳固的基石。以 1907 年 4 月成立的"满铁调查部"为首，陆续建立了大原社会研究所（1919）、东京市调查会（1922）、三菱经济研究所（1932）、昭和研究会（1933）、内阁"总力战"研究所（1940）等[②]。当时设立调查研究机构是为日本在外的殖民统治进行研究性支持和安定国内经济形势、稳固国内政治。

二战之后日本对智库的关注始于 20 世纪 60 年代。二战后日本经济高速增长给日本社会带来了巨大的工业化成就，使日本在 60 年代末 70 年代初一跃成为仅次于美国的世界第二经济强国。而日本在品尝到经济高速发展带来的甜头的时候，也尝到了极速工业化带来的一系列苦果。过度消耗资源能源造成了能源危机、环境污染日益严重、公害病四处蔓延，威胁着日本人的健康和生命；

[①] http://repository.upenn.edu/cgi/viewcontent.cgi?article=1009&context=think_tanks 访问时间：2016 年 9 月 8 日。

[②] 丁敏：《日本头脑产业》，社会科学文献出版社，2004，第 15 页。

城市人口急速膨胀、少数大城市人口过密而偏远农村却加速空心化、居民住宅困难、城市交通混乱等问题日益凸显。面对极速工业化带来的种种社会问题，在经济上努力学习和追赶美国的日本逐渐意识到不能继续盲目地搞大开发，而必须通过政策研究、体制研究和战略规划加以解决。美国在20世纪60年代在核技术、航空航天、电子计算机等高科技领域的卓越成就促进了美国社会的全面发展，这种成就引起了日本的关注，一些日本有识之士看到在美国成功的背后存在值得日本学习的东西，如美国社会民主及这种社会机制下产生的智库体系及其在社会政治、经济等领域的功能，而日本原有的调研机构已经不能完全适应需要。为应付错综复杂的局面，解决日益尖锐的矛盾，迫切要求日本组织各个领域的专家和学者以及有识之士，集中他们的才能智慧，开展跨学科的综合性调研，为政府和企业出谋划策。据此，日本开始对美国的智库展开研究从而以此来指导本国的发展方向。

（二）日本智库的历史发展阶段及特点

战后日本智库的历史发展主要经历了以下几个阶段。

第一阶段：1945~1960年，战后复兴时期。战后，随着日本国民经济的恢复，日本国内外矛盾日趋尖锐和复杂化。日本以美国为学习对象，开始建立智库以引导本国的发展方向。1959年12月，日本前首相吉田茂创立了日本国际问题研究所，并亲任首任会长，日本国际问题研究所是日本在外交领域的第一家智库。

第二阶段：1960~1973年，高度经济成长时期。20世纪60年代末70年代初，日本高速经济增长接近尾声，日本一跃成为仅次于美国的第二大经济实体。但随后的尼克松冲击和石油危机使日本意识到单个学科解决社会问题的缺陷，日本未来的发展亟需一种综合性的、跨学科的战略才得以完成。60年代中期，日本政界、知识界、产业界对美国的兰德公司和其他著名智库进行了频繁的访问和考察，甚至出现了"参拜兰德"热。在这种浪潮下，日本兴办各种智库的热度高涨，政府机构、政党组织、产业界积极筹建各种类型的智库，形成了"智库热"，如1963年成立了日本经济研究中心，1965年成立了野村综合研究所，1966年成立了日本能源经济研究所。这一时期的智库研究主题主要围绕日本的能源、社会、经济问题，提供作为政策制定依据的数据基础和信息报告，以此促进日本能源供应和能源安全，为日本应对国内外能源危机、制定国际化的能源战略起到了极为重要的作用。

第三阶段：1973~1985年，安定成长时期。20世纪70年代中后期，日本智库进入如火如荼的大发展时期。这一时期成立的智库摆脱了单学科的缺陷，综合实力强。80年代，日本智库的重点转向为实现"技术立国"和"政治大国"的新目标服务。到80年代后期，一些智库出现追求经济利益的动向，许多大企业出现了大办研究所之风，两年里成立的智库多达20多家，被称为日本的"第二次智库热"。这些新成立的智库多以大银行和大商社为背景，共通的特点就是把业务的重点由原来的调查研究为主转为以经营、建设咨询、提供信息及软件的开发等能够立即获得经济利益的项目为业务中心。

第四阶段：1985年后半期至2000年，国际化竞争加剧的应对和协作时期。90年代初，日本的经济泡沫破灭，地价和股价暴跌，日本经济进入低迷期，随后迎来了日本经济史上"失去的十年"，智库的发展也进入相对缓慢阶段，一些名噪一时的大型智库因经济原因或销声匿迹，或改头换面。如山一证券综合研究所、日兴证券综合研究所等证券和股票相关行业的智库在这一时期呈现不振的状况。但这一时期也有新的智库产生，如三井物产战略研究所（1991）、东京财团（1997）、瑞穗综合研究所（1997）等。

第五阶段：进入21世纪，全球化、信息化时代。随着经济全球化和信息化的发展以及中国的大国崛起，日本的国内外政治经济环境不断变化，日本面对的国内国际形势也越来越严峻。日本国内经济仍然低迷，人口老龄化问题不断加剧，2011年爆发的大地震引发的福岛核电站核泄漏事故使日本陷入内外僵局，日本国内正集中智库力量解决政治、经济、社会、能源安全等诸多棘手问题，这势必对智库的发展也提出新的要求。

三　日本智库在对华决策中的作用

（一）智库影响决策的理论分析

智库最早在美国被称为"第五权利"。有关智库对政府对外决策产生的影响，许多国家的研究者围绕"学界与政策界"这一主题展开了讨论。其中比较著名的是美国哈佛大学知名教授约瑟夫·奈针对美国学术界对政策问题漠不关心的普遍现象展开了批判，他认为："学界和政界之间的鸿沟日益加深，责任主要不在政界，而在学界。学界必须在重新进行自我评估的前提下寻找解决之道。"[1] 美

---

[1] Joseph S. Nye, Jr., "Scholars on the Sidelines," *Washington Post*, April 13, 2009, A15.

国政治学家托马斯·R·戴伊对美国公共政策的制定过程进行了深入研究，他指出美国的公共政策是自上而下制定的，政策的制定要经过四个独立的运作过程，即：1.政策的制定过程；2.利益集团的运作过程；3.领导者的选举过程；4.民意的制作过程。并且认为美国的智库在政策制定过程中处于中心地位，即"尽管从名义上来说，政府官员是最直接的政策制定者，但事实上他们仅仅是将智库制定好的政策予以合法化，虽然有时也会做些修改，但也只是做些表面上的增删，影响不了决策者的主要意思"[1]。美国政治权力论专家哈罗德·拉斯韦尔将智库存在的要旨定向为"公共政策研究"，并且首次在学术范围内探讨民主主义社会政策研究的必要性，特别是他对从事政策科学的人物形象进行了详细的描绘，对第一次世界大战当时支配美国学界的科学主义方法论进行了反省，谋求各个领域专家的共同协作。在《权力和人》中，他强调为了民主价值的防卫和延伸，如何有效的活用有限的资源，追求"知＝政策"的结果，将是一有待发展的战略性问题[2]。

在中国理论界，也存在国际问题研究中的政策性研究与学术理论性研究之争。2009年6月，北京大学国际战略研究中心以"国际问题研究的学术性与政策性"为主题举办了一次青年论坛。专家学者围绕"国际问题研究中的理论与政策"和"中国国际问题研究的发展方向"两个议题，对学术研究与政策研究之间的关系、存在的问题及解决的思路进行了讨论。张志洲认为政策性研究与学术理论性研究，"二者不相冲突，但学者们的研究却往往各有侧重"，学者在研究具体国际问题时应该二者有机结合，创建"国际关系中国学派"[3]。此外，国内专门研究国际问题的知名刊物，如《国际问题研究》和《国际论坛》等，也将宗旨更新为"集政治性、政策性、理论性为一体"，打破政策和理论的鸿沟，关注新思潮和新理论。值得一提的是，中国目前也在加大力度建设具有中国特色的新型智库，相关领域的专家学者也纷纷加大对欧美以及日本智库的研究。

在日本学界，日本智库研究先驱、东京财团研究员、现任日本自民党系政党智库"智库2005"理事事务局局长的铃木崇宏指出，智库是民主主义社会以促进政策科学地形成为目的的公共政策研究机关之一，是联结"知"和"治"

---

[1] 托马斯·R.戴伊：《自上而下的政策制定》，鞠方安、吴忧译，中国人民大学出版社，2002，第51页。
[2] H·D·ラスウェル 権力と人間 [M]. (永井陽之助译) 東京創元社，1954年、第148～149页。
[3] 张志洲：《国际关系中国学派的进路——兼论国际问题研究的政策性与学术性》，《国际政治研究季刊》2009年第3期。

的装置。关于日本智库的特殊性，铃木崇宏指出，目前智库建设面临尴尬局面：国民对政策的认识不足、官僚和国民之间的距离感以及国民多样复杂的价值观，加之官僚机构以外的政策研究的不成熟、能够对政策形成巨大影响的媒体对国民而言正常渠道的信息源不足等原因，导致无法正确把握国民利益，将此有效传达给决策者铃木崇宏和上野真诚子在《世界的智库》中曾指出"日本的国家政策从研究到形成再到执行，这一过程几乎都由官僚机构来担任，而在对世界16个国家进行调查研究的基础上指出必须要建立现状分析和指导未来的日本新型智库"，[①]指明了日本智库较之美国智库在政策制定方面的体制局限性，提出了日本未来对智库发展的新的要求和方向。

（二）日本智库对华决策作用的影响路径

2012年8月，日本召开以国际公共政策研究中心理事长田中直毅为主席的"外交与安保智库问题有识之士恳谈会"，该会议报告书将智库在推进政策革新方面所发挥的有利作用总结为以下四个方面：1.启发一般市民对外交、安全保障问题的意识；2.贡献外交安保政策构想；3.补充政府的外交活动；4.向国际社会发布信息[②]。如今的日本，正在谋求一种"全员参加型"的决策形式，当前日本外交决策机制的多元化发展趋势以及由"外务省官僚主导"向"首相官邸主导"形式的过渡，使得智库可以通过影响首相的方式来影响决策。首相一般都有自己的智囊团，而这其中的很多成员同时也是智库的重要成员和研究者，智库完全可以通过这部分成员去影响首相的决策。在政府决策方面，日本智库并不直接参与，主要通过以下三种路径实现具体的政策提案作用。

第一种路径是通过调查研究活动，形成课题研究报告、出版刊物等，与纸媒和电子媒体通力合作，适时发表有关政策建议和研究报告，研究、审议和政策提案活动的结果以各种形式出版，甚至在各大书店上架售卖，广泛形成影响力，用以引导舆论，进而形成民意的方式来影响政府的决策过程[③]。例如，日本国际论坛（JFIR）是一个由企业家、行政官员、媒体、议员参加的会员制的政策志向型民间非营利智库，主要研究领域是与日本外交和国际相关的政治经济

[①] 上野真城子、铃木崇弘. 世界のシンク・タンク [M]. サイマル出版会、1993年、第21~22页。
[②] 日本における外交・安全保障関係シンクタンクのあり方について~外交力を強化する「日本型シンクタンク」の構築~、2012年8月 http://www.mofa.go.jp/mofaj/press/release/24/8/pdfs/0807_06_02.pdf，访问日期：2017年9月16日。
[③] 吴寄南：《浅析智库在日本外交决策中的作用》，《日本学刊》2008年第3期。

问题，内设"政策委员会"和"紧急提案委员会"，分别通过中长期的外交、国际问题展开政策提案和应对短期内发生的内外事态提供政策建议等进行活动。两委员会的研究成果除了为当时的内阁总理大臣提出建议，还通过举办研究会和发布会在日本全国范围内发布意见，提出政策建议，同时以英文出版建议报告，在日本国内以及国际上享有很高的影响力。此外，日本国际论坛还以名为《会报》的季刊将最新的活动内容介绍和下设的"百花齐放"栏目收集的各路政策言论以纸媒的形式发行。同时以电子媒体的形式面向国内发行"日本国际论坛邮件杂志"，同时发行面向海外的"JFIR E-Letter"，介绍论坛的活动。

第二种路径是由智库代表充当首席顾问或参与政府组织的各种国际政经恳谈会和圆桌恳谈会、顾问委员会及首相、官房长官的私人咨询机构，以此对政府产生影响力。依据日本内阁法和国家行政组织法而建立的审议会是参与对华政策制定过程的重要组织。与审议会有着本质不同的参与政策形成过程的还有一类叫作"恳谈会"的组织，这种行政运营上的会议是作为行政机关的私有咨询机关而设立，恳谈会的成员虽然不直接参与政府行政决策过程，但它作为行政运营上的咨询机关，通过征集各个不同的专家及有识者的意见，也会间接地对政府决策过程起到政策提案的作用。1999年4月27日，根据日本"关于中央省厅等改革的推进方针"文件，恳谈会的召开以及运营正式获得日本官方肯定。日本各个省厅都常设恳谈会，如内阁府的安全保障和防卫力恳谈会、外务省的联合国和平维持机能强化恳谈会等。同时值得一提的是，日本的恳谈会的成员构成多与日本各个智库密切相关，同时与日本政府官员有着密切的关系。日本外务省以讨论外交及安全保障相关智库的作用以及和政府之间的关系的现状为目的，设立了有识者恳谈会，该恳谈会自2012年起对日本的外务大臣实行政策提案[1]。该恳谈会的会议长为担任国际公共政策研究中心理事长的田中直毅，其他人员则为日本知名企业涉外部要员或者早稻田大学、东京大学大学院情报学环知名教授等。

第三种路径是开办和主持国际交流活动、公开讨论、专家座谈会等集结有影响力的头脑，掌握重大政治经济互动的先机，以为本国政策形成献智献策。例如，东京财团是日本智库中较具独立性的财团，在八国首脑峰会前几个月就

---

[1] 日本における外交・安全保障関係シンクタンクのあり方について～外交力を強化する「日本型シンクタンク」の構築～、2012年8月 http://www.mofa.go.jp/mofaj/press/release/24/8/pdfs/0807_06_02.pdf.

着手集结八个国家在政策领域具有国际高水平的权威人士在主办国召开会议，对该届峰会的讨论事项进行政策研讨，向本国参加者提供政策建议。此外，日本国际论坛也出于争取形成能体现日本主张和政治立场的国际舆论考虑，以各种方式推动国际交流活动，以亲善和交流为目的，向他国派出代表团或接待来访代表团，共同就国际社会的某项议题展开对话、讨论、研讨会、协作等，范围从十几名专家的小型圆桌讨论到数百名世界各国专家参加的大型研讨会各有均势。此外，许多智库官方主页上都设有"自由言论论坛"，任何人都可以自由地提出政策主张或建议，甚至可以对智库所发布的研究成果和报告提出不同意见。例如，日本国际论坛主页上设置了名为"百花齐放"的"e-论坛"栏目，此栏目因日本国际论坛内外著名发言人以及专家学者实名投稿而闻名。

智库通过以上三种主要形式，对日本内外政策的制定提供政策建议，这种全方位的、全面开放的政策提案路径，对于日本建设多元化、全民参加型的新型智库起到了助推的作用。同时，智库对日本对华决策过程的影响不是直接的、单一的，而是以各种机构或组织的形式渗入对华决策主体的内部，广泛而又深入地对决策过程加以影响。

四 日本智库参与对华决策的案例介绍

日本智库通过上述三种主要的路径对决策过程产生影响，其中不少研究报告以及智库负责人、研究人员的言论和研究报告都对日本政府的对外决策产生影响。进入21世纪以来随着"中国崛起"，智库在内政和外交方面为日本政府献智献策并形成研究报告，通过研究日本重要智库近年的研究成果，不难窥见日本的决策集团在思考些什么、关注些什么、追求怎样的发展目标、会制定怎样的发展战略，也可以概括出日本智库在对外政策方面产生作用的一般规律。

例如，日本国际论坛自1988年以来共发表了44篇政策建议报告，其中多份报告还有英文和中文等不同语言的版本。以第一份政策建议《日本、美国和亚洲"四小龙"的结构调整》为首，先后陆续发布了《中国的未来和亚洲的安全保障：以新的中日关系为目标》《变容的亚洲中的对中国关系》《中国崛起及日本的对策》[①]等。此外，居世界智库排名榜单亚洲最高位的日本国际问题研究

---

① http://www.jfir.or.jp/j/index.htm，访问日期：2016年10月20日。

所，从1960年9月开始成为外务省所管的财团法人（现在为公益财团法人），2014年同一般财团法人世界经济调查会合并，成为一所以大力加强国际问题的研究、知识普及、海外交流等为目的，研究中长期日本外交政策和国际问题为主的智库。2014年至2015年，日本国际问题研究所在作为外务省安全保障调查研究事业所实施的研究项目中，针对日本及"主要各国对中国的认识和政策分析"这一议题展开了为期两年的全方位的调查研究。最终调查研究成果于2015年6月发布了《主要国家对中国的认识和政策分析》研究报告。参与研究成果报告的各专家分别为日本国际问题研究所研究顾问高木诚一郎、防卫大学副教授伊藤荣、东京外国语大学副教授小笠原欣幸、防卫大学教授仓田秀也、防卫省防卫研究所地域研究部欧美苏研究室长兵头慎治等。该报告以"中国崛起"为专题，认为"中国崛起"是已经发生的事实，对日本而言，无论短期内还是长期，这都将是最重要的外交课题。该报告还指出，本次调查项目的主要分析对象并非"中国崛起"内容本身，而是针对中国崛起这一现象，主要国家如美国、苏联、印度、英国等国家是如何认识并且采取何种应对措施。高木诚一郎认为对于美国而言，对中对立要因和协力要因同时并行并不断扩大，同时分析了美国将逐渐采取对策适应对中认识和各事态[1]。对于"中国崛起"的认识，日本官方智库主唱"中国威胁论"。他们渲染当前中国崛起和保护领土之举是一种威胁，建议政府对华采取严加"防范"与"管控"双重战略。日本国际问题研究所认为中国在钓鱼岛问题上的言行对日本是一种威胁，并提醒日本政府，为防止所谓的中国的误判，防止局势升级扩大，应该继续保持和强化坚固的日美同盟关系。针对2010年9月7日的"尖阁诸岛周边日本领海内中国渔船突击事件"以及2012年9月11日的"尖阁诸岛领海入侵"，该所于2012年9月和次年3月分别向日本政府提交了题为"围绕尖阁列岛的紧急提案"和"政权交替期的中国：胡锦涛时代的总结与习近平时代的展望"的政策提案，备受日本政府重视。2015年3月，该所发布了题为《日本领土相关问题和各关系国历史认识之间的关系——尖阁诸岛、竹岛、北方领土的事例研究》的报告书，报告中称"有关尖阁诸岛，中国基于国际法上毫无根据的主张，不断反复挑衅且威胁日本正当且实际的支配权"[2]。该报告作为日本国际问题和外交政策研究智库的研究成果，

---

[1] http://www2.jiia.or.jp/BOOK/backnumber.php，访问日期：2016年10月20日。
[2] http://www2.jiia.or.jp/pdf/resarch/H24_Japan_Territorial_Issues_and_Historical_Understandings/Japan_Territorial_Issues_and_Historical_Understandings_h24.pdf，访问日期：2017年9月12日。

其主张会对日本对外政策产生较为深远的影响。

日本防卫研究所围绕有关日本在东亚地区的战略环境以及安全保障的重要事态进行分析，形成了一份名为《东亚战略概观》的年度报告。《东亚战略概观2015》围绕中国与东盟部分成员国在南海等地的紧张加剧，认为"美中两国之间的战略对峙正趋于明显"，并认为中国采取强硬态度的原因在于"综合国力及军力的增强"。日本防卫研究所的另一份重要研究报告是《中国安全保障报告》，该报告2011年首发，是一份从中长远角度分析中国的军事动向和安全战略政策的年度报告。《中国安全保障报告2013》认为："随着中国国力的增强，中国进一步明确了在核心利益上决不让步的姿态。"《中国安全保障报告2014》则指出：中国海军通过参与索马里海域、亚丁湾的反海盗活动，增强了远洋指挥能力，提高了装备性能，也再把相关成果应用于在日本附近实施的海军演习。对于中方积极参与反海盗活动及非洲等地的联合国维和行动，中方此举旨在"宣传实际成果，从而消除国际社会上的中国威胁论"。该报告还具体指出：作为和平时期军事力量多样化运用的方法之一，中国人民解放军正在积极推进军事外交，与其他国家的军队展开对话交流。日本政府认为，中国踊跃开展军事外交的主要目的在于以下三点：1 创造有利于增进国家利益的国际环境；2 提升中国在国际社会中的评价；3 提高解放军的能力。近期发布的《中国安全保障报告2016》则指出：中国海军致力于远海作战能力，"急速推进包括新建国产航母等水面舰船、潜艇、飞机的现代化，稳步提升远海作战能力"，并进一步指出"中国海军在近海可能会以确立在领土主权问题和海洋权益问题方面的优势为目标，致力于强化在海空领域的存在。在西太平洋，为了防止美军对中国核心利益的干涉，可能会致力于配备新型核潜艇和展开装备了高性能反舰导弹的驱逐舰，强化ISR能力等"。该报告还强调了中国空军的战略性转型与能力提升、导弹力量的扩充、联合作战能力的增强等方面，认为中国人民解放军的活动范围扩大和活动量的增大，发生了偶然事件和可能导致冲突的危险行动，"使相关各国感到担忧"[1]。

东京财团的很多主要负责人以及研究人员曾在政府身居要职。小泉纯一郎新上任伊始便续聘"东京财团"理事长竹中平藏和"冈本组合"代表冈本行夫担任内阁参事。2001年竹中平藏理事长被任命为金融经济财政担当大臣、负责邮政民营化的总务大臣。大田弘子在安倍和福田政权期间就任经济财政政策担

---

[1] http://www.nids.go.jp/publication/chinareport/ 日本防卫研究所研究报告，访问日期：2017年10月22日。

当大臣。安倍晋三执政期间，东京财团主任研究员、东京大学教授北冈伸一受到重用，在2007年的"关于重建安全保障法律基础的恳谈会"上呼吁修改宪法解释，这一建议被认为是对集体自卫权"禁区"的一次巨大冲击，在国际上引起巨大反响。

结　语

日本智库最初由借鉴美国的经验不断发展，在运作经验和组织形式等方面都获得了长足的发展，如今仍致力于建设独立型的能够有效参与政府决策的智库。政策性强、与政府关系密切、有独特的影响路径和对决策的影响巨大是日本外交智库的特点。日本智库可以通过影响首相的方式来影响政府决策，同时，通过与媒体通力合作将调研成果公之于众形成民意、主持各种规模的国际交流活动、参加政府组织的恳谈会、全民公开讨论等路径对政府施加影响并实行政策提案，对华决策过程产生咨政建言的作用。

日本国内有相关专家指出，目前日本智库和欧美诸国智库相比，社会作用和影响力依然相对较小，独立性较之欧美智库尚弱，究其原因主要是：（1）财界、企业主导设立的智库较多，相对而言更加重视对各个小组织的贡献度，而不能以一种宏观和宽广的视野来对政治经济外交文化产生政策影响。这也是长期以来日本的官僚机构在政策形成、制度设计、议题设定方面长期独占的结果。因此，日本智库研究者致力于设立独立于政府官僚机构和营利企业之外的民间非营利、独立的新型智库。（2）日本智库在组织设立、资金问题、税制等方面所受的社会制约比较多，独立性不足、研究活力不够等问题，这也在很大程度上限制了智库的自由发展，由此导致基于政策理念和政策研究的真正意义上的政策替代案的形成举步维艰。宾夕法尼亚大学的《智库评价报告书》指出：随着智库的业务范围以及影响力的扩大，"作为知识和权力的桥梁的智库，在世界政府和市民社会中将发挥不可欠缺的作用"。日本也在加大智库改革与转型的力度，以期在应对当今复杂的国际国内环境中更有效地发挥智库的作用。

日本智库的建设经验、对华决策产生作用的现状、案例分析及其特点、面临的发展困境分析值得正在谋求新型智库建设的中国深入研究并从中汲取经验。

日本语言与教育

中国高校日语学习环境的现状研究（2）
——基于深入访谈的分析结果

杨雅琳[*]　曹大峰[**]

【摘　要】本研究为了把握中国日语教育现状和其有效发展方向，在《中国高校日语学习环境的现状研究（1）》的结论基础上展开了质性研究调查。从问卷调查对象学校中抽出有代表性的12所学校，对各高校日语专业的领导或骨干教师实施深度访谈，并将访谈数据进行质性分析考察。通过考察，本研究从学生层面（招生人数、转专业情况、国际交流现状和国内交流现状）、教师层面（教师资源结构、教学资源和教学环境）、学校层面（日语专业人才培养类型和方向、专业共建合作项目）这三方面了解了中国国内各地方高校的日语学习环境现状和今后的发展课题。通过深度访谈发现，各高校为应对目前的中国日语教育所面临的困难（中日国际关系的动荡、招生人数减少和就业问题等），在政策、资金、教师团队建设和专业共建合作等方面积极开展教学改革，进入了日语专业人才培养的时代转向。

【关键词】高校日语专业　学习环境　专业建设改革

【摘　要】本研究は、中国の日本語教育の現状を把握し、その質的発展を導くために、「中国大学日本語学習環境の現状研究（1）」の結論に基づいてさらに質的研究を行われた。アンケート調査対象の訪問学校から代表的な12校を抽出し、各校の日本語学部の責任

---

[*] 杨雅琳，西华大学讲师，研究方向为日语教育。
[**] 曹大峰，北京外国语大学北京日本学研究中心教授、博士生导师，研究方向为日语教育学研究、日语语言学研究、日语教材研究。

者や中核的教師へインタビューを行い、そのデータを質的分析の手法で考察をした。結果として、学生（募集数、専攻転換意向、国際交流現状、国内交流現状）と教師（チーム構成、利用できるリソース、教育支援環境）と大学（日本語専攻の人材育成類型と方向、企業や日本語教育機関との連携）の3つの側面から、中国国内の各地方大学の日本語学習環境の現状とこれからの課題を把握できた。インタビューによると、各大学は現時点の中国の日本語教育における困難（中日関係の不安定、学生募集数の減少、就職の問題など）を直面し、政策・資金・教員チーム作り・機関連携などの面で積極的に改革や改善を取り込んで、日本語専攻の人材育成のパラダイムシフトを行っていることが分かった。

【キーワード】大学日本語専攻、学習環境、学科建設改革

Abstract: In order to grasp the status of Japanese education and its effective development in China, this study carries out qualitative research on the basis of the conclusions of A Study of the Japanese Learning Environment in China's Universities(I). For the 12 universitiesselected from all theparticipants, in-depth interviews were conducted with the leaders or backbone teachers of Japanese majors, and the interview data was qualitatively analyzed. Through investigation, the study illustratesthe current Japanese learning environment and the future development in China's universitiesatthree levels: thestudent level (number of enrollments, major change, status of international exchanges and domestic exchanges), the teacher level (teacher resource structure andteaching resources and teaching environment), and the universitylevel (training type and direction of Japanese talents, and projects of major co-construction and cooperation). According to the in-depth interviews, China's universities have been carrying out reforms in policy, funding, faculty building and major co-construction and cooperation, in a bid to cope with the difficulties facing Japanese education in China(the turmoil in Sino-Japanese relations, the reduction in enrollments and employment issues, etc.). The focus of the education has shifted to the cultivation of professionals of the Japanese language.

Keywords: Japanese Course of University; Japanese Learning Environment; Subject Construction Reform

引　言

如前期研究《中国高校日语学习环境的现状研究（1）》[①]所述，在外语教学领域，中国高校日语专业的发展规模仅次于英语稳居第二位，且日语学习者人数远超各国，位居世界第一（超过100万人）。但与此同时，我们的前期研究结果显示，受中日关系变化和就业市场供求变化等影响，总体上来看，国内高校日语专业招生人数呈紧缩态势，学生的学习积极性较以前有下滑趋势。面对庞大的日语学习群体和近年来出现的社会现状，高校的日语教育面临了新的挑战，即如何培养出适应社会需求的有竞争力的高层次复合型人才，如何为高校的日语学习者提供更加有利的更有吸引力的日语学习环境。

本文基于北京日本学研究中心实施的科研项目的成果，在前期问卷调查结论的基础上，筛选出有代表性的12所地方高校，对高校的日语学科负责人或教学骨干教师进行了深入访谈，所得访谈数据通过质性分析和考察，其结论期待能对前期研究形成较好的补充，为中国高校日语教育研究和课程改革提供一些新的思路。

一　前期研究及相关研究综述

日本国际交流基金对海外日语教育现状的调查报告[②]显示，2003～2006年的三年中，我国日语教育发展速度迅猛，开设日语专业的机构数、教师人数和学习者人数快速增长，2006年后增速放缓，于2012年到达峰值，2012年后则有所下降。

[①] 曹大峰、费晓东：《中国高校日语学习环境的现状研究（1）》，《日本学研究》第28期，社会科学文献出版社，2018。

[②] 日本国际交流基金编『海外の日本語教育の現状』シリーズ，くろしお出版，2000～2015年。

21世纪初的中国日语教育高速发展与高校日语专业教学规划和国家政策有关。高校日语专业教学规划方面，高等学校外语专业教学指导委员会日语组于2001年编写了《高等院校日语专业基础阶段教学大纲》和《高等院校日语专业高年级阶段教学大纲》；高等学校大学外语教学指导委员会日语组于2000年编写了《大学日语教学大纲》。大纲给高校的日语发展指明了方向。国家政策方面，1999年颁布的《面向21世纪教育振兴行动计划》和《关于深化教育改革全面推进素质教育的决定》促进了21世纪初的高校日语教育的规模性增长（伏泉，2013[1]）。

曹大峰等[2]对2002年后的新开设日语专业高校开展了大规模调研，其研究数据表明，2002~2013年，我国新开设日语专业的高校多达353所，与2001年相比增加了近3倍。同时曹大峰[3][4]指出，高校新建日语学科对我国的日语教育事业发展做出了突出的贡献，但也带来了困难和挑战，如招生数量过多、教师结构失衡、学术骨干空缺、学科建设滞后、优秀办学经验不足等，这些问题有待进一步思考如何应对和解决。

2012年以后我国日语学习者人数下降，伏泉（2018）[5]认为其原因与2011年东日本大地震及福岛核电站事故有关，也与2012年中日关系因钓鱼岛问题影响陷入历史低谷有关。这些影响反映为两国贸易规模的缩小，从而导致学习者数量下降。此外，国内日语教育还存在庞大的日语教育对象与有限的教师资源之间的矛盾；学习者的学习目的偏向功利性和短期利益，学习者容易受中日贸易关系影响，且日语机构的开设和关闭也缺乏慎重性和长远性。

在上述国内日语教育发展现状研究的背景下，本论文的前期研究《中国高校日语学习环境的现状研究（1）》通过调查发现，近年来高校日语专业招生人数下降，有的院校已经停止招生，其原因为中日关系紧张、第一志愿率低、就业情况不乐观、师资力量跟不上、入学后转专业情况明显等，但也有院校提出

---

[1] 伏泉：《新中国日语高等教育历史研究》，上海外国语大学博士论文，2013。
[2] 曹大峰等：「中国大学新設日本語学科の教育実態に関する研究（報告書）」，北京日本学研究中心，2014。
[3] 曹大峰、朱桂荣等：「中国大学の日本語科の発展と実態に関する調査研究」，《中国日语教育学研究文集11》，大连理工大学出版社，2015。
[4] 曹大峰：《新世纪高校日语教育发展与现状研究》，《日语教学与日本研究》，华东理工大学出版社，2015。
[5] 伏泉：《近四十年我国日语教育的发展特征及影响因素》，《日语学习与研究》第195号，2018年第2期。

招生紧缩是为了达到小班化授课、精英培养的目的，招生紧缩还可能是一种招生过度的自然回归，并不都意味着日语学科发展受阻。

前期研究结果显示，尽管日语学科在建设发展中面临着各种问题，但这也同样意味着我国的日语教育进入了新的转型期，各院校应该积极推进日语学科改革，改善日语学习环境，培养适应新时代社会发展的应用型复合型日语人才。

二 研究目的及课题

通过前期研究的问卷调查，我们掌握了近年来国内高校日语教育的宏观现状和大致的变化趋势。为了对高校日语学习环境有更加深入的了解，我们认为有必要增加质性研究手段，一方面用以验证前期研究结论是否符合地方高校实情，另一方面对问卷调查研究形成更加丰富详实的补充。因此，本文将围绕以下研究课题进行分析和考察。

研究课题：通过深入访谈，调查国内高校日语学习环境的现状和近几年出现的变化，了解各高校应对变化所采取的措施，探究其原因。

三 研究设计

（一）研究对象

为了调查了解全国高校日语学习环境现状，我们首先进行了大范围的问卷调查，并在问卷调查基础上抽出全国各地共12所高校（见表1）进行了后续的深入访谈。抽选学校时，为了更加真实客观地了解全国各地高校情况，特将北京、天津、上海等资源集中丰富的地区暂时排除，以地方有代表性高校为重点进行了本次案例访谈。

此次受访高校地理位置分布较为均匀，东北地区2所，北部地区1所，中部地区2所，西北地区1所，西南地区2所，东部地区2所，东南地区2所。

各高校的基础信息统计如表1所示，受访高校中，211、985工程院校有3所，211工程院校有1所，普通一本院校有5所，普通二本院校有2所，可认为是地方院校中较有代表性的高校。

从日语专业设立时间来看，90年代设立日语专业的高校有5所，2000年后新建日语专业的高校有6所，其中最早设立日语专业的高校是长春大学（1990年），最新设立日语专业的高校是西安理工大学（2016年）。此外，中国医科大学于1961年起就一直开设有日语课程，但到目前为止，并未建立日语专业，是唯一一所日语教育历时长、经验丰富却并无日语专业的高校。

从有无日语硕士点的角度来看，受访高校中有日语硕士点的高校为5所，其中西南大学还设有日语博士点，是此次受访高校中唯一一所具有硕士点和博士点的高校。

表1 受访高校基础信息

高校名称	分布地区	层次	日语专业设立年份（本科）	硕士点
长春大学	东北地区（吉林）	二本	1990	无
中国医科大学	东北地区（辽宁）	一本	1961 ★	无
华北理工大学	北部地区（河北）	一本	2004	有
西安理工大学	中部地区（陕西）	一本	2016	无
长安大学	中部地区（陕西）	一本（211，985）	2004	无
西北师范大学	西北地区（甘肃）	一本	2002	有
西南交通大学	西南地区（四川）	一本（211，985）	1993	有
西南大学	西南地区（重庆）	一本（211，985）	1998	有（硕博）
龙岩学院	东部地区（福建）	二本	2006	无
福州大学	东部地区（福建）	一本（211）	2002	无
深圳大学	东南地区（深圳）	一本	1995	有
澳门大学	东南地区（澳门）	未纳入内地招生计划	1991	无

★该校没有日语专业，只开设日语课程。

（二）数据收集

结合前期研究的调查问卷，先草拟了详实的访谈纲要，通过项目组成员的多次研讨，修订补充内容后确定了最终的访谈纲要。访谈内容分为三大部分：第一部分是关于日语学科中与学生息息相关的日语学习环境的现状和变化；第二部分是日语学科中与教师有密切联系的日语学习环境的现状和变化；第三部分是学校层面对日语学科建设和发展的支持情况。

访谈采取半结构化访谈（Semi-structured interviews）模式，访谈者可以根据访谈时的实际情况灵活地做出必要的调整。整个访谈过程全程录音，后期将所得数据进行文字化。

四 结果与考察

（一）日语学习环境——学生层面

1. 招生人数

日语学习环境中最关键的一环是学习日语的人即日语学习者本身，日语专业招生人数的变化是日语学习环境变化最直观的体现。从访谈结果来看，受访的12所高校中有半数(6所)高校的招生人数在减少，没太大变化的高校有4所，不减反增的高校有2所（如表2）。

表2 招生人数变化及原因

高校名称	招生人数变化	变化原因
长春大学	减少	中日关系影响、就业形势不好、生源限制
中国医科大学	增加（40人→60人）	学生兴趣、医学日语的需求
华北理工大学	没有变化	本地生源多、有机械日语特色
西安理工大学	变化不大	报考人数多、有科技日语特色
长安大学	有所增加	招生方式改为提前批次招生
西北师范大学	减少（35人→25人）	中日关系影响、就业形势不好
西南交通大学	减少（但第一志愿人数增加）	中日关系影响、学校偏理工科性质
西南大学	没有变化（20人左右）	招生人数不多，可调剂
龙岩学院	人数下降，暂缓招生	日语专业整体发展不乐观
福州大学	减少（50人→30人）	办学方针变化，压缩文科专业招生人数、日语专业没有特色
深圳大学	减少（70人→90人→50人）	第一志愿报考人数少、学校政策要缩减专业
澳门大学	没有变化	招生很少受中日关系影响，澳门本地生源就业形势乐观

一半高校表示招生人数在减少，分析其原因，可以总结为以下几条。①受中日关系影响。6所高校的教师都提到中日关系紧张一方面会造成在华企业撤资或缩减，导致就业机会减少，就业前景不乐观就会影响招生人数；另一

方面，中日关系紧张也会直接导致学生从情感上不愿意选择日语专业。②就业需求饱和。日语在国内高校是仅次于英语的第二大语种，但是日语对口的就业机会却远不如英语多，日语人才需求较为饱和，市场呈现出供大于求的状况，因此不太乐观的就业形势也会直接影响招生人数。③学校的应对政策。正是由于就业形势的不乐观，有5所高校在政策上都做出了相应的调整，要么缩减日语专业招生计划，要么更改招生生源，甚至暂缓招生。

招生人数基本没有变化的4所高校都有其各自的原因。澳门大学不属于内地招生计划，且澳门特区的工作机会只对本地生源开放，就业形式乐观，很少受到中日关系的影响。西南大学作为此次访谈中唯一一所既有硕士点又有博士点的211、985高校，其招生人数却一直保持在每年20人左右的低人数，而且学生中有一些是从其他专业调剂过来的，因此从人数上没有发生太大变化。华北理工大学和西安理工大学的情况则有类似，这两所高校都是偏理工科的高校，且两所高校的日语专业都依托本校的优势专业，具有科技或机械日语特色，生源较为稳定。

招生人数不减反增的高校在此次调查访谈中只有2所。在其他高校均面临生源减少、就业形势严峻的挑战时，这2所高校的招生人数增加可以给我们提供一些新的思路。长安大学地处中部地区的西安，地理位置上并非处于经济发达地区，没有明显的地区优势。该校应对招生难的课题时所采用的方式是从政策上入手，更改招生批次，日语专业招生从原来的1批招生改为提前批招生，有效解决了招生问题。中国医科大学甚至没有建立日语专业，只是给医学生提供必要的医学日语支持，毕业生将来的出路也都是从事医学行业。因此，该校的日语+医学的专业基础创造了强大的市场竞争力，鲜明的学科特色带来了招生人数的增加。

2. 转专业

此次调查中，7所高校提到了转专业情况（见表3）。总的来看，从日语专业转出的比例较高，而从其他专业转入的比例较低。

转出的原因谈到了两种：一种是专业招生接受调剂，被调剂到日语专业的学生没有读该专业的愿望，有一定比例申请转专业。第二种是受中日关系影响，就业形势严峻，出于对未来就业预期的担忧而申请转出。

提及转入情况的高校有4所，谈到其原因教师都认为与学习者个人对日语或日本文化兴趣有关。此外，西南交通大学的教师认为该校日语专业增加了出国交流机会，在一定程度上提升了日语专业的吸引力。

表3 日语专业转出转入情况

高校名称	转出	转入
长春大学	2017年，一名学生由日语专业转到其他专业	无
中国医科大学	无	无
华北理工大学	无	无
西安理工大学	无	无
长安大学	2016年之前，可以接受调剂，80%~90%学生属于调剂过来的，入学后直接退学的也有；每年都1~2名学生转出	无
西北师范大学	从2011年开始受中日关系的影响，现在转专业现象比较严重；从日语系转出的学生比较多。以今年为例，招25人，转出去9人	无
西南交通大学	以前有申请转出的情况，甚至出现过一个班里十几名同学申请转专业的情况。不过最近几年有了很大好转，近两年已经没有学生转出	这两年每年有三四个同学申请转入日语，相比以前有了明显增多，想一是个人兴趣，二也与有出国交流的机会有关
西南大学	不是每年都有人转入转出，有的话，也就一两个。转出的一般都是调剂到日语专业的学生，有机会就转出去了	转进来的学生就是本来对日语就很有兴趣的那种
龙岩学院	无	无
福州大学	每年都有日语专业的学生申请转专业，转出比例学校有规定，为本专业人数的5%，也就是1~2个名额。主要原因在于进入日语专业很多都不是第一志愿，一般35人里只有5人左右为第一志愿，剩下的多为调剂进来	每年也都有其他专业转入日语专业的学生，2017年转入3个（1个女生，2个男生），一个是社会学专业，一个是电气学专业，还有一个是机械学专业。转入日语专业的学生大部分源于对日本文化特别是动漫文化感兴趣而转入
深圳大学	有（未展开谈）	也有从外专业转过来的。受访教师现在教的二年级班里就有两个，而且是很好的专业，法学院的，另一个是英语的
澳门大学	无	无

* 表中信息为受访教师的访谈记录。

尽管各校转专业的比例都不大（很多学校都有严格的转专业比例限制），但是转专业中调剂生所占比例值得引起关注。长安大学在 2016 年前 80%～90% 的日语专业学生都是调剂生，福州大学的情况则是 35 名学生中仅有 5 名学生的第一志愿为日语专业。其他高校虽然没有谈到具体的调剂生所占比例，但不容否认这一现象是国内各大高校日语专业都普遍存在的。这一现象潜藏的危机是，学生缺乏学习动机和学习意愿。这给高校日语教育提出了更高的要求，日语教师不仅要思考怎样教好日语，还要思考如何提高学生的学习兴趣，让学生发现本专业的魅力，有意愿去增强自己的专业竞争力。

与此相对应的另外一个现象是如同深圳大学受访教师所说，"现在就是有一个矛盾，就是想把日语完全作为专业来学的人在减少，作为兴趣学的人其实是在增加"，澳门大学的教师也在思考"日语专业该怎么为那些不以日语专业为找工作筹码的学生提供更多发展方面的帮助，创造更大的可能性"。也就是说，尽管日语专业的招生和就业形势不容乐观，但高校的日语教育并非没有其他的出路。将日语作为素质能力教育的一环提供给各专业学生，把其他专业对日语感兴趣的学习者都纳入日语教育的范畴，这一思路也许更能应对当前的发展趋势。

3. 国际交流学习

此次访谈的高校均为地方上有代表性高校（10 所一本，2 所二本），相较于当地的其他院校来说，资源配套和政策支持还是较好的。在此前提下，受访高校中与日本高校建立了国际交流项目的有 9 所，没有国际交流项目的高校有 3 所（见表 4）。

表 4　国际交流学习情况

高校名称	国际交流	比例
长春大学	目前与日本上全大学建立校级交流项目，每年 2+2（国内两年，国外两年），与上智大学建立了短期交流合作关系，主要是短期考察访问	经费是自费，只要学生愿意去都可以
中国医科大学	每年都有去北海道医科大学去交流。还有金泽等医科大学。也有奖学金，他们参加考试过去读博士	未提及
华北理工大学	基本上没有，学校在国际学术交流这一块不是很积极	
西安理工大学	目前与日本福井大学、上智大学、日本大学建立校级交流关系，1～2 年的留学项目	未提及
长安大学	目前与秋田大学交换留学（1～3 年）建立校级交流关系，广岛县立大学（半年交流的机会）	未提及

续表

高校名称	国际交流	比例
西北师范大学	目前还没有实质性的建立校际交流。今年三月和学校领导一起去了秋田大学，国际教养大学进行了访问，但是后来缺乏实质性的推进。我们现在的情况是就某个专业领域进行合作，以什么样的形式合作，比如交换生等形式，没有谈到这个层面	
西南交通大学	也不断地增加奖学金的项目和出国的机会。申请了国家留学基金委的项目，学生留学有公派奖学金的支持，资金主要用于国际化项目	未提及
西南大学	和日本明星大学、武藏野大学、立命馆大学、信州大学、广岛大学、广岛市立大学、大阪府立大学都有校际交流，短期交换留学项目，一年交换一次	大三的学生有机会去日本进行短期交换留学（1～2名）。硕士2年级（1～2名）可以交换留学1年
龙岩学院	未与日本的大学建立校际交流。原因是学校未有相关政策支持	
福州大学	现在有很多留学交流的机会，而且还有很多公费名额，在很大程度上激发了学生学习的动力	未提及
深圳大学	深大与日本几所大学建立了交流机制，有2种：一种是短期的交换留学，和明治大学、大阪大学、大阪私立大学、立命馆大学、熊本学园大学、大分大学、札幌国际大学等建立了校际交流机制，每年派遣多名学生进行为期一年的交换；另一种是和札幌大学有"3+2"的双学位项目。而且，交流项目正在拓展中，与早稻田大学也有自费项目	前往日本交换的本科生至少占全体的1/3，研究生百分之百可以到大分大学交换留学半年
澳门大学	有赴日交换留学机会，学费免除，其他费用自理。有的到日本后申请到奖学金	每年超过50%

* 表中信息为受访教师的访谈记录。

有国际交流学习项目的高校中，留学比例较高的高校有长春大学（可100%）、深圳大学（本科33%，研究生100%）和澳门大学（50%以上）（有5所高校教师未提及交流比例）。留学项目时间较长的高校有长春大学（2年）、西安理工大学（2年）、长安大学（3年）、西南大学（1年）、深圳大学（2年）（有4所高校教师未提及留学项目时间）。

缺乏国际交流项目的高校主要是由于日语学科不属于学校重点学科，缺少校方在政策和资金层面上的支持。

无论是否有国际交流学习项目，受访高校教师都表示，国际交流学习机会对于日语学习者来说是宝贵的经验财富，既能提高他们日语学习的积极性，又能让他们在日语环境中得到实践锻炼。增加更多的国际交流学习机会是我们创造更好的日语学习环境应奋斗的目标。

4. 国内交流学习

国际交流项目门槛较高，并非所有高校都有条件达成，且交换留学的名额有限，因此基本上所有高校都很重视国内的其他交流学习机会。访谈中了解到，国内交流学习的情况大致可以分为两种，一种是与日本留学生的交流，另一种是校际交流。

日本留学生来华留学大多选择北京上海这样的大都市，因此去往地方高校的留学生人数并不多。此次受访高校均表示在校日本留学生人数很少，学生比较缺乏和留学生之间交流的机会。即使是地处沿海发达地区的深圳大学和澳门大学也面临类似的状况，日语学习者很难有一个可以交流的语伴，缺乏语言环境。

在这种情况下，各高校都大力支持日语专业的校际交流。其主要体现形式为参加全国或地区的各种日语演讲比赛或知识竞赛等。仅有西安理工大学因为是2016年的新建专业，所以还未开展校级交流活动。受访教师都表示，只要得到相关的比赛咨询，都会积极组织学生参加类似的活动。澳门大学由于地处行政特区，与内地的学术交流存在一定的政策障碍，因此和香港的校际交流较多。

表 5　国内交流学习情况

高校名称	与留学生交流	校际交流
长春大学	日语专业学生和日本人交流机会比较少，因为我们学校日本留学生很少	每年都有参加全国或地区的各种演讲大赛（前几年还得过一等奖，受邀访问一周）。近几年名次不如前几年，但每年也能拿优秀奖
中国医科大学	有日本学生过来交流，但是并不多	我们虽然不是专业的，但是我们也得过奖的，去年的中华杯我们还得了二等奖呢。我们院里领导也很重视
华北理工大学	基本上没有，特别少	比赛参加，但是我们学校的报销制度要求是必须是官方的，其他的组织，比如日本一些民间协会的，这些是不算的
西安理工大学	日语专业学生和日本人交流机会比较少，因为我们学校日本留学生很少	由于目前是第二届招生，还没有参加
长安大学	几乎没有，因为我们学校日本留学生很少	几乎一直在参加陕西省内的所有比赛都参加。（中华日语演讲比赛2016年西北预赛特等奖）
西北师范大学	正式的活动是没有的，但不否认也许私下有交流	演讲比赛，笹川杯全国高校日本知识大赛。情况都还不错，参加中华杯日语演讲比赛的最好成绩是二等奖。然后教师也有获奖，获指导教师奖。知识大赛的话有获得过团体奖

续表

高校名称	与留学生交流	校际交流
西南交通大学	未提及	未提及
西南大学	学校一直设有日语角，日语系的学生可以参加和留学生进行交流	国内的日语演讲比赛和知识竞赛学生都有参加获奖
龙岩学院	无	学生每年有参加福建高校"卡西欧杯"日语朗读比赛和演讲比赛。最高获得二等奖
福州大学	未提及	举办参加各种日语相关活动和比赛
深圳大学	日语系学生和留学生的交流比较少，深大日语角里大多都是中国学生，日本留学生到深大学习的呈减少趋势。每年3月和立命馆大学有交流活动，一般日语系大二大三的学生会全程陪同日本学生三天	中华杯华南地区的日语演讲大赛，第一年参加还拿了特等奖。另外，也会参加永旺日语演讲大赛和深圳市内的比赛，由深圳大学和深圳另外一所学校主办，樱花日语学校和领事馆赞助支持。今后会指导深大的日语系硕士生们积极参加卡西欧杯优秀硕士论文的评选。深大对这方面的了解和宣传还比较少。之后，深大还想和立命馆大学、广外、香港的学校发展这方面的合作。之前对孙平化专著奖和论文奖也了解比较少
澳门大学	接收日本留学生人数少，同时来澳门大学的日本留学生主要去其他专业，与日语专业学生很难对接到一起，因此正策划举办日本留学生和日语专业学生聚会，另一方面，日本留学生也会在书院中参加活动，日语专业学生如果同时参加活动的话就会有交流机会	和香港的交流比较多，不光是日语专业，大学的运营管理方面很多都是效仿香港的 演讲比赛从2001年到2009年一直都有办，以澳门大学日语专业学生为主，有极少数社会上对日语学习有兴趣的人参赛。2010年以后，由于诸多原因停办。香港的大学如果有办，会选派学生去参赛 港澳这边的学生实际上也在积极参加内地的研讨会，我也支持学生到内地参加相关学术交流活动，但是存在信息获取方面的问题。另外，港澳由于政治地位比较特别，内地与港澳的日语学科在不少管理发展上难以保持同步 2015年时想办大型赛事，但其他老师都是日本人，不愿意在澳大举办。因为他们都只管教学不做研究，对举办大型赛事兴趣不大，认为会增加自己的工作量，所以只能举办小型的。另外，大型赛事的确联系工作繁多，举办难度较大。不过，可以考虑和中国日语教学研究会华南分会会长陈多友等人联系讨论，之后在澳门大学举办分会，不过还是存在一些老师因公出差到澳门比较麻烦的问题

* 表中信息为受访教师的访谈记录。

（二）日语学习环境——教师层面

1. 日语教师资源

日语学习环境中，仅次于学习者要素的就是日语教师资源了。此次受访高校的日语教师人数在 8~14 人，人数最多的是长春大学（14 人），人数最少的是澳门大学（3 人）。受访高校除了澳门大学以外，均未表示师资不足。只有澳门大学需要英日双语精通的教师（澳门大学需要用英语授课），目前急需引进合适的专职教师。

从职称构成上来看，有教授领头的高校有 5 所，有副教授的高校有 8 所（中国医科大学、西北师范大学、福州大学西南交通大学缺少相关访谈数据）。高级职称的教师比例不低。

从学历构成上来看，有 7 所高校都有博士学历的教师，其中博士比例最高的高校是深圳大学（10/12），其次是西安理工大学（4/7）和西南大学（5/13）。除了长春大学（3 人）和龙岩学院（2 人）以外，其他高校教师的学历均在硕士以上（中国医科大学、西北师范大学、西南交通大学、福州大学、澳门大学缺少相关访谈数据）。各高校基本上都实现了高学历的师资队伍创建。

从年龄梯度上来看，提供了该数据的高校有 5 所，5 所高校高于 50 岁的教师人数共 5 人，大部分教师年龄都在 30~45 岁，教师队伍比较年轻有活力。

从外教配置上来看，每所高校都配备有外教，最多的是澳门大学和深圳大学各 3 人，西南大学配有外教 2 人，其余高校都有外教至少 1 人（西北师范大学、西南交通大学、福州大学缺少相关访谈数据）。

表 6　受访高校日语专业师资情况

高校名称	教师人数（中国）	职称构成	学历构成	年龄梯度	外教人数
长春大学	14 人	教授 1 人 讲师 13 人	博士 2 人 硕士 9 人 本科 3 人	未提及	1 人
中国医科大学	11 人	未提及	未提及	未提及	1 人
华北理工大学	12 人	教授 2 人 副教授 2 人 讲师 8 人	博士 2 人 硕士 10 人	未提及	2 人

续表

高校名称	教师人数（中国）	职称构成	学历构成	年龄梯度	外教人数
西安理工大学	8人	副教授2人 讲师5人 助教1人	博士4人 硕士3人	40岁左右2人 35岁左右居多	1人
长安大学	8人	副教授2人 讲师6人	博士1人 博士在读1人 硕士6人	50~55岁1人 30~40岁7人	1~2人
西北师范大学	6人	副教授2人 讲师4人	博士3人 硕士3人	未提及	1人
西南交通大学	15人	教授1人 副教授4人 讲师10人	未提及	未提及	未提及
西南大学	13人	教授2人 副教授2人 讲师9人	博士4人 博士在读1人 硕士8人	60岁左右1人 50岁左右1人 45~50岁2人 45岁以下9人	2人
龙岩学院	10人	副教授3人 讲师7人	硕士8人 本科2人	30~45岁	1~2人
福州大学	未提及	未提及	未提及	未提及	未提及
深圳大学	12人	教授1人 副教授3人 讲师8人	博士10人 硕士2人	50岁左右2人 30~46岁为主	3人
澳门大学	3人	教授1人 副教授1人	未提及	未提及	3人

2. 日语教学资源

日语学习环境中，作为辅助学习的一环，日语教学资源丰富与否关系到教师备课教学和学生学习，是各高校专业建设时必须重视的环节。

本次受访高校中，对本校日语教学资源表示满意的高校有3所，分别是西安理工大学、龙岩学院和福州大学。表示基本满足教学需要的高校有2所，分别是西北师范大学和西南大学。表示资料较少、不满足教学需求的高校有4所，分别是长春大学、华北理工大学、长安大学和深圳大学（见表7）。

总的来说，日语教学资源丰富与否与学校学院的经费支持是分不开的，经费充足和对日语专业重视度高的高校有较为丰富的日语教学资源。就如西北师范大学的受访教师所说，日语专业被动地等待学校和学院支持只是下策，应该发挥主动性，想办法主动争取校方的重视和支持。

表7　日语教学资源情况

高校名称	日语教学资源
长春大学	经费方面，大家不太满意，学校经费不足，日语系就一台电脑，没有打印机。学期初、期末特紧张，资金这块特别缺，资料也不足
中国医科大学	未提及
华北理工大学	我们的图书资料比较少，还是希望能有一些原版的图书资料方面的资助。比如国际交流基金的一些项目他们对地方的院校的支持并不是那么积极。我们只能通过一些个人途径收集一些图书
西安理工大学	整体都比较满意，学校很支持很照顾日语专业的发展
长安大学	国内资料方面还凑合，原版资料少，主要是学校和学院的支持少
西北师范大学	我们这边资料初步得到了丰富，但只能满足基本的教学的需要，甚至可以说不完全能满足教学的需要。学校的政策方面我觉得要一分为二地看，我们不能单纯地说不支持或者支持不够，这跟专业的主动发展有关。当我们提出一些要求的时候，学校和学院基本是支持的
西南交通大学	未提及
西南大学	精读课用的是北大出版社彭广陆编的那套。图书资源不是很丰富，一般，具体数量没有统计过。但还是足够给教师备课和学生学习辅助用了
龙岩学院	教学硬件上有很大提升，教材选用按照学校制定的教材选用的原则、标准和程序，严格把关教材质量，确保高质量教材进课堂，教材使用面向21世纪的重点规划或获奖的专业基础课教材 除了学校图书馆的外文图书资料之外，院资料室还有各类工具书1000多册，报纸期刊42种，录音磁带180种，影视欣赏类光盘353部，教学参考类光盘39种
福州大学	我们学校的资料是比较丰富，因为现在大部分是用电子书刊，所以查找还是比较方便的
深圳大学	因为我们在深圳，相对来说封闭一点，所以比如说图书捐赠，来自日本一些机构的图书捐赠我们这边就很少，也没有信息进来，也没有牵那个线给我们，来一些图书捐赠，或者说受到日本领事馆的关注，肯定比广州的学校要少很多。也可能是我们自己出去宣传的也比较少，总之这方面来自社会的资助，还有图书啊，这方面的都比较少
澳门大学	未提及

* 表中信息为受访教师的访谈记录。

3. 日语教学环境

为了提供良好的日语学习环境，日语教师需要良好的日语教学环境。受访高校教师所谈到的教学环境大致可分为三项内容：教学和科研工作，学校的评价机制，培训进修（见表8）。

中国高校日语学习环境的现状研究（2）

表 8　日语教学环境情况

高校名称	教学和科研	评价机制	培训进修
长春大学	眼下是教学与科研相辅相成，开始要培养教学型教授或科研型教授	主要依靠传统的硬性指标评价（如核心期刊、项目等）	学校没有独立的经费支持，前几年多，近几年少。公派出国需要自己申请（国家留学基金委等项目或当地方合作的项目），培训机会都有
中国医科大学	未提及	未提及	有国外访学机会，国内会议参加得较少
华北理工大学	未提及	未提及	没有国外访学的机会。在国内读博要求完成一定的课时量，不允许国外读博国内的学会可以参加
西安理工大学	主流是教学与科研相辅相成，但稍微有点分割，因为老师中，有博士学位的居多，更注重科研，但从培养本科生的角度来看，应该视教学，首先应该站稳讲台	每三年考核一次，主要有：公务性事务、教学工作量、学生评价、科研等考核指标。考虑到外语学科研的特殊性（科研产出和理工专业有区别，学校不搞一刀切，学院在学校指标的基础上根据实际情况调整）不提倡给老师们太大压力	有国外访学和国内培训进修的机会
长安大学	教学方面投入精力多，受时间等限制，科研方面投入不足	统计项目等科研成果，给予奖励	国内培训有，教师出国进修中断了七八年了
西北师范大学	教学任务繁重，科研压力也有。两者之间有相长，也有制约的关系	与科研产出量很高的强势专业一个评定标准，非常不利和别扭	出国访学机会不多，但还是有，情况趋好。国内进修也有人参加
西南交通大学	教学和科研相结合，相辅相成	未提及	从 2014 年开始，有 50% 以上的老师出国访学，这两年系里老师能够出去交流的机会变多，经过培训进修，老师们的理念也不断更新，对现在的日语教学环境整体十分满意

· 123 ·

续表

高校名称	教学和科研	评价机制	培训进修
西南大学	教学科研相结合	既有教学考核，也有科研评价	教师出国进修都是自己申请的机会，学校没有这样的项目支持。国内学术会议或者进修可以自己报名参加，费用学校给报销
龙岩学院	未提及	未提及	以国际交流员的身份赴日交流、教师短期研修等
福州大学	互为辅助，边学边教教学任务不算重，尽量减少教师工作量给教师腾出时间做科研	教授和副教授有明确的科研任务，讲师没有科研要求。学生评价、同事互评	公派的名额还是有限，每年基本上有2个，一个是访日教师培训52天，另一个是省外事办的赴日进修项目4个月。大部分还是老师自己申请的项目，比如国家留学基金委的项目，或者是申请日本财团支助的项目
深圳大学	教学我们在寻找自己的特色。同样，科研方面，我们学校今年成立了一个东亚研究中心。看看以后能够有什么特色的发展，科研方面我们也必须要有特色，只要有特色才能把力量集中起来	未提及	每年深圳大学可以派遣1位老师前往创价大学，2位老师前往熊本大学院大学交流访问，但这是面向全校的老师，不只限于日语系。有规定老师要满四年才能再次前往日本交流访问。深大日语系的老师们都会参加许多国内学术会议，学校负责教师参加学术方面的会议。深大每年会给老师们提供两次全额报销参加学术会议的机会，比较支持教师进行学术交流
澳门大学	教授要求科研与教学结合，导师级别只需要教学、教学任务量大	未提及	未提及

* 表中信息为受访教师的访谈记录。

有关教学和科研工作，此次受访高校教师都认可这两者间既有相辅相成的关系，又有相互制约的关系。但不同高校在教学和科研的制衡上有着不同的结果。体现出教学与科研工作比较平衡、教师能够两方面得到发展的高校有3所：西南交通大学、西南大学、福州大学。体现出教学与科研工作偏向教学的高校有2所：长安大学、澳门大学。体现出教学与科研工作较为分离的高校有3所：长春大学、西安理工大学、深圳大学。体现出教学与科研工作两方面负担都较重的高校有1所：西北师范大学（中国医科大学、华北理工大学和龙岩学院未提供相关数据）。

有关学校的评价机制，只有一半高校的教师提到该项内容。其中，教学与科研都纳入评价机制的高校有2所：西安理工大学、西南大学。只以科研成果进行评价的高校有3所：长春大学、长安大学、西北师范大学。不同岗位职称的教师用不同评价机制的高校（即教授副教授以科研评价，讲师以教学评价）有1所：福州大学。从所提供的信息来看，目前对教师的评价机制仍然以科研为主，这种倾向的导向作用容易引起教学和科研工作的失衡，增加教师工作的难度，不利于教学和科研互补。

有关进修培训，基本上受访的所有高校都给日语教师提供了培训进修的机会，但存在机会的多与少、经费有无和国外访学支持与否的区别。出国访学机会较多、培训进修有经费支持的高校有西南交通大学、福州大学和深圳大学。国外访学有校方支持的高校占少数，大多数能出国访学的高校是教师通过其他途径自己申请的项目。而无法进行国外访学的高校也有2所。

（三）日语学习环境——学校层面

1. 专业培养类型

从日语专业培养类型来看，所有受访高校教师都认为本校的专业定位是培养复合型或应用型日语人才。但是从具体的培养方向来看，大部分高校仍然是以传统的语言文学为主，辅以翻译、旅游、商务等课程。具有鲜明学科特色的高校有4所：中国医科大学（医学日语）、华北理工大学（机械日语）、西安理工大学（科技日语）和长安大学（汽车日语）。这4所高校的日语专业均是依托学校优势专业发展起来的，实现了日语+X的模式。

尽管目前多数高校日语专业仍保留了传统的人才培养模式，但是各大高校的日语专业负责人均意识到面临当前日语专业发展的各种问题，课程改革势在必行，并且都在思考新的出路和进行新的尝试。比如增加辅修机制，鼓励学生辅修其他专业，增加国际化项目，鼓励双学位等。这些尝试无一不需要学校层面的政策和资金支持。

表 9　日语专业培养类型和方向

高校名称	培养类型	培养方向	课程改革	双学位
长春大学	应用型 复合型	语言文学 旅游日语	增加日语翻译	无
中国医科大学	应用型	医学日语	医学+日语	未提及
华北理工大学	应用型	机械日语	日语+机械	困难
西安理工大学	应用型	科技日语	新专业	无
长安大学	应用型	语言文学 科技日语	科技日语 汽车日语	无
西北师范大学	应用型 复合型	旅游日语、商务日语、翻译	鼓励辅修	未提及
西南交通大学	复合型	日语+	国际化改革	鼓励
西南大学	应用型	日语翻译	师范生培养改为商务应用型培养	可以
龙岩学院	应用型	商务日语	日语+财务管理 增加辅修机制	鼓励
福州大学	应用型 复合型	翻译、外事、教育	日语+机械 日语+经管	未提及
深圳大学	复合型	语言学、文学、社会学等	正在寻找学科特色	未提及
澳门大学	应用型	商务日语、翻译、文学文化经营	增加辅修人数	无

2. 专业共建合作项目

为了给日语学习者提供更好的学习环境和更多的实践机会，各大高校均开展了与外界企业或机构的各种形式的合作，形成了高校与企业互补双赢的局面。其中，共建实习基地是最为常见的合作形式。

此外，尽管好几位受访教师都表示了对合作办学的期待，但国际合作办学门槛较高、难度较大，就如华北理工大学教师所烦恼的那样，"毕竟我们是地方院校，日本那边特别有名的学校他不会与我们联系，主动联系我们的学校呢，咱们这边又觉得人家那边的档次比较低"，合作办学除了政策和经费问题以外，还有很多其他问题需要解决。对大部分地方高校来说，国际合作办学仍然是一个较为遥远的梦想。

表10 专业共建合作项目情况

高校名称	合作项目	合作办学
长春大学	与海外旅行社共建实习基地	国际合作，"2+2"项目
中国医科大学	附属医院实习	无
华北理工大学	建有实习基地，参加市政府的外事活动	无
西安理工大学	无（正在商谈）	无
长安大学	无	无
西北师范大学	与数家公司签署实习协议，与甘肃省博物馆、甘肃省文物考古研究所、甘肃省外办都有实习合作	无
西南交通大学	日企提供资金和实习基地，赞助第二课堂活动	未提及
西南大学	与翻译公司建立了实习基地	无
龙岩学院	有共建实习基地	无
福州大学	与企业有交流活动，但没有合作项目	未提及
深圳大学	与企业合作建立了几处实习基地	无
澳门大学	未提及	无

结　语

此次访谈调研了12所高校的日语学习环境，从学生层面（招生、转专业、国际交流、国内交流）、教师层面（师资、教学资源、教学环境）和学校层面（专业培养类型、专业共建合作）较为全面地了解了各大地方高校日语专业的真实现状和所面临的问题和挑战。

我们看到，在全国日语招生人数普遍下降、日语就业形势趋于严峻的现实条件下，为了提供给学生以良好的学习环境，为了日语专业的可持续性发展，地方上各大高校纷纷发挥主观能动性，从政策上、资金上、师资配置上、合作项目上都进行了多方的努力和调整。高校与市场接轨，从传统转型，日语专业的课程改革正在紧锣密鼓的实施过程中。

由于各大高校地理位置不同、条件不一，日语专业所生存的环境也各有差别,高校间确实存在差异,影响学习环境的各项因素有不同的体现。但整体上看,日语专业仍有可继续发展的空间,需要高校决策者和负责人拓宽思维,打破常规壁垒,发挥出日语+X或X+日语模式的竞争力,走出各自具有特色的日语专业发展道路。

从《中日交流标准日本语》的魅力看
未来日语教材的编写方向

徐一平 *

  作为中日两国之间日语教育领域的交流成果——《中日交流标准日本语》教材于1988年得以出版，成为中国日语教育史上一个重要标志。2018年我们又迎来了《中日交流标准日本语》教材出版30周年纪念，也是中国日语教育史上一件非常值得纪念的喜庆之事。笔者有幸于1992年承担了中央电视台播出的"中日交流标准日本语（中级）"电视讲座主讲人的工作，亲身经历了这一教材在中国日语学习者之中掀起的热潮，此文拟从笔者对《中日交流标准日本语》教材中体会到的魅力所在，谈一谈中国日语教材今后应该努力的编写方向。

  【关键词】中日交流　日语教育　标准日本语　日语教材编写

  中日両国の日本語教育領域における交流成果である『中日交流標準日本語』（以下『標準日本語』と称す）という教科書が1988年に刊行され、中国の日本語教育史上の一つのシンボルとなった。2018年は『標準日本語』刊行の30周年記念に当たり、とても喜ばしいことである。筆者は1992年に中央テレビに放送された『標準日本語（中級）』日本語講座の講師を担当し、この教材が中国人日本語学習者の間に引き起こした熱狂的な人気ぶりを体験した。本稿は筆者の感じ取った『標準日本語』の魅力から、中国における日本語教材の今後の編集方針について考えていきたいと思う。

---

* 徐一平，北京外国语大学北京日本学研究中心博士生导师、教授，研究方向为日本语学、中日语言对比研究。

【キーワード】中日交流　日本語教育　標準日本語　日本語教材編集

As a result of exchanges between Japan and China in the field of Japanese education, the "Chinese-JapaneseCommunication Standard Japanese" textbook was published in 1988 and became an important symbol in the history of China's Japanese education. This year we ushered in the 30th anniversary of the publication of the "Chinese-JapaneseCommunication Standard Japanese" textbook, which is also a memorable celebration in the history of Chinese Japanese education. The author was fortunate to have undertaken the work of the lecturer of the "Chinese-Japanese Communication Standard Japanese (Intermediate)" TV lecture broadcast by CCTV in 1992, and personally experienced the upsurge of this textbook among Chinese Japanese learners. From the charm of the "Chinese-JapaneseCommunication standard Japanese" textbook, the author shall discuss the aspects in which China's Japanese textbooks should be worked hard in the future.

Keywords: Sino-Japanese Exchange; Japanese Language Education; Standard Japanese; Japanese Textbook Writing

引　子

2018年是中日交流史上一个重要的年份。首先，2018年是《中日和平友好条约》签订40周年纪念，1978年中日两国之间签订的《中日和平友好条约》为中日两国进一步发展友好交流关系奠定了法理基础。正是有了这样一个法理基础，1978年开始，中日两国的友好交流不断发展，各行各业之间的合作与交流不断深入。也正是在这样一个基础上，作为中日两国之间日语教育领域的交流成果——《中日交流标准日本语》教材于1988年得以出版，成为中国日语教育史上一个重要标志。

2018年我们又迎来了《中日交流标准日本语》教材出版30周年纪念，也是中国日语教育史上一件非常值得纪念的喜庆之事。笔者有幸于1992年承担了中央电视台播出的"中日交流标准日本语（中级）"电视讲座主讲人的工作，亲身经历了这一教材在中国日语学习者之中掀起的热潮，此文拟从笔者对《中日交流标准日本语》教材中体会到的魅力所在，谈一谈中国日语教材今后应该努力的编写方向。

一 《中日交流标准日本语》的魅力

《中日交流标准日本语》教材是中国人民教育出版社和日本光村出版株式会社合作出版的日语教材。1988年首先出版了《中日交流标准日本语（初级）》教材，1990年出版了《中日交流标准日本语（中级）》教材。截止到2005年，《中日交流标准日本语》教材受到了中国广大日语学习者的喜爱和追捧，发行量逾500万套，成为中国国内迄今为止最畅销的日语教材。为了使《中日交流标准日本语》教材进一步体现日语教育以及社会、文化等方面的发展、变化，人民教育出版社与日本光村图书出版株式会社于2005年和2008年又策划、编写出版了《新版中日交流标准日本语（初级）》教材和《新版中日交流标准日本语（中级）》教材。[①]那么，这套教材何以成为中国日语教育中如此长期畅销的教材，其魅力何在？笔者想从如下几方面进行探讨。

（一）全面的中日合作

《中日交流标准日本语》教材可以说是中日两国日语教育专家和教材出版社全面合作出版的第一套面向中国日语学习者的日语教材。在此之前，中国日语学习者的日语教材大都使用的是中国各大学自己编写的日语教材，如北京大学编写的《日语》（1962，商务印书馆）、湖南大学周炎辉主编的《高等学校试用教材：日语（理工科用）》（1978，人民教育出版社）等，或者使用自己编写的内部教材，如笔者1978年2月考入北京外国语大学（当时叫北京外国语学院）后使用的都是教师们自主编写并油印的教材。还有一些学校直接引入日本的教材，如东京外国语大学的《日本语1、2、3》等。[②]

那么到了1978年为什么具备了中日两国专家和出版社合作出版教材的条

[①] 自《新版中日交流标准日本语》教材发行后，截止到2018年，本套教材已经发行近1500万套。
[②] 但是当时还没有正规的版权引进制度，有不少地方引入使用的是影印本教材。

件呢？当然首先是本文前面提到的，由于中日两国关系的发展创造了中日两国在各行各业深入开展交流的大环境。同时，笔者认为中日两国在教育文化领域开展的一项合作项目起到了巨大的推动作用。这一项目就是中日两国政府合作建立的"中国日语教师培训班"（日本名称为「在中国日本語研修センター」）项目。

1979年，时任日本内阁总理大臣的大平正芳访华期间，与中国政府之间签订了一项"文化交流协定"，其中有一款决定，由中日两国政府合作培训中国高校日语教师，其间日本政府出资10亿日元并派遣知名专家学者来华进行培训，中国政府协助从全国各高校选拔接受培训的教师并提供培训场所（当时培训地点选在北京语言学院）和配合各项组织工作。该项目时间为五年，即1980～1985年，每年培训120名，5年共计约600名高校日语教师。这600名日语教师基本上等于当时中国初步统计的高校日语教师的总和，也就是说这一培训班基本上将当时中国高校日语教师轮训了一遍。由于双方合作非常成功，在我国日语界将其亲切地称为"大平班"（日本称其为「大平学校」）。①

这五年期间，日本外务省、日本国际交流基金聘请大阪女子大学佐治圭三教授担任了日方主任教授，先后派遣了长期、短期专家、学者117人次来华讲学。这些专家不仅掌握了所讲授领域的前沿知识，而且拥有丰富的教学经验。其中不乏知名专家，例如，日本著名语言学家金田一春彦教授、时任国立国语研究所所长林大教授、时任日本语教育学会会长小川芳男教授、东京大学尾藤正英教授、古田东朔教授、京都大学阪仓笃义教授、渡边实教授、早稻田大学木村宗男教授、东京外国语大学国松昭教授、阪田雪子教授、名古屋大学水谷修教授、同志社大学玉村文郎教授等。许多学员都感叹，即使是留学日本也很难遇到如此众多的著名专家，更何况是可以亲耳聆听他们的讲学。由于双方合作的成功，在1985年"日语教师培训班"第五期结束时，双方经过协商和调研，决定启动第二期合作项目，这就是后来于1985年在北京外国语大学成立的"北京日本学研究中心"。②

---

① 因为是大平正芳首相访华时确定的这一项目，所以称为"大平班"。原国家教委副主任彭珮云曾评价说："中国日语教师培训计划是中日教育交流的一个重要的、有影响的项目。它是中日友谊的结晶。"

② 关于北京日本学研究中心后来的发展，请参照徐一平："北京日本学研究中心三十周年"、北京日本学研究中心《日本文化理解与日本学研究 北京日本学研究中心30周年纪念论文集》，学苑出版社，2015。

在"中国日语教师培训班"从事教学、培训的日本日语教育的专家们，通过这五年的教学、培训工作，不仅为中国培训了大批的高校日语教师，同时，他们也对中国的日语教育现状有了深入的了解。在《中日交流标准日本语》教材的编写阵容上，日本派出了大阪外国语大学大河内康宪教授、东京外国语大学舆水优教授、京都外国语大学佐治圭三教授、日本语普及协会西尾珪子专务理事、时任国立国语研究所野元菊雄所长、帝塚山学院宫地裕院长等日本著名学者参加了编写，而在此其中尤其是以佐治圭三教授为主的"中国日语教师培训班"中派遣教授的教学团队，应该说起到了更加重要的作用。通过与中方五期学员的深入交流，与中国高校日语教师队伍建立起了良好的师生与同行的关系，为进一步合作编写、出版面向中国日语学习者的日语教材奠定了坚实的基础。

除此以外，在《中日交流标准日本语》教材作为中央电视台的日语电视讲座的制作和播出方面也实现了全面的中日合作，关于电视讲座将在相关章节进行论述。

（二）贴近学生的教学内容与明确的教学目标

一套教材的编写和出版，需要有一个明确的教学对象和教学目标。很明显《中日交流标准日本语》教材面向的教学对象是中国日语学习者中的学生和自学者。作为《中日交流标准日本语》教材得以出版的另一个重要条件，笔者认为就是中国日语学习者的迅速增加。

1949年中华人民共和国成立以后，在党和国家的正确领导下，虽然当时我国与战后的日本还没有恢复建立外交关系，但是作为中国外交政策的重要一环，中国的高校日语教育也是有计划地建立起来了。除像北京大学那样早在20世纪40年代就建立了日语专业的大学以外，大部分的外语类院校是在50年代初期在国务院的规划和领导下建立了日语专业。但是由于"文化大革命"的发生，日语教育也与其他行业一样被迫中断，直到1972年中日两国恢复邦交正常化以后，中国的日语教育才又有了新的发展。1972年以后，随着社会上学习日语热情的高涨，上海、北京等城市都先后开播了日语广播讲座，1977年全国恢复高考，各大学日语专业开始招生，一个新的日语学习热潮逐渐掀起。

日本国际交流基金从1974年开始对海外日语教育机构及日语学习者人数进行调查。据1981年调查显示，中国的日语学习者人数为12887人，1984年调查显示为58853人，1990年调查显示为195406人。而且在其1984年调查表中还注释道，「中国の1984年調査集計の58853名のほかに、20数万人の中学・

高校生（1983年中国教育部［当時］外事局資料による）と業余大学・民間日本語学校等における一般成人約20万人（1984年在中国日本語研修センター資料を基にした推計による）の日本語学習者があると推定されているので、全体として中国日本語学習者数を約50万人と推計した。」[①] 笔者认为，正是有了中国日语学习者的突增，才为中日两国合作出版《中日交流标准日本语》教材奠定了社会基础。

从上述日本国际交流基金海外日语教育机构和日语学习者的调查中反映出的数据可以知道，上一节中提到的"中国日语教师培训班"的日方派遣教授们，通过对中国日语教育情况的了解，认为在中国日语学习者当中，社会上自发学习的人数要比正规教育机构中的学习者人数多得多。从1984年调查表中的注释说明来看，虽然在正规教育机构中的日语学习者人数只有58853人，但来自"中国日语教师培训班"（即调查表中所说「在中国日本語研修センター」）的资料显示，在社会上的业余大学以及民间的日本语学校学习的日语学习者估计约有20万人。因此，《中日交流标准日本语》教材的教学对象一开始就包括了这些在社会上自学的学习者，使其具备了学习者自己独立学习时使用教材的特色。同时，教学内容紧密贴近年轻学子的生活，以中国在日本的留学生生活为主线，课文内容及场景会话等都尽量适合青年学生的情况。

由于具备了这样的特色，《中日交流标准日本语》教材自发行之日起，就受到了广大学习者的热烈欢迎。不仅有许多学校选择该教材作为教科书，更多的是社会学习者都选择该教材，成为日语教材中的畅销书。为了进一步适应学习者的需求，人民教育出版社与日本光村图书出版株式会社于2005年和2008年对教材进行了进一步的修改，重新编写出版了《新版中日交流标准日本语（初级）》教材和《新版中日交流标准日本语（中级）》教材。在新版的《中日交流标准日本语》教材中，更加进一步明确了该教材的教学目标，这就是与日本国际交流基金和日本国际教育协会（后改为"日本国际教育支援协会"）共同实施的"日语能力考试（日本語能力試験）"挂钩。

1984年，日本国际交流基金与日本国际教育协会为了测试非日语母语者的日语水平，在全世界开始实施"日语能力考试"。刚开始的第一年全世界参加这一考试的人数只有7000多人，到2017年，这一考试的参加人数已经达到40万

---

① 国际交流基金1974年海外日语调查表中只显示了亚洲学习者人数，没有细分国别学习者人数，所以当时中国的日语学习者没有确定人数。

人以上。而这一考试正式在中国大陆开始实施是在 1995 年。据日本国际交流基金的统计，1995 年中国大陆参加该考试的人数为 12318 人（4059 人），[①]此后逐年增加，1996 年为 16766 人（5660 人），1997 年为 25860 人（7633 人），1998 年为 30899 人（9523 人），1999 年为 39699 人（12292 人），2000 年为 50949 人（16164 人），2001 年为 57451 人（19376 人），2002 年为 67550 人（23372 人），2003 年为 76398 人（25904 人），2004 年为 90356 人（30612 人），2005 年为 126422 人（47325 人），2006 年为 165353 人（61463 人），2007 年为 203150 人（68756 人），2008 年为 207964 人（71519 人）。也就是说，到《新版中日交流标准日本语（初级）》教材出版发行的 2005 年，中国大陆参加"日语能力考试"的人数已经超过了 10 万人，而到了《新版中日交流标准日本语（中级）》教材出版发行的 2008 年，该人数超过 20 万人，仅 2 级以下参考人数也达到了将近 14 万人。面对这样一个庞大的参加"日语能力考试"的学习者，教材编写团队明确其教学目标为《新版中日交流标准日本语（初级）》教材对应"日语能力考试"3 级水平，《新版中日交流标准日本语（中级）》教材对应"日语能力考试"2 级水平，使学习者可以清晰地确定自己的学习目标，这也可以说是该套教材的又一魅力所在。

（三）统一、明确的语法系统

编好一套教材，要在词类、语法等方面都要有一个统一的系统。《中日交流标准日本语》教材在教学上导入了许多新的教学理念和方法。比如在初级阶段，就采取了以句型为主的导入方式。在语法教学方面，《中日交流标准日本语》教材也导入了在当时的中国日语教育界来说崭新的概念。

首先在词类方面，该教材不再使用"五段动词""一段动词""变格动词"这一分类，而根据其不同的活用形式，将其分为"一类动词""二类动词""三类动词"；对于形容词不再使用"形容词"和"形容动词"的分类，而将其分为"一类形容词""二类形容词"。在讲授动词、形容词等词类的活用形式时，也没有使用日本学校教育语法中一直使用的"未然形""连用形""终止形""连体形""假定形"等概念，而是将一些直接的形式或更加容易理解的称谓，如"ない形""意

---

① 括弧中人数为参加 1 级考试的人数，由于《新版中日交流标准日本语》教材的教学目标是对应的 2 级水平以下的考试水平，因而学习《新版中日交流标准日本语》的学习者的参考人数应以剪掉 1 级参考人数为准，以下相同。

志形""ます形""て形""た形""基本形""ば形"等编入了语法教学之中。

　　这种改革,应该说是将当时日本的日语教育在语法上的许多新的尝试与改革介绍到了中国。可以说是打破了当时中国国内日语教育的语法教学中由日本学校教育语法一统天下的局面。

　　同时,编写者也非常细心地注意到中国国内日语教学的现状,在采用新的语法概念的时候,照顾到了以往教学中的影响,特意编制了《中日交流标准日本语》教材所采用的语法术语与以往学校教育语法中语法术语的对照表。同时,也注意采用了一些中国学习者容易接受的概念,如使用了"意志形""基本形"等汉语表达方式的概念。这一做法,充分显示出了《中日交流标准日本语》教材编者们锐意改革进取的精神,同时也表现出他们理解改革是要循序渐进、不可与现实相脱节的审慎态度,更表明了他们的科学精神。这一做法既适合当时中国日语教育界的实际,同时又将日本日语教育的新的教学理念和方法介绍到中国,借以推动中国日语教育的进一步发展。

　　现在,在日本国内的日本语教育界,已经开始了国别日语教育的研究。这对于我们中国的日语教育学者也是一个应该考虑的问题。我们教育的对象是中国人。中国人在学习日语时,汉字不但不会成为负担,相反是学习者记忆日语和理解日语的重要帮手。中国人对有汉字命名的概念,比起西方国家或非汉字圈国家的学生来说要容易理解得多。比如,是用"ます形"来讲解动词的某一形态,还是用"连用形"来讲解动词的某一形态,是用"ル形"来讲解动词的某一形态,还是用"基本形"或"词典形"来讲解动词的某一形态更容易让中国的学生理解、记忆并使用,这还是值得我们中国日语教育工作者认真思考的问题。如果要建立一套全新的日语语法教育系统,笔者以为,应该在借鉴迄今为止日语教育中成功的日语语法教学成果的同时,一定要考虑到中国学生的特点,建立一套真正适合中国学生学习的日语语法系统。而且,这应该成为中国日语教育工作者义不容辞的责任和义务。[①]

(四)中央电视台电视讲座的播出

　　《中日交流标准日本语》教材成为中国国内长久不衰的日语教材的另一个

[①] 关于《中日交流标准日本语》教材中的语法问题请参照徐一平(2009)《〈中日交流标准日本语〉与日语语法教学》(《品牌与标准——纪念〈中日交流标准日本语〉首版20周年(一九八一—二〇〇八)》,人民教育出版社)。

从《中日交流标准日本语》的魅力看未来日语教材的编写方向

重要条件,就是《中日交流标准日本语》教材成为中央电视台制作电视日语讲座的选用教材。如前所述,中日邦交正常化以后,随着中国日语学习者的增多,若干城市都先后开播了广播日语讲座,然而电视日语讲座一直没有跟上。尤其是在 1981 年,英语教学节目 FOLLOW ME 来到中国在中央电视台播出以后,充分显示出了电视讲座的威力。为此,中央电视台在 20 世纪 80 年代后期开始策划日语电视讲座,此时正值《中日交流标准日本语》教材出版,便选择了该教材作为中央电视台电视讲座的教材。① 在那个时代,《中日交流标准日本语》教材被选定为中央电视台电视讲座教材,也就确定了《中日交流标准日本语》教材成为其他教材不可取代的教材的地位。而在其成为中央电视台电视讲座的制作过程中也具备了一些迄今为止所没有的优越条件。

首先,中央电视台的这一电视讲座的制作也是中日合作的一个成果。除讲座的讲解部分是在国内中央电视台录制的以外,课文的相关影视部分和会话短剧实景部分是在日本实际拍摄的。在实景拍摄方面得到了日本国际教育信息中心和日本东宝电影美术公司的大力支持与合作。笔者在接受了《中日交流标准日本语(中级)》主讲人的工作以后,也有机会随中央电视台摄制组去日本参加了外景摄制工作。为了拍摄好讲座的影像,中央电视台不仅有本讲座的导演徐义鸣女士负责,还派出了专业的摄像师、录音师、灯光师等。日方也予以了全面的支持,由日本东宝电影美术公司选派了专业演员担当主要人物(如留学生小王、小王的日本同学加藤、小王的老师铃木先生、公司课长田中先生、公司职员后藤女士、田中先生的夫人等),并配备了专业的助理人员负责联系拍摄外景的申请工作和现场的布置以及道具制作等工作。② 正是因为具备了这样的合作条件,这一讲座的所有影视部分的拍摄才显得那么专业,就像一个个小电影一样,对学习者起到了吸引的作用。

笔者也是通过参加了这次外景摄制工作,第一次体会到了影像制作工作的辛苦和不易。在拍摄过程中,徐义鸣导演让我担当场记工作,就是记录哪一段分镜头已经拍摄,拍摄了几次(许多分镜头都不是一次成功的,所以要记录下拍了几次,以便导演最后编辑时使用)。在现场拍摄中,由于是用于教材的影像,教材内容已经先行出版,所以演员说出来的每一句台词都不能有一个字与课本

---

① 当然在此之前东北长春电视台播出过日语电视讲座,但在中央电视台制作电视讲座这是第一次。
② 不了解情况的人可能还以为像在日本这样自由的国度还是哪儿都可以随便拍摄吗?其实不然,在日本除了有自由的一面还有严格的法制一面。在日本无论在哪里要支上摄像机的架子进行拍摄的话,都需要事先予以申请并得到批准,否则就是违法的。

· 137 ·

有差错，往往是因为某一个演员说错了一个字，就须要重来。除此以外，担任摄制工作每一个环节的技师们对工作也是一丝不苟，摄影师对镜头中的摄影效果认真负责，不允许任何不相干的人和物出现，也不允许有任何的"穿帮"现象；①录音师对录音效果精益求精，不允许有任何杂音。记得当时拍摄东京大学校园外景，乌鸦很多，录音师一定要求录音里不能有乌鸦的叫声，为了达到这一效果，有时也不得不重来。在这样大家都近乎苛刻的要求下，有时好不容易经过几次拍摄，演员终于一字不差地把戏演好了，摄影师突然说不行"穿帮"了，好不容易摄影师也觉得镜头效果没问题，录音师突然又说不行"乌鸦叫了"，就这样，在我的记忆中，拍摄次数最多的分镜头竟然拍摄了20多次，最后才终于得到大家的认可算是拍摄成功。

在主讲方面也实现了中日主讲人的合作。初级电视讲座的主讲是由北京第二外国语学院谢为集老师和中央电视台日语专家小西巧子老师担当；中级电视讲座的主讲是由笔者和中日友好医院技术学校日语教师斋藤广美老师担当。②在播出时间方面，由于当时收视率对电视节目还不是唯一的检验标准，所以各类节目都还可以有计划地安排。即使是日语讲座节目也可以安排在黄金时间段予以播出，对促进学习者学习起到了很大的作用。③除此之外，中央电视台为配合日语学习者的自主学习，还在《中国电视报外语节目版》上刊载主讲人的讲稿。在中级讲座期间，笔者所作电视讲座的讲稿摘录，就连续在1992年12月7日《中国电视报外语节目版》总第29期到1994年3月7日《中国电视报外语节目版》总第94期上刊载，成为自学者们的自主学习材料。

---

① "穿帮"这是一个专业术语，就是在镜头中出现了不该出现的东西。其中比较多见的就是为了采集现场的录音，录音师举着的麦克风不小心进入了镜头。
② 斋藤老师的姓名「斎藤ひろみ」的名字部分原本是不写汉字的，但是出于为了方便学习者才按照读音临时标出了汉字。另外，斋藤老师当时是日本政府派出的海外协力队员，来华帮助中日友好医院的医生、护士培训日语，因其在北京外国语大学日语系义务承担会话课程而相识，邀请其参与中央电视台讲座主讲人工作，欣然应允。后来斋藤老师回国后继续从事日语教育工作并成为专家，现在是日本东京学艺大学的教授。
③ 由于有这样好的播出时间段，所以收看的学习者非常多。笔者担任了讲座主讲人以后，多次在商场或大街上被学习者认出来并被询问是不是日语讲座的徐一平老师，深深感受到了中央电视台电视讲座的威力。同时，现在有时在网上经常会看到有网友感叹："记得在90年代初电视台经常播放日语讲座，为什么在当时那个年代有，而现在却没有了？"也深为外语讲座所遭遇的目前这种状况感到遗憾。

二　今后日语教材的编写方向

以上，笔者从教材编写的中日合作、教学内容和教学目标、语法系统以及作为中央电视台电视讲座教材等四个方面，分析了《中日交流标准日本语》教材所具有的魅力。那么，今后我们在编写新的日语教材中，如何继续发挥这些魅力，应该坚持怎样的编写方向呢？下面想谈一下笔者粗浅的想法。

（一）坚持中日合作，以我为主

首先一点，就是在日语教材编写方面还是一定要坚持中日双方合作编写教材的方向。但在其中需要加强的是"以我为主"的方针。如前所述，《中日交流标准日本语》教材成功的一个重要条件，就是实行了中日合作编写教材的方针。但是如果说其中还有哪些不足的话，就是还没完全做到"以我为主"。从其教材编写的团队阵容来看，日方的阵容庞大，但缺少中方的强大编写专家团队，更多的是出版社人员的参与。尽管在《新版中日交流标准日本语》教材的编写时，加入了一些在日中国人日语教育专家的参与，但总体上感觉还是相对比较薄弱。[①]

因为在学习一门外语的时候，根据其学习者母语的不同其实会产生不同的难点和便利。那么，中国人在学习日语的时候，在哪些方面更容易学，在哪些方面更困难，作为母语为汉语的中国专家、学者应该会有更深刻的体会。如中国学习者在学习"汉日同形词"时到底有哪些便利条件又会有哪些陷阱；中国是一个幅员辽阔的大国，不同地方方言的学习者也会有不同的问题，如四川出身的学习者很难区分「ナ行」与「ラ行」的发音等。

但同时又绝对不能忽视需要有日本专家、学者合作的条件。因为我们学习的是日语，而对于日语的深入理解也还是需要依靠日语为母语的专家、学者的判断。尤其日语是一个说话人情感较为丰富的语言。无论从语言类型学角度来看还是从认知语言学角度来看，都与汉语有巨大的差异。如在会话中很少使用第一人称和第二人称的表达方式，在句尾的终助词表达方式非常丰富等等，这些特点都是我们作为母语为汉语的人不太习惯的表达方式。如果没有日方专家、学者的参与，我们编出的教材内容或教出的很多表达方式可能就会显得不自然

[①] 当然造成这种态势也是由于当时我国国内日语教育水平发展有限，专业队伍人才不足，但是经过这些年的发展，国内已经成长起来了一批日语教育专业的专家与博士，所以今后应该加强我们自己的专家、学者的参与。

或不地道。①

(二) 以学习者为中心、挑战 AI (人工智能) 时代

要编写好教材，首先要确定自己教材的教学对象，要以自己教学对象为中心，选择材料，开展教学，正所谓是要"因材施教"。在今后的日语教学中更是要明确这一点，以学习者为中心。

在构建学习资源时也可以做到更加精准的教学目的。比如可以将学习目的分为"听、说、读、写"，"听、读"是为了提高学习者的理解能力，"说、写"是为了提高学习者的表达能力。"听、说"依靠的手段是发音，"读、写"依靠的手段是文字。对于有不同要求的学习者要采取不同的教学方法和提供不同的教学资源。

在教材中应该将日语研究与日语教育研究的更多成果体现在教材编写当中。多年来日语研究成为常识的一些现象应该更直接地为教学服务。如，被称为第四类动词的「似る」在实际语言中基本上是以「似ている」和「似た」的形式出现（「彼の性格は父親に似ている」「鮎に似た魚」），那么我们与其教学生「似る」这样一个基本不出现的形式，不如直接教授「似ている」和「似た」的形式更具有实用价值；「のぞかせる」虽然是动词「覗く」（窥视）的使役形式，但是用于「ポケットからハンカチをのぞかせている」的「のぞかせる」已经完全不能从"窥视"的使役态意义去解释，不如作为一个意思为"稍稍露出了一点"的新的动词来教授更能让学习者掌握它的用法。

另外，从学习者的偏误去找寻学习者学习内容的薄弱环节，分析其原因，重新调整教学方法和教学重点，使其体现在教材中，也会起到事倍功半的效果。目前已经可以公开使用的学习者语料库已经有好几个，如日本国立国语研究所开发的「I-JAS 多言語母語の日本語学習者横断コーパス」、东京外国语大学开发的「日本語学習者言語コーパス」「国際日本語学習者作文コーパス及び誤用辞典」、名古屋大学开发的「湖南大学学習者中間言語コーパス」、台湾成功大学开发的「台湾日本語学習者コーパス」等都能为我们提供大量学习日语的参考数据。

再有，虽然我们现在对日语讲座很难在电视上恢复当年那种黄金时代而感

---

① 关于这一点请参照池上嘉彦、守屋三千代，『自然な日本語を教えるために 認知言語学をふまえて』，日本、ひつじ書房、2009 年.

到遗憾，但是也要看到现在已经到了一个信息时代和AI（人工智能）发达的时代。学习者手中已经基本能做到人手一部智能手机，那么我们就要考虑如何利用这样一个有利的条件。曾经一度电子词典、教材附带DVD光盘或MP3成为为学习者提供服务的标配，但是最近的调查显示，学习者更多依靠的是网络和智能手机的软件功能。[①]因此，今后在编写教材的时候，要求教材必须要具有网络在线学习功能，提供各种可以对应网络、智能手机软件的学习资源也就成为一个努力的方向。[②]

（三）培养学习者跨文化交际能力、提高核心素养

2018年上半年，在中国日语教育界发生了两大重要事件。那就是《普通高等学校本科专业类教学质量国家标准》的出台和《普通高中日语课程标准》的颁布。这两个标准都是经过了4年多的研制才完成的。

大学的国家标准提出了日语学习的目的是在于"培养学生的跨文化交际能力，树立中国情怀"。说明在外语学习中，比起语言的知识，掌握有实际运用能力的跨文化交际能力更为重要。日本国立国语研究所的野田尚史教授在一次讲演中也指出，比起学习者的语法错误，其文化理解错误更容易引起误解。比如一个外国人把「この部屋に大きな窓がある」说成「この部屋で大きな窓がある」，听话人的日本人只会理解为这个学习者犯了一个语法错误，但不会产生任何反感。但是如果一个学习者对老师说「先生の今日の授業はとても上手ですね」，尽管这句话在语法上没有任何错误，但听话人会产生很大的反感而引起误解。因为在日本的文化中，夸奖别人时就已经把自己置于对方之上的地位，是需要谨慎的，但是在许多其他国家的文化环境中却没有这种理解（如在我们汉语中也可以对老师说："老师您今天讲的课真棒！"）。而这些涉及跨文化交际能力的内容如何在教材中得到系统的体现和教授，目前还是一个未开发的课题。

在高中的课程标准中更是提出了要培养学生的"核心素养"。"学生通过日

---

① 在2018年7月31日于国际交流基金日本语国际中心召开的「国際シンポジウム　コミュニケーションのための日本語学習辞書を求めて」上，东京外国语大学的铃木智美教授介绍，对223名留学生的调查显示，他们使用网络软件来查找单词的使用率已达到78%；青岛理工大学的王星介绍，对国内日语学习的学生、教师和在日本的中国留学生539人的调查显示，他们经常使用网络词典的比例也都接近了80%。

② 当然《标日》在教材立体化方面迈步比较早，而且率先开辟了配套APP，与时俱进地实现了时代的要求。新版《标日》初级APP于2013年上市，中级APP于2014年上市，高级APP于2018年上市，即在30周年到来之前，已经全套实现了配套电子书。现在还在进一步开发新制品。

语学科的学习，逐步获得运用日语理解与表达的能力、提高思辨能力和多元文化意识、培养终身学习能力，成为具有中国情怀、国际视野、多元文化沟通等正确价值观念、必备品格和关键能力的人。日语学科核心素养由'语言能力''文化意识''思维品质''学习能力'组成，彼此相互联系、相互融通，是日语学科育人的根本要求。"即学习者学习日语只是一种手段，而不是目的。希望日语学习者通过学习日语，为自己打开一扇理解日本、了解世界的窗口，同时通过这扇窗口还要向日本及世界讲好我们中国自己的故事。通过学习日语，提高自己的理解与表达能力，提高思辨能力和多元文化意识，培养终身学习的能力。我想这不仅是高中生所需要的核心素养，也是大学生乃至所有学习日语的学习者所需要的核心素养。

那么，如何将这种培养根本能力和核心素养的精神贯彻到教材当中，就给今后日语教材的编写者们提出了更高、更难的要求。

结　语

以上，本文从教材编写的中日合作、教学内容和教学目标、语法系统以及作为中央电视台电视讲座教材等四个方面，分析了《中日交流标准日本语》教材的魅力所在，从坚持中日合作、以我为主，以学习者为中心、挑战 AI（人工智能）时代，培养学习者跨文化交际能力、提高核心素养等三个方面探讨了今后日语教材应该努力的编写方向。相信在全国日语教育界同仁的共同努力之下，我们一定能够总结过去的经验，开拓今后的努力方向，编写出更多更好的日语教材，迎来中国日语教育更加光辉灿烂的明天。

【参考文献】

北京语言学院日语教师培训班、《纪念文集日语教师培训班的五年》、日本、国际交流基金、1987 年。

池上嘉彦、守屋三千代、『自然な日本語を教えるために　認知言語学をふまえて』、ひつじ書房、2009 年。

孙晓英、『「大平学校」と戦後日中教育文化交流—日本語教師のライフストーリーを手がかりに—』、日本、日本侨报社、2018 年。

徐一平:《〈中日交流标准日本语〉(中级电视讲座)讲稿摘录》,中国,1992年12月7日《中国电视报外语节目版》总第29期—1994年3月7日《中国电视报外语节目版》总第94期、1992年—1994年。

徐一平:「対中国特別事業／北京日本学研究センター」,《国際交流》,日本、国際交流基金、2002年、第97集、第94~98页。

徐一平:《日本学校教育语法功过论》,《日语学习与研究》,中国,2003年第3期,第1~5页。

徐一平:《〈中日交流标准日本语〉与日语语法教学》,《品牌与标准——纪念〈中日交流标准日本语〉首版20周年(一九八八—二〇〇八)》,人民教育出版社,2009,第183~197页。

徐一平,"北京日本学研究中心三十周年",北京日本学研究中心《日本文化理解与日本学研究 北京日本学研究中心30周年纪念论文集》、中国、学苑出版社、2015年。

徐一平、川西重忠,『大平正芳と中国の日本語教育．大平正芳からいま学ぶこと—日中関係、教育と人材育成　連携の時代—』、日本、桜美林大学北東アジア総合研究所、2010年。

野田尚史,「コミュニケーションのための日本語学習辞書の構想」,『日本語／日本語教育研究』、日本、2011年、第2期。

早津惠美子,『現代日本語の使役文』、日本、ひつじ書房、2016年。

早津惠美子,「使役動詞『V-(サ)セル』の状態詞化」、藤田保幸、山崎誠編『形式語研究の現在』和泉書院、日本、2018年。

中华人民共和国教育部制定《普通高中日语课程标准(2017年版)》,人民教育出版社,2018。

综合日语课堂教学的实践与思考
——基于《基础日语综合教程》的实际教学

林 洪[*]

【摘 要】"综合日语课"（其前身为"精读"）究竟应该如何上才能综合提高学生的日语能力。笔者在课上组织学生分组梳理关键词句，然后基于整理出的关键词句分组集体报告语篇的主要信息。在这个过程中，各种学习策略、协作学习的要素、语言运用与思维能力的相互作用清晰地、自然地显现出来。并且，"理解""表达""互动"的语言活动也顺利地得以实施。主要目的是有效地改变学生的学习方式。

【关键词】"综合日语" 关键词句的梳理 基于关键词句的集体汇报 语言运用能力 思考能力 团队配合 语言生活

【要 旨】「総合日本語」という授業（その前身は「精読」という授業）では、どのようにしたら、学生の日本語能力を総合的に向上させることができるか。筆者の授業では、学生にキーワード、キーセンテンスをグループによってまとめてから、それを踏まえて、グループ全員によってテキストのまとめをプレゼンしてもらうようにしている。このプロセスでは、いろいろな学習の方略の使用、協働学習の要素、言葉の運用と思考力の相互作用などがはっきりと、しかも自然的に現れるようになった。そして、「受容」「産出」「やり取り」の言語活動もスムーズに行われるようになった。その主な目的は、学生の学習スタイルの改善である。

【キーワード】「総合日本語」 キーワードなどのまとめ キーワー

---

[*] 林洪，北京师范大学外文学院副教授，主要研究方向为日语教育。

ドなどでプレゼン　言語運用力　思考力　チームワーク　言語生活

Abstracts: In what way can the teacher of the integrated course for Japanese (formerly known as Intensive Reading) comprehensively improve students' Japanese proficiency? In class, the author organizesthe students to sort out the keywords and sentences, and thento deliver a presentation in groupsabout the main information in the discourse in accordance with these words and sentences. Throughoutthe process,the interaction among various learning strategies, elements of collaborative learning, language use and thinking ability were clearly outlined. Moreover, the language activities of understanding, expression and interaction were successfully implemented. The main purpose isto effectively change the students' ways of learning.

Keywords: Comprehensive Japanese; The Sorting of KeyWords; Group Reporting Based on KeyWords; Language Skills; The Ability to Think; Team Work; Language Life

现在日语一线教师已经普遍认识到，综合日语课不能再按照传统的精读课的模式来组织课堂教学了。那么，综合日语课的"综合"究竟体现在何处？

从世界各国的外语课程来看，几乎没有类似中国的综合日语课程。从一线教学的实际情况来看，现在仍很多综合日语课程、基础日语课程，依然带有很强的精读课的痕迹，即以讲解语法为主线。2018年公布的《外国语言文学类教学质量国家标准》中，综合英语、综合日语等课程仍然"健在"。既然还存在，就要考虑综合日语课的课程核心目标是什么。

综合日语课应该是一个以阅读理解为基础、融合听、说、写，将日语实践与日语知识融合为一体的课程。核心目标就是如何让学生真正阅读、思考、交流起来。

近年来笔者承担日语专业二年级的综合日语课程，使用的是《基础日语综合教程③》《基础日语综合教程④》。有时由于一年级的《基础日语综合教程②》会遗留一点到二年级继续学习。

综合日语课上最需要解决的问题是：在有限的课堂时间内，如何通过教材，让学生学会学习（阅读理解、思维、合作、表达以及语言知识的理解与把握）。

一　语言生活中的阅读状态分析

先来看一个语言生活中的实例。假设在北京师范大学要召开一个学术研讨会，会议通知需要为参会人员提供地图。这个地图应该怎么给？

我们如果到北师大主页看师大地图，是否能够解决问题呢？

北师大主页上的北师大地图虽然比较详细地标出了北师大内部的主要设施，但没有标出具体开会、住宿、就餐地点等信息，初到北师大的参会人员会感到比较茫然。于是，制作地图的人就需要考虑，需要为参会人员提供哪些最重要的信息。

那么，对于第一次前来北师大的参会人员而言，首先需要知道乘坐飞机或是火车如何抵达北师大的信息。如果从这个角度出发，北师大主页上的地图就缺少北师大周边的信息了。至少我们需要含有乘坐机场大巴或地铁的信息，并加以标注和相应的文字说明。这样，就可以更好地理解通知中所表述的："从机场乘坐机场大巴到北太平庄下车，步行或换乘22路、47路等到铁狮子坟下车便可抵达北师大东门。乘坐火车的老师，下了火车换乘到地体2号线在积水潭站下车，再换乘22路、47路等到铁狮子坟下车，上过街天桥，便可到达北师大东门。"

在解决了如何达到北师大的路线问题之后，参会人员便需要了解到了校园之后到哪里报到、到哪里开会、到哪里住宿。地图需要清晰地提供相应的信息，以便参会人员一目了然。此时，地图就需要告诉参会人员进入北师大东门后，可以更方便地找到图书馆（也称"后主楼"），从东门乘电梯到10层，在1018室报到。报到之后，可前往预订的酒店（京师大厦或汉庭酒店）休息。

这个地图编写的过程，其实是一个很好的写作构思过程，即主要从阅读者的需求出发提供上述主要信息不同的地图。当阅读目的不同时，阅读者对阅读材料所包含信息的需求是不一样的；而视角不同时，地图所显示信息的详细程度也是不一样的。

如果仅仅呈现了北师大内部的信息，却没有标出最主要地点的位置，对于地图提供者而言，信息提供不充分、不周到。所以，阅读者需要根据自己的需要，首先查找报到和住宿的信息，其他的信息可以忽略不计。

如果呈现了北师大周边的信息，即主要显示从北三环北太平庄到北二环积水潭区域的信息，那么在这张地图里北师大内部的信息则几乎没有显示。阅读者此时的关键问题在于解决如何到达北师大，即除了北太平庄和积水潭以外的信息，北师大外部的信息对于阅读者暂时是不需要的，因为那冗杂的信息对于解决抵达北师大没有帮助，故而可以忽略不计。

如果呈现的是北师大内部的信息，即主要显示进入北师大东门之后，如何抵达报到地点的后主楼 1018 室，报到之后如何前往预订的酒店。北师大内部的其他信息，对于此时的阅读者而言同样可以忽略不计。

上述可以忽略不计的信息，是不是绝对没有用处了呢？也不是。假如有的参会人员想利用空余时间到附近的北京邮电大学、中央财经大学、北京交通大学去访友，带有北师大周边信息的地图就可用了。而参会人员入住之后，想到北师大校园里走走看看，带有北师大内部信息的地图就有用了。

由此可见，需要什么信息，是要根据阅读者的需求而确定。阅读目的不同，所需要获取的信息量是不同的。这就是我们实际的语言生活。语言生活表明阅读是要有高度和广度的。就像我们在使用百度地图时，要根据不同的需求调整画面的大小，以求得不同的细节。这就相当于在调整俯视的高度和广度。

然而，到了外语课堂，我们却往往偏离了语言生活，把外语阅读（也包括其他语言技能）变成了单一的讲词汇、讲语法、串讲课文的过程，把原本鲜活的语言变成了单一的知识灌输。这样的上课方式，即使有再多的课时也是不够用的。

二 回归语言生活的阅读过程

《基础日语综合教程》的编写思路，就是力图把综合日语的课堂教学，从"教教材"引向"引导学生学会学习"。假如，将来进入研究生阶段或是毕业就职之后，必定定会有团队来共同完成某一个课题或是某一项任务的情况。就会出现分工查找相关信息，然后团队分享查找到的信息，从而加以整合，提出要解决的问题以及要解决问题的方案。我们就把这样的过程，引入综合日语的课堂。

具体步骤如下。

1. 分组。分组可以在一个时间段内相对固定，也可以适时加以调整。比如，一开始分组时，很容易自然地形成男生组与女生组。针对这个现象，一般会将男生安排到不同的组里。但如果遇到需要按照男女不同性别讨论以呈现不同性别对某一问题的看法时，还是可以按男女生来分组。分组的目的有两个：一是在单位时间内可以同时做相同的工作或不同的工作；二是可以形成信息差，有了信息差，才有了实现"对话教学""合作学习""协作学习"的情境。

图1 课堂合作学习（1）

上面两张图显示的是同学在讨论课教室上课的情形。讨论课教室，如同照片显示桌椅是一体的，带轱辘的，移动十分方便。可以看到同学们进入讨论状态后，教材是打开的。合作分工是同学们自己安排的，有的同学负责在白板上记录，有的同学通过电脑或手机查询，有的同学在教材上比对，所有成员一起讨论完成本组的任务。

如图2所示，在普通的教室也是可以分组讨论的，尽管不如在讨论课教室那么方便。可以看到同学们仍然可以自动地找到一个合适的位置和方式分组讨论，站、坐自由，不拘形式。

图2 课堂合作学习（2）

综合日语课堂教学的实践与思考

如图3所,示分组的人数可多可少,可以根据班级人数来调整。分多少组,主要根据课堂活动的时间长短、任务的难易程度来确定。时间相对富裕、任务相对复杂一些,就可以多分一些组,这样可以有多一些组来汇报;时间比较少、任务比较难,就少分一些组,多留出一些讨论的时间,相对减少汇报的时间。上图是日本学习院的同学来师大参观。这是一次难得的机会,日本同学的到来为我们提供了难得的真正使用日语交流的资源,于是我们请日方同学一同参与我们的课堂分组讨论,但汇报的时候还是请中方同学先来完成,日方同学后做补充和点评。

图3 课堂合作学习(3)

2.任务。整个教学过程可以设计以下几组任务。

任务1:通过找出关键词句,梳理文章是如何展开以及作者的意图。各组将整理出来的关键词句写到白板、黑板或纸上。

任务2:各组根据整理出来的关键词句,集体合作口头汇报本组的梳理情况。

任务3:①各自梳理本课的主要句型;②提出经过查询之后仍然不懂的词、句。

下面分别介绍这两个任务的设计思路与步骤及相关思考。

(1)关于任务1

任务1的关键词句梳理,就是要充分调动学生的思维,围绕"作者的意图

· 149 ·

是什么""作者是如何展开叙述或论述"等问题意识，真正去阅读语篇。比如，可以分组梳理什么是事实、什么是理由、什么是观点、什么是作者的观点、什么是作者的核心观点、相互之间的逻辑关系是什么等。以往对阅读材料的处理，要么是提出几个问题，学生到教材上找到相应的词句能回答上来就算完成任务了；要么是填空，基本上对照教材里的课文便可比较轻松地填上。通过关键词句，则要求学生必须提炼，而要想提炼出来，则必须调动思维，而不仅仅是查找。提取关键词句，如果是在讨论课的教室，会有很多小白板，我们要求各组经讨论将关键词写到白板上。如图4。

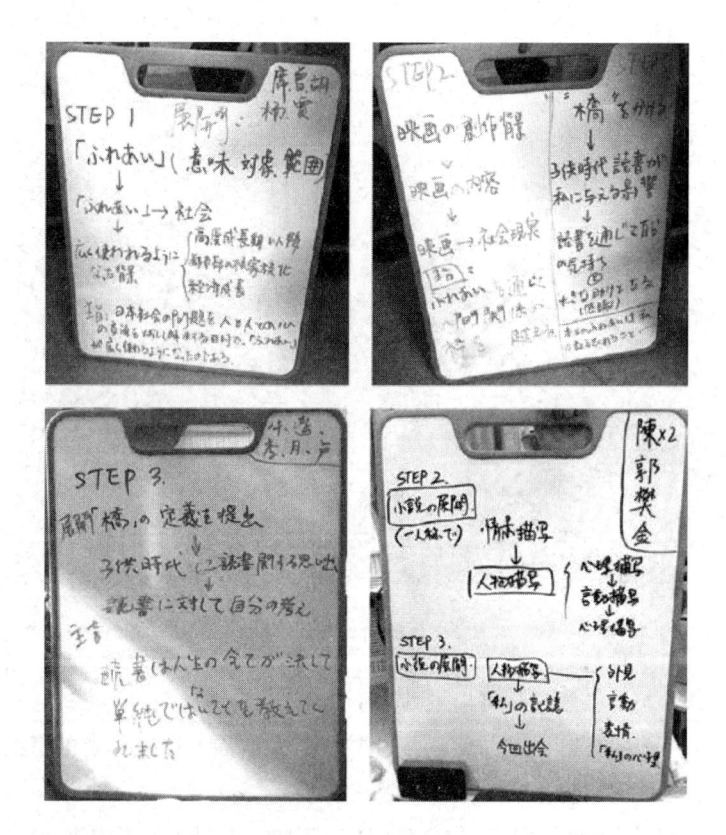

图4　课堂讨论要点梳理的呈现（1）

当遇到不是讨论课教室、没有小白板的情况，就可以考虑使用N次贴或者黑板、（大）白板来分组梳理。还有的组会将这几种方式混合使用。见图5。

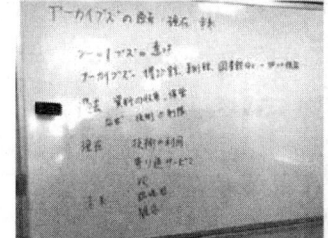

图 5　课堂讨论要点梳理的不同方式呈现方式

图 6　课堂合作学习（4）

　　图 6 是同学们分组讨论的情形。其中，左图是两组同学在临近的两块大白板前分别各自讨论，右图是另一组同学在另外一块大白板前讨论。

　　提取出关键词句，其他相关的知识和相应的教学活动都可以被"提起来"，被"牵扯"出来。可以说，提取出关键词句是整个学习活动的核心所在，是赋予学习活动整体性的关键，即实现"纲举目张"。

· 151 ·

提取出关键词句，任务1并未完成，需要各组将其通过图、表等方式，勾勒出其逻辑关系，也就是日语的"関連付け"。这个过程就是一个发现问题、分析问题、解决问题的过程。这个过程一方面是暴露学生各种疑问、困难、障碍和矛盾的过程，另一方面是展示学生聪明才智、独特个性、创造成果的过程。其中起关键作用的是学生的思维被充分调动了起来。

以第三册第一课「いろいろな人物描写」为例。

先来看一下教材对阅读的处理。

(1) この文章では人物の外見をどのように描写しているか考えよう。

① この文章の場面と登場人物についてまとめよう。

場面	
登場人物 (何をしているか)	

② この文章では人物の外見をどのように描写しているかをまとめよう。また、その描写から人物の外見をイメージしてみよう。

③ 「わたし」が「女性」の外見にひかれていることがわかる部分を文中から抜き出そう。

4

第1課 いろいろな人物描写

(2) 文章に「それはあくまでも一般的な女性社員という枠にはめたときである」とあるが、その枠とは、どういう意味か。

(3) 文章に「私は声が喉に引っかかってしまい」とあるが、それはなぜか。

4. この文章を参考に、ペアまたはグループでお互いの印象をもとに外見について描写してみよう。

(1) その人にどんな印象（例：明るい、静か、優秀）を持っているかを考えよう。

(2) (1)の印象を他の人に伝えるにはどんな外見描写をするといいか考えよう。

6

第1課 いろいろな人物描写

(3) 考えたものをクラスで発表しよう。最初に外見描写を発表して、その描写からどんな印象を受けたかを話し合おう。

上述思考题可以发现，思考题设计得比较分散。本课的主题是人物描写，关键是要首先读出这个文本中是如何描写人物的。所以，笔者对阅读任务做了如下调整：首先引导学生按照图7所给出的要点，通过梳理关键词句来阅读课文。

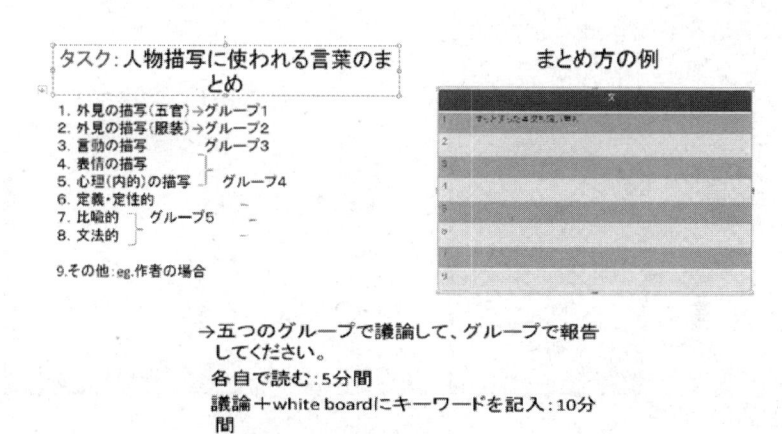

タスク：人物描写に使われる言葉のまとめ
1. 外見の描写（五官）→グループ1
2. 外見の描写（服装）→グループ2
3. 言動の描写　　　グループ3
4. 表情の描写
5. 心理（内的）の描写　グループ4
6. 定義・定性的
7. 比喩的　　　グループ5
8. 文法的
9. その他：eg.作者の場合

→五つのグループで議論して、グループで報告してください。
各自で読む：5分間
議論＋white boardにキーワードを記入：10分間
リハーサル＋修正：5-6分間
報告：5分間／グループ

まとめ方の例

図7　学习任务的调整（1）

这样调整之后，每组的阅读目标虽然有所不同，但均需要通读全文才能提取出来。这样的任务分配，实际上是给出了"关键词句"，从而告诉同学们阅读的两个要点。一是需要提取"关键词句"，有了"关键词句"才能带着明确的目的阅读，而不是逐字逐句地读。就像本文开头给出地图的例子，只有确定了目的，才有可能确定阅读的高度和广度。二是可以分层次、分步骤地阅读。

通过这样的任务分配，还等于在训练学生的阅读策略。如果只是一味地逐字逐句地阅读，学生看到势必是满眼的生词和没有学过的语法。而有选择地通过提取"关键词句"，则可以有效地使用"扫读""略读"等一系列阅读策略，快速抓住核心信息，同时还是降低阅读焦虑的一个手段，减少生词与未学语法带来的困扰，鼓励学生多根据语篇加以比对、推测、猜测、逻辑分析与判断。

关键词的梳理要限定时间。这是因为课堂时间是有限的。给出限定的时间，同样是阅读策略的训练，"倒逼"学生快速阅读、选择、商议、确定。遇到一时不能达成一致意见的时候，可以考虑或是少数服从多数，或是提出主要的不同意见。每一个步骤的时间，在总时间不变的情况下，可以根据具体情况有所调整。给同学的要求是：时间意识！在有限的时间内，最重要的是什么？遵守时间，是对他人的尊重！

梳理完关键词之后，要给各组留出"彩排（リハーサル）"的时间。这主要是为了让学生先"试错"。使用关键词句集体阐述本组梳理出来的结论，往往容易出现想得很好但一到说的时候说不好的问题。这是需要一个长期适应、训练的过程。给出彩排的时间，就是让学生发现问题并集体讨论如何解决说的时候出现的问题。

以下是各组梳理出来的关键词句。

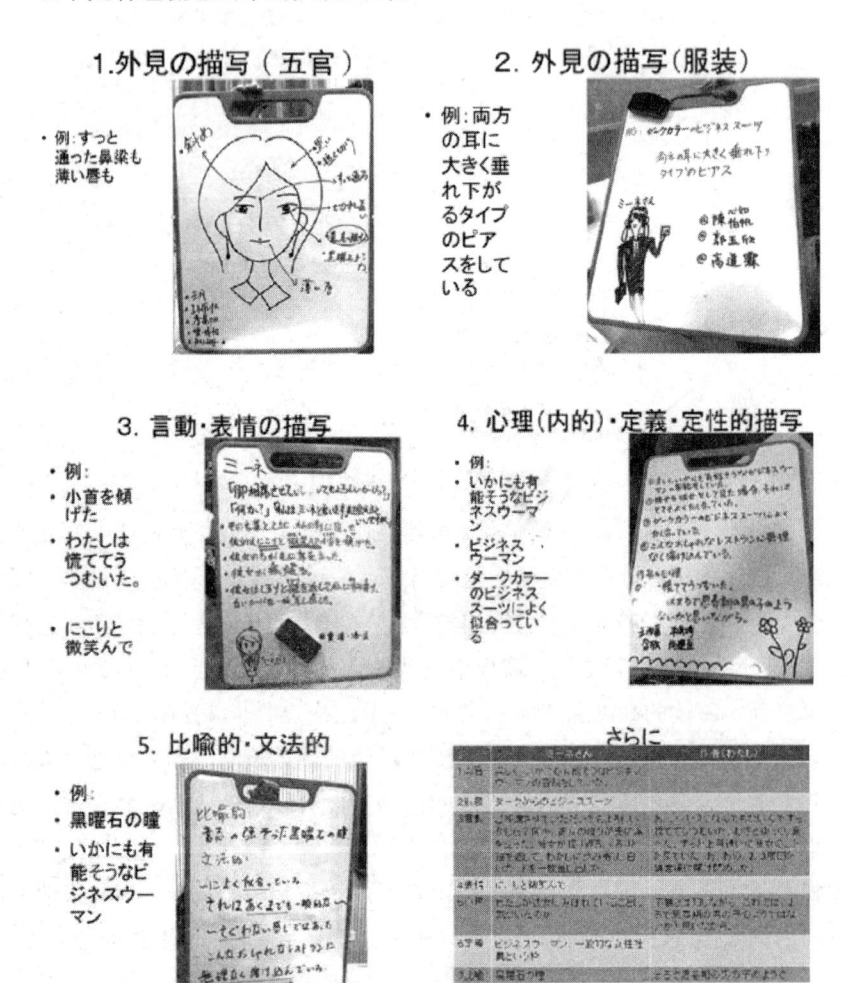

图8 课堂讨论要点梳理的呈现（2）

同学们的小白板梳理，首先是梳理文章中女主人公"ミーネ"的描写。最后一张"さらに（进一步）"的表格，是对男主人公"わたし（我）"描写的梳理。这就等于又告诉同学另一个阅读的角度，即可以按人物来阅读并梳理。

经过一段时间的适应，梳理工作便不再由教师提供提取关键词句的指示，而是由同学自行梳理文章的脉络展开、作者的意图。以第三册第 5 课「風景と信仰」为例。

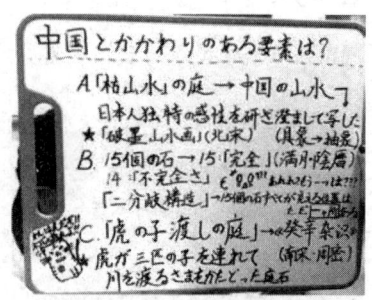

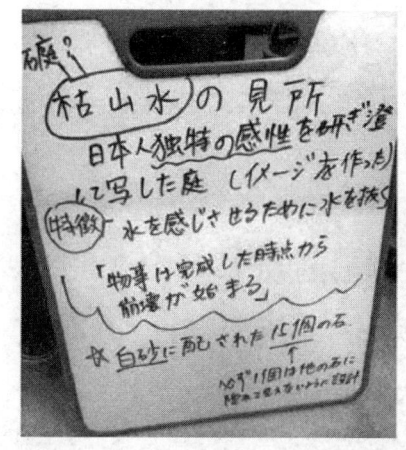

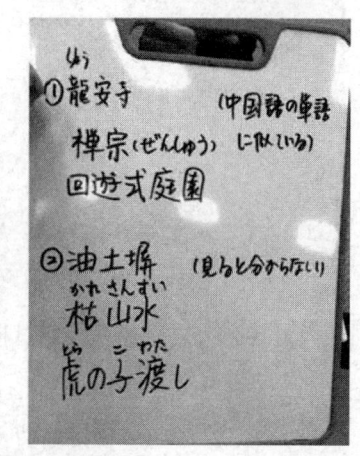

图 9　课堂讨论要点梳理的呈现（3）

随着学生阅读能力的提高，阅读任务的可以难度逐步增加。开始是每课三个步骤分别讨论，随后进入每个三个步骤同时讨论，进入第四册则改为每个单元三课同时讨论。以第四册第三单元为例。教材的安排大体如下。

表 1　第四册第三单元第 7、8、9 课的目标

第7課	第8課	第9課
1. 図表の種類や役割を知る	1. アンケート調査を行う前の基本的な心構えを知る	統計情報の読み方を知る
2. プレゼンテーションの手順とポイントを考える	2. 調査用紙を作成する際の注意点を考える	統計の効果的な使い方について考える
3. 図表の説明に用いる表現や手順を整理する	ポイントを整理して、調査用紙を作ってみる	統計情報の上手な見せ方のポイントを整理する

教材给出的阅读任务仍然比较分散。为此，笔者给同学们的阅读任务调整为：

①アンケート調査票、グラフ（数字の処理など）を作ったり、プレゼンをしたりするときの基本的なポイントをまとめる。

②まとめてから、気づいたこと。

下面的图 10 是部分同学们当堂完成的情况。

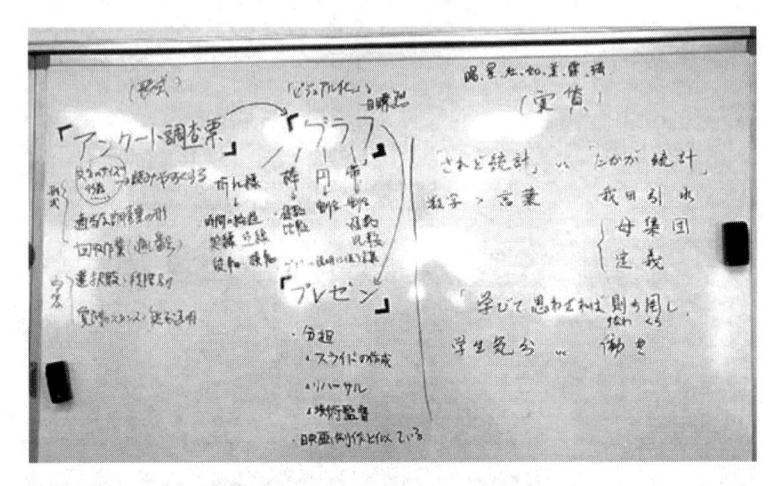

图 10　课堂讨论要点梳理的呈现（4）

同学们汇报完成之后，笔者通过板书做了总结。

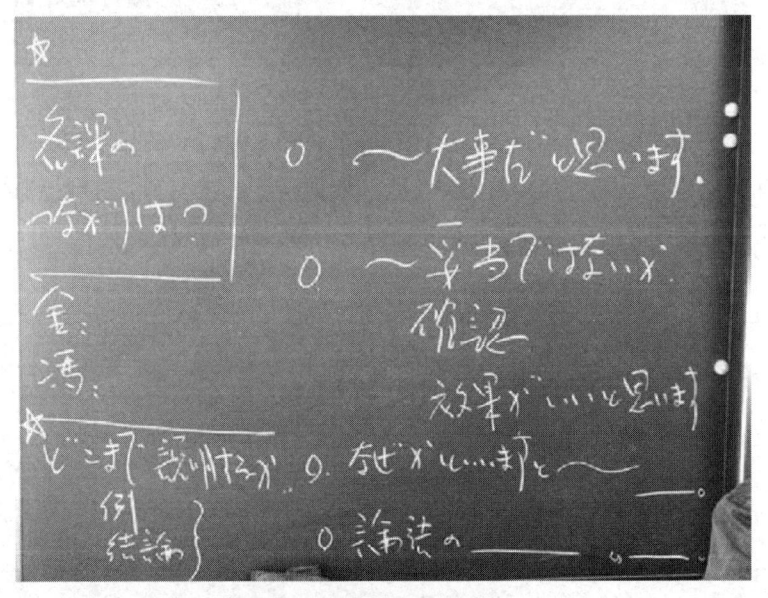

图 11　教师现场板书记录

综合日语课堂教学的实践与思考

板书的左边，提示的是同学梳理时需要关注的注意事项。比如，如果按各课梳理，那么在这单元的主题下，各课之间的关联是什么，需要解释。因为从上面同学汇报的情况来看，还是按课在梳理，对关联性梳理得不足，即使要按课来划分，同一单元主题下各课之间的逻辑关系没有梳理清楚。再比如，如何按各课梳理，每课应该至少说明哪些信息。

板书的右边，是口头汇报时语言表达上需要注意的问题。比如，前半句说了「なぜかといいますと」，后半句结尾事就需要用「～からです」来与之呼应。再比如，引用了《论语》的句子，后面应该有相应的解释，因为说话人需要考虑到听众是否能马上理解，等等。

板书在课堂里的主要作用就是随时记录课堂情况，特别是需要引起全体注意的情况。

随后，在课堂上提出如下提示。

图12中右下角的PPT，是提示同学还可以按照文章中提出的两条统计原则来梳理，一条是不能"我田引水"（即不能明显地出现有利于问卷设计者的导向），另一条是保证"无色透明"（即保证客观）。

如果上一次课堂梳理与汇报不理想，可以在第二次课上基于图12的提示，要求同学们再做一次。下面是其中一组同学的第二次梳理情况。

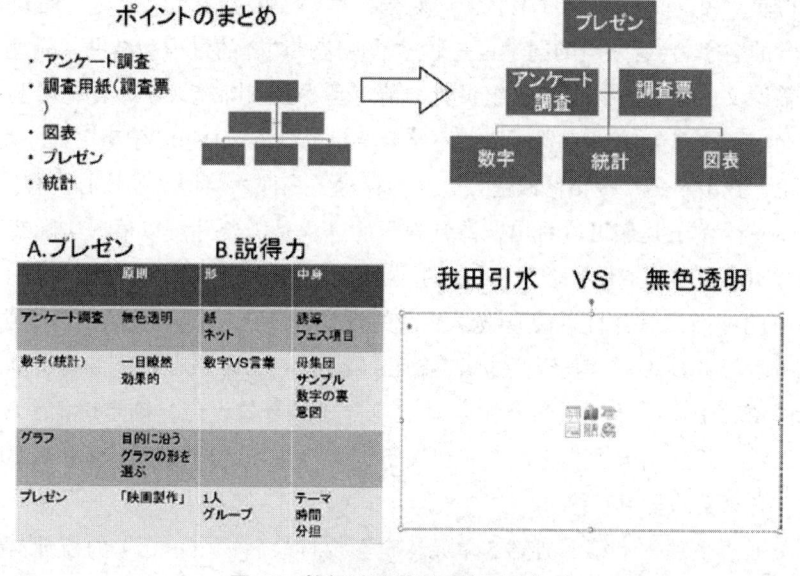

图12　教师对同学汇报的点评（1）

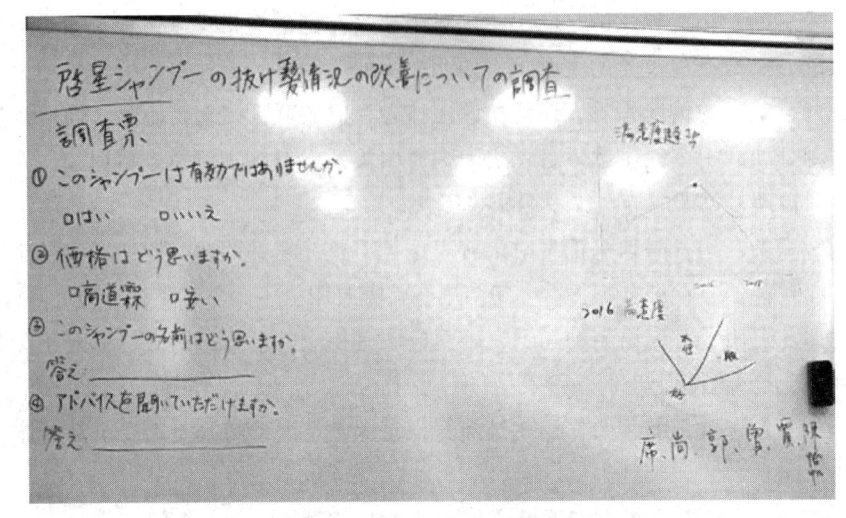

图13　针对图13的重新梳理

　　这次的梳理与汇报，三个组的同学无一例外地选择了自己创设情境，在这个情境当中，把需要注意的事项全部融入其中。第一组的情境是有一个"電車内迷惑行為に関する調査"，对于其预备调查集体做反思，巧妙地把三课六篇课文的核心内容——"アンケート調査票、グラフ（数字の処理など）を作ったり、プレゼンをしたりするときの基本的なポイント""收纳"其中；第二组的情境是"啓星シャンプーの抜け毛状況の改善についての調査"（"启星"是班里一位同学的名字），这一组的同学也是通过呈现这一调查的过程和结果，梳理了三课六篇课文的核心内容；第三组设置的情境是"北京師範大学の食堂に関するアンケート調査"，有意设置了一些不符合要点的情况，通过"学生"与"教师"的讨论，找出不足，提出修改建议，从而梳理了三课六篇课文的核心内容。
　　从这个例子我们可以看出，课堂教学的进程是需要并可以根据实际情况调整的，同学们的创造性是需要并可以引导和激发的。正所谓磨刀不误砍柴工。
　　由此可见，综合日语课堂教学活动的设计，突出了以学生的学习为中心，细化了学习者有效率、有价值的语言输出（output），以语言输出带动学生的有目标的语言输入，通过对学习内容及学习方式的有效设定，确定以语言学习、主动思维、团队交流合作为基础，以关键词句作为输入与输出的基本框架的有价值、有意义的学习目标。
　　下面再呈现一下第四册第 5 单元（全套教材最后一个单元）的梳理与整理的过程。

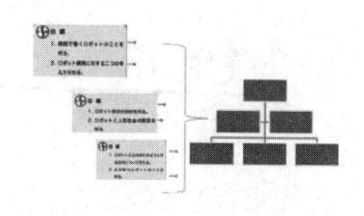

图 14　第四册第 5 单元的梳理任务

以下，是同学们的任务完成情况。鉴于第一次的梳理尚不完整或尚不成熟，第二次继续组织同学讨论。这里呈现两次梳理的结果。

图 15　课堂讨论要点梳理的呈现（5）

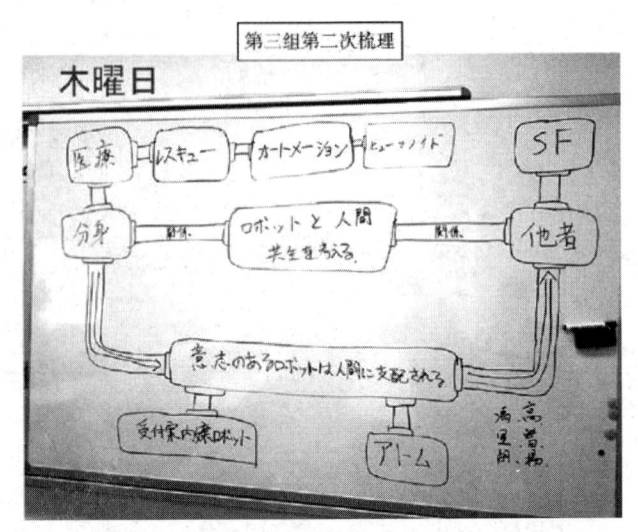

图 15　课堂讨论要点梳理的呈现（5）（续）

根据同学的两次梳理与汇报，教师通过 PPT 做了如下整理（图 16 中的左图）与点评（图 16 中的右图）。

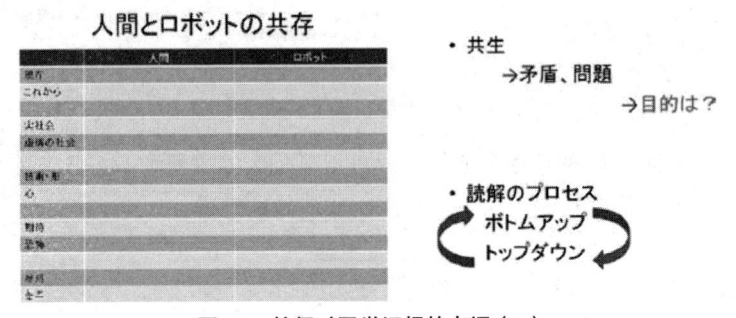

图 16　教师对同学汇报的点评（2）

从最后这个单元的阅读任务完成情况来看，三组同学通过两次课堂讨论，第二次的梳理成果明显高于第一次，特别是第三组用了一个"机器人"的造型完整地梳理了第五单元的主要信息，非常有创意。教师作为最后一次课，也再一次对于如何梳理信息、如何阅读做了总结（图 16）。

（2）关于任务 2

任务 2 是通过整理出来的关键词完成口头汇报，是要求学生把自己的理解，用自己可以表达的语句、选择同学们能听得懂的语句表达出来，而不是照本宣科。之所以要求小组集体汇报，是为了让每一位同学都有说话的机会，避免各组总是找个别同学代劳的现象出现。同时，小组集体汇报也是有要求的。之所以强调要用自己可以表达的语句、选择同学们能听得懂的语句表达出来，是为了避免"照抄""照读"的情况出现。现在网络十分发达，从网络上找到相关信息，对于现在的学生而言是易如反掌的。但是，我们课堂上常常出现这样的情况，不论是课前三分钟的小讲演，还是课堂上的口头汇报、表演，往往是讲的人很流利，但是同班同学很少有人能都听得懂。这说明，发言者没有很好地加工，仅仅是完成了"发言"的任务。这在语言交流上是大忌！更有甚者，有些同学从网上抄来的内容，自己都还读不清楚。给同学的要求是：听众（读者）意识！什么内容是听众（读者）最需要的？如何说（写）才便于他们明白、便于操作？遇到他们不容易听懂（读懂）的地方如何处理？

　　对于小组集体汇报，还有一个要求即每个人发言之间要有语言上的衔接，内容上要有内在的逻辑关系。经过一段时间的练习，不少小组形成了这样的一个模式：第一个同学先就本组的主要内容做一个概述，后面的同学分内容展开阐述，最后一个同学做一个归纳且向"听众"征询意见和建议。在这个过程中，一些关键词、句不断地被"重复"使用。这里的"重复"，不是机械性的训练，而是基于理解的需求、基于表达的需求而不断"重复"。

图17　课堂小组集体汇报（1）

　　从图17可以看出，学生集体汇报的方式可以是多样的，可以根据教室的情况因地制宜。

图 18　课堂小组集体汇报（2）

上面这张图 18 显示的是，同学们在小组汇报时除了使用了小白板，还增加了 PPT 演示，补充了板书。很好地体现了"听众意识"。

如果说任务 1，在一定程度上是为减轻阅读焦虑做了贡献，那么任务 2 则有两重贡献，一方面降低了学习难度，另一方面实际上也是适度地增加了阅读的压力，即要把读懂的和没有读懂的内容有条理地通过合作的方式陈述出来，这样的做法是可以帮助提升阅读效果的。学生通过对概念的反复学习并采用多种输入模式，可以使知识在大脑网络中占据永久位置。如前所述，在完成任务 1 和任务 2 的过程中，基于"关键词句"的梳理，一些词、句子甚至是一些语法现象被置于讨论、争论的过程中，而在讨论过程中，这些知识逐步形成了"学科知识"，有力地促进了学生深刻领会各个概念的实质，掌握蕴含在各个概念相互关系中的各种推理思维模式。

在完成任务 2 之后，曾做过以下的点评：

目前的成绩与今后的努力方向

- 基本上可以在预定的时间范围内，通过小组讨论，用关键词梳理出所需要的核心信息！→基本具备了快速抽取所需信息的能力，用关键词（符号、图）呈现讨论结果
- 基本上可以在预定的时间范围内，完成小组分工（与上一个环节相互交叉）→基本具备了快速决策的能力
- 基本上可以适当处理框架外的情况！→能发挥各自的特长

- 看着关键词表述的能力有待提高
- 每个同学力争把自己要说的意思在头脑中形成思路、变成语言的练习不足，在发言的时候有事会"说不下去"
- 每个同学要在尽可能地使用自己可以驾驭的语言上下功夫
- 每个同学的"听众意识"还不够强，是造成"听不懂"的一个重要原因
- 整个小组发言的连贯、逻辑有待提高
- 小组内尚缺少合作性的"彩排"，是造成"说不下去"的另一个原因

图 19　教师对同学汇报的点评（3）

コメント(1)

- 教科書で使われた言葉や、言い方を生かして発表した。
- 自分の言いたいことは、ちゃんと自信を持って発表した。
- できるだけ、みなさんからの質問に答えようとする姿勢がとてもよい！

コメント(2)

- もっと時間以内で発表してほしい。
- もっと簡単な言葉で発表してほしい。
- もっとその料理の特徴を中心として、発表してほしい。
- もっと自分の立場の意識を持ってほしい。
- もっと基本的な言葉や文法を正しく使ってほしい。
- 臨機応変

必要な情報＆よく整理する＆順序よく

ペアワーク：お互いにチェック

- 可以避免的错误
- 难免的错误
- 不影响意思传递的错误
- 影响意思传递的错误

- 読む人が『知りたい』と思うことが、必要な情報である(読者、聞き手への気配り)
- 互いに関係のある情報をまとめる
- 本題に関係のない情報を取り除く
- 相手が必要とする情報を、自分なりに整理して示しても、それだけで十分というわけではない。情報が適切な順序で示されなければ、とてもわかりにくいものになってしまうからである。

图 19　教师对同学汇报的点评（3）(续)

经过这样的学习过程，有一天上课，一个同学提出了这样一个问题："编写这套教材的老师，是不是也像我们这样讨论过课与课、步骤与步骤之间的逻辑关联呢？"笔者的回答是："至少这套教材帮助我们学会了如何关注语篇中的逻辑关系！"

（3）关于任务 3

不少使用过或考虑使用《基础日语综合教程》的一线教师总有一个困惑，尽管任务 1 和任务 2 已经完成了部分知识的理解和运用，但是这些知识真的不需要讲了吗？还有时间"讲"吗？回答是肯定的。

日语知识，对于学习日语的学生而言，是绕不过去的一个"坎"。但是究竟应该如何学？学什么？在任务 1 和任务 2 的完成过程中，学生们已经实际接触、思考、运用相关的知识了。那么剩下的任务 3 应该是什么？应该是对日语知识的理性思考，在头脑中构建起一个学习日语知识的框架，而不仅仅是逐一简单记忆。还有一点，就是教师究竟应该如何向学生传递恰当的日语知识。这里仅举一例。

在解释助词「から」「ので」时，很多教材、语法书、各个年龄段的教师几乎是异口同声地说「から」表示主观原因，「ので」表示客观原因。果真是这样吗？我们看如下的两个分句：

　　雨が降ったから、……

　　雨が降ったので、……

　　如果就「雨が降った」这个信息而言，由于是自然现象，我们可以理解为这个原因是客观的，但是这个客观原因后面既可以接「から」也可以接「ので」。由此，我们可以看出，"「から」表示主观原因，「ので」表示客观原因"的解释是不准确的，或是说不正确。那么，这个「から」「ので」在什么层面上与所谓的"主观""客观"相关呢？我们再来看表2的例句。

表2　「から」「ので」的区别

から	ので
雨が降ったから、売り<u>を上げる</u>チャンスだ！ 雨が降ってきたから、みなさん、夏休み<u>をどう</u><u>お過ごしですか</u>。 急に雨が降ってきたから駅まで<u>傘を持って行ってあげて</u>。 「大雨が降ったわけじゃないのに、なんで遅れるんだよ！」って駅員さんに噛みつかないでくださいね。正しく言うと、雨が降ったから遅れたというわけじゃなくて、雨で混雑したから<u>遅れた</u>わけですからね。	雨が降ったので、運動会は<i>中止</i>になった。 小雨が降ってきたので、小走りで建物に入ろうとしたら、タイルが滑る素材だったため転んで尻餅をついた。 雨が地表を冷やし、地表が冷えると原始大気が冷えてさらに雨がふったので、年間の雨量は10mをこえる、すさまじい<i>大雨</i>だったと考えられます。この大雨が1,000年近くもつづき、現在の海のもととなる原始の海が生まれたのです。

　　从以上例句可以看出，「から」一般后接行为动词，而「ので」一般后接客观描述。这才是「から」与「ので」的最核心的区别。但"例外"的例子，不宜伴随最基本的核心意义一并要求学生掌握。应该分而治之。

　　在课堂教学过程中，我们首要的任务是要学生建立起这样一个框架，即语言知识的把握有两个基本点：一是最基本的核心意义，二是与该基本意义最为配套的前后接续关系、意义、形式。在语法教授过程中，教师不要一下子把某个规则的用法和特例全部展现给学生，要先讲授其典型用法和意义，在学生掌握后，再把其他非典型用法和意义加以介绍，这样可以帮助学生减轻学习负担，减少焦虑现象的产生。

　　我们再看一个例子：日语的助词「に、で、から」均可表示原因。如何才能把握其区别与差异？以下是经过学生课下查找、课堂讨论之后，我们在期末考试中出的一道试题（见表3、表4）。

表3 对表示原因的「で」「から」「に」的用法分析

日语中的助词「で」「から」「に」均可表示"原因"。如果有低年级同学向你请教,通过以下例句,你将如何作答?(日语、汉语均可)(5分)

- 風邪で病院に来るな!
- 風邪で仕事を休めない。

- 風邪から咳が止まらない。
- 風邪から肺炎になる。

- あまりの寒さに体が震え出した。
- 彼の厚かましさに本当に困ってしまった。

表4是参考答案给出的要点。

表4 对表3的参考答案

前項		後項	典型的な例文
後項の**行為**を引き起こす原因の名詞	で	行為	風邪で病院に来るな! 風邪で仕事を休めない。
後項の**状態**を引き起こす直接起因の名詞	から	状態	風邪から咳が止まらない。 風邪から肺炎になる。
ある状態を表す名詞「形容詞＋さ」が多い	に	状態	あまりの寒さに体が震え出した。 彼の厚かましさに本当に困ってしまった。

其中,「から」的原型意义即为表示"起点",由原型的意义转意为"直接起源"。针对这一特点,任务3提出的两个分项要求是:
①各自梳理本课的主要句型;
②提出经过查询之后仍然不懂的词、句。
第一次要求句型梳理时提出的要求如表5所示。

表5 句型梳理的要求(1)

查找并翻译「表現のポイント」的例句。 ①利用网络、语料库等资源查找「表現のポイント」的解释(尽量找日语原文); ②每个「表現のポイント」查找两个例句,并译成中文;再找一个带有这个词或句型的段落。

之所以要让同学自己查找相关的日语原文解释,原因有二。一是包括教参在内的解释,还是没有很好地完成从原型意义到前后接续关系、意义、形式的解释,需要同学们自行逐步形成知识的建构;二是培养学生带着问题自行查找解释语言知识的能力,因为不论是今后的学习还是工作,自行解决问题是必需的、

必然的，无人可以取代的。再找例句，是希望同学们不仅找到"理据"上的解释，还要带着这种解释，再去找到与之相应的例句，才能说明他们在一定意义上是真的理解了。查找带有这个词或句型的段落，是希望同学能从语篇的角度、从语境的角度进一步加深理解，而不是仅仅限于句单位的理解。

以下是其中几位同学完成的情况及教师的批改。

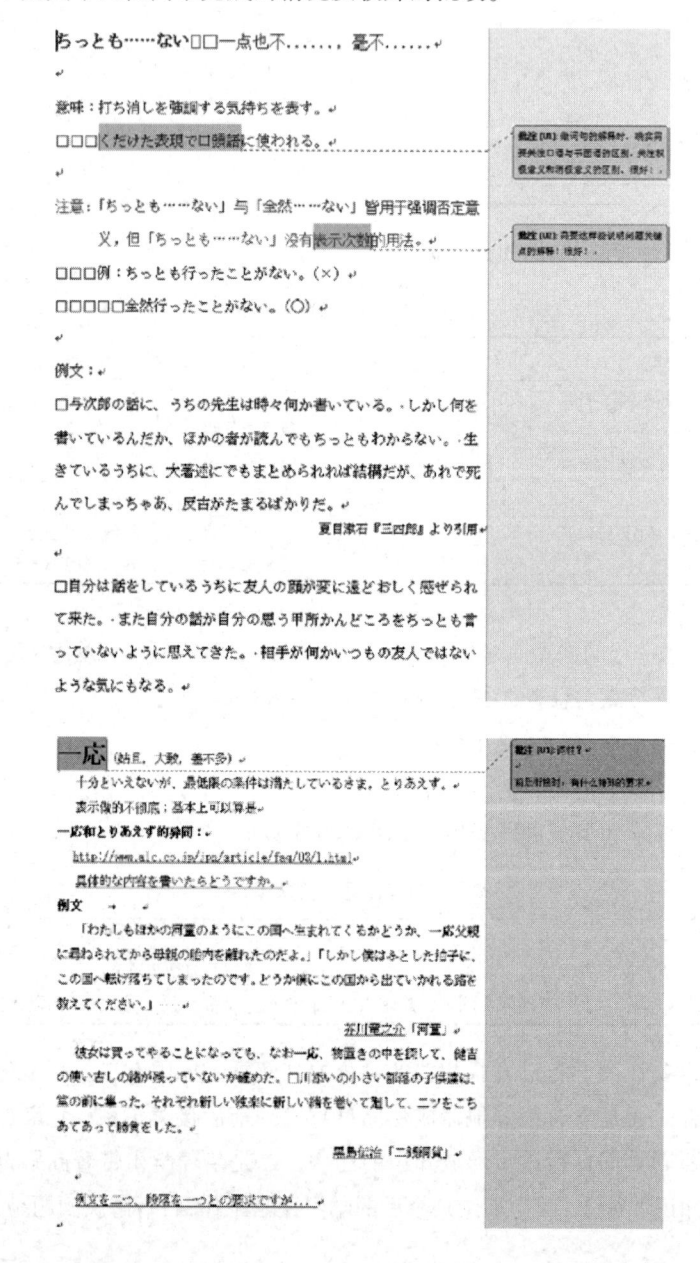

ちっとも……ない □□一点也不……，毫不……

意味：打ち消しを強調する気持ちを表す。

□□□くだけた表現で口語語に使われる。

> 批注[U1]：备词句的接易时，应该同类类似口语与书面语的区别，类注标很重义有消极意义的区别，很好！

注意：「ちっとも……ない」と「全然……ない」皆用于强调否定意义，但「ちっとも……ない」没有表示次数的用法。

> 批注[U2]：需要注释给说明重点点的解释：很好！

□□□例：ちっとも行ったことがない。（×）
□□□□全然行ったことがない。（○）

例文：

□与次郎の話に、うちの先生は時々何か書いている。しかし何を書いているんだか、ほかの者が読んでもちっともわからない。生きているうちに、大著述にでもまとめられれば結構だが、あれで死んでしまっちゃあ、反古がたまるばかりだ。

夏目漱石『三四郎』より引用

□自分は話をしているうちに友人の頭が変に遠どおしく感ぜられて来た。また自分の話が自分の思う甲所かんどころをちっとも言っていないように思えてきた。相手が何かいつもの友人ではないような気にもなる。

一応 （姑且，大致，差不多）

十分といえないが、最低限の条件は満たしているさま。とりあえず。

表示很不彻底；基本上可以算是。

一応和とりあえず的异同

http://www.alc.co.jp/jpa/article/faq/03/1.html

具体的な内容を書いたらどうですか。

例文

「わたしもほかの河童のようにこの国へ生まれてくるかどうか、一応父親に尋ねられてから母親の胎内を離れたのだよ。」「しかし僕はふとした拍子に、この国へ転げ落ちてしまったのです。どうか僕にこの国から出ていかれる道を教えてください。」

芥川龍之介「河童」

彼女は買ってやることになっても、なお一応、物置きの中を探して、健吉の使い古しの靴が残っていないか確めた。□□赤いの小さい部屋の子供達に、篭の前に集って、それぞれ新しい独楽に新しい紐を巻いて廻して、二つをこちあてあって勝負をした。

黒島伝治「二銭銅貨」

> 批注[U3]：译注？
> 需要针对性，有什么特别的要求？

例文を二つ、段落を一つとの要求ですが……

综合日语课堂教学的实践与思考

鉴于学生没有完成段落的查找，教师有时会给与补充，如：

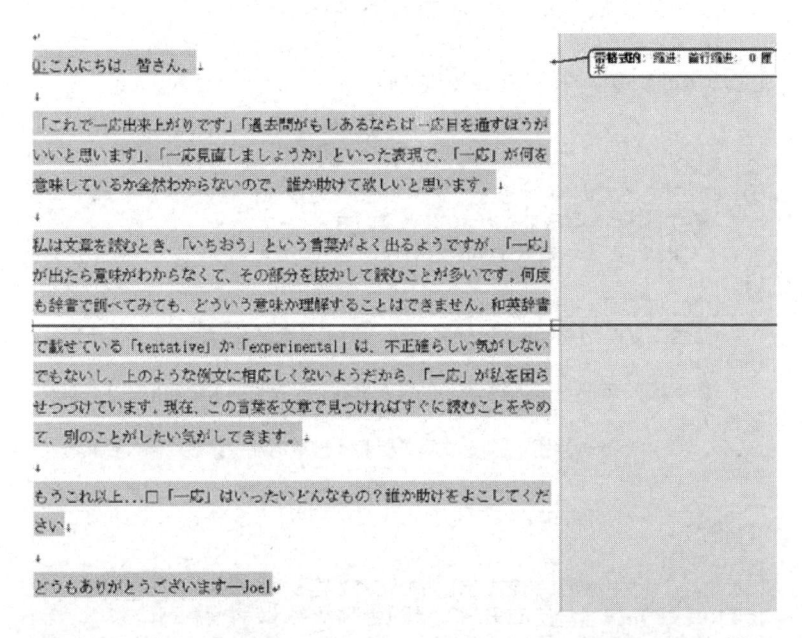

> Q:こんにちは、皆さん。
>
> 「これで一応出来上がりです」「過去問がもしあるならば一応目を通すほうがいいと思います」、「一応見直しましょうか」といった表現で、「一応」が何を意味しているか全然わからないので、誰か助けて欲しいと思います。
>
> 私は文章を読むとき、「いちおう」という言葉がよく出るようですが、「一応」が出たら意味がわからなくて、その部分を抜かして読むことが多いです、何度も辞書で調べてみても、どういう意味か理解することはできません。和英辞書で載せている「tentative」か「experimental」は、不正確らしい気がしないでもないし、上のような例文に相応しくないようだから、「一応」が私を困らせつづけています。現在、この言葉を文章で見つければすぐに読むことをやめて、別のことがしたい気がしてきます。
>
> もうこれ以上…□「一応」はいったいどんなもの？誰か助けをよこしてください。
>
> どうもありがとうございます——Joel。

（后省略）

根据学生提交作业的情况，进而提出进一步的要求（见表6）。

表6　句型梳理的要求（2）

整理のポイント
・この文型や言葉の使い方を十分理解するため→自分が納得できるまで
・自分の整理したものを他の人に十分理解してもらえるようにするため→他人に納得できるまで
これからの留意点
・文型や言葉のどの部分を分析するかを理解すること
・いくつかの意味では、どれがこのＳＴＥＰに出た例文の意味かを明記すること
・もっと典型的、または、もっとよく使われる例を。
・分析する文型や言葉のポイントとなる解説を見つけること。
・まず、日本語による解説を。中国語訳はその次。
・出典を明記すること。
・フォントに注意すること。

到了第二次作业，完成度有了提高。限于篇幅，仅举一例。

〜と言ったら〜

1. 使い方
□□V・イA・ナA・N+と言ったら□□

2. 意味
①〜は、すごくて
　　*驚いたことを強調するときに使う言い方
　　（说到…，表示强调惊讶时使用）

②〜と聞いて、思い出す（思い浮かぶ）のは〜
　　*話題に関する代表的なものや、その語から連想することなどを言う時に使う。
　　（一提到…就想到…，说明有关的话题是具有代表性的事物和由此话题引起联想。）
　　　　——辞書：「カシオ電子辞書・日本語能力試験対策N2文法」

3. 例文
◆→（本文）
□それどころか、地元の新聞もテレビもこのところニュースといったら続いて止まぬ長雨の被害ばかりを報じている。（意味①と思います。文脈には連想することがないですし、「それどころか」と「ばかり」という言葉も驚いた意味がありますし、驚きを表すことだと思います。）□

意味①：　　　　　　　　　　　　　　　　　　　　　いぐらいだ。
◆→最近の彼女の忙しさといったら、トイレに行く時間もなぐらいだ。
◆→高校生の携帯電話の普及率といったら、たぶん100%近いでしょう。

意味②：
◆→夏の食べ物と言ったら、スイカですよ。
◆→「歌舞伎を盛るのが好きで、時々見に行きます。」
　　「歌舞伎を見ると言ったら、歌舞伎座は立て直すそうですね。」

4. 使い分け

「といえば」「というと」「といったら」は、…を話題にすれば、…に言及すれば、の意で、その場のだれかがすでに話題にしていたり、自分が心の中で思い浮かべていたりした事柄を積極的に自分から引き取って題目として提示し、それをきっかけに関連事項を述べていく表現である。

◆「といえば」には、「春といえば春だが風はまだ冷たい」のように、「XといえばX」の形で同じ言葉を繰り返す用法がある。これはXと言おうとすれば言うこともできる（言えないこともない）の意で、しかしXと言うほどでもないという否定の意が裏に隠されている。
例文：
◇→台風といえば、伊勢湾台風の恐ろしさを今でも思い出す。
◇→この店は味はいいが、料金が高いことが不満といえば不満だ。

◆「というと」には、相手の言った言葉を確かめるために、同じ言葉を反復するという用法もある。（「というと」の例文(2)）。この場合、同じ内容であれば同語の反復でなくてもかまわない。
例文：
◇→登山というと大げさだが、月に何回か山歩きをする。
◇→「高橋さんからお電話がありましたよ」「高橋さんというと、例の旅行会社の人ですか」

◆「といったら」には、感嘆や驚きなどの話し手の感情が強く表われることが多い。
例文：
◇→毎日仕事に追われ、自由な時間といったらただの一分もなかった。
◇→ここから見る夜景といったらそれはもうすばらしいの一言に尽きる。

5. 段落

3つ目は季節感と旬の味をたっぷり味わえる、良平堂の「いちご大福」(216円)。やはりこの時期といったらいちご！苺の甘酸っぱさ、もっちりとした大福、存在感たっぷりのつぶ餡の組み合わせは、どこか昔懐かしい味わいを感じる。"こたつでみかん"も良いけれど、日本茶と一緒に"こたつで大福"もいいんじゃない？

（出典：http://zasshi.news.yahoo.co.jp/article?a=20170224-00000088-tkwalk-life）

| よくできました！

经过一个学期的适应，同学们的知识梳理均有不同程度的提高，但还有一些问题，于是便进一步提出要求（见表7）。

表7　对句型梳理结果的小结

- 大部分同学按照老师要求对接续、意思、例句、段落、注意点进行了认真的整理。
- 但仍然有个别同学未整理出与表达相关的段落，希望下次改进。
- 有个别同学列出的例句是错误的，同一网址的下面有纠正后的正确句子，希望在检索时选取正确信息。
- 再次提醒大家能多联想一些相关的语法或表达，以求能准确区分和掌握。
- 在造句练习时，希望同学们一定要在准确理解表达的基础上再造句。
- 在翻译时，一定要先弄清表达的意思，并准确选择语句。

随着同学们查找与理解能力的不断提升，我们尝试了另一种梳理方式。即通过word或excel，将每一个课的「表現のポイント」整理成一个表格，便于从不同角度梳理和复习、巩固。

最开始是按照课与步骤的顺序录入。如表8所示。

表8　表格梳理句型的实例（1）

	前項		後項	意味と留意点	課
1.	S	かい（询问）	。	表示疑问，用于熟悉人之间，多为男子使用。	1-2
2.	V	ことはない	。	无必要做某事，多用于告诫对方，即不仅不需要且应避免，不用于自己。 VS. V必要が（は）ない（必ずしも、そうしなくてはならないということはない、という意味の表現。婉曲的に"不要である""余計である"と言う場合にも用いられる。） Vなくてもいい（不做也可以，不做也能被允许） Vまでもない（不用做更高程度的事情，用于回答对方的提问，一般不用于自己的事情。）	1-2
3.	S	それでいて	与前项的预期不符合，相反的事项。	含有意外的语感。 后项既可以是积极意义的，也可以是消极意义的。 VS. それなのに的后项多为消极意义。	1-2
4.	N	って	解释定义：基于新的发现、感慨、疑问重新提出话题。	1.は：话题を取り上げて定義をポす。 例：タグ付けって何？ 2.は、というものは：発見、感心、疑問などで、あらためて話題にする。 やっぱり映画って面白いね。 例：この店って何時までやってるんですか？	1-2

录入完毕，便可以按前项、后项、句型首个假名等不同选项重新排列。

经过上述尝试，我们发现，对于前项和句型首个假名的处理比较合理，检索起来比较方便，而后项的设计有些复杂，不便于检索。于是，又做了进一步的调整。调整后如表9所示。

表 9　表格梳理句型的实例（2）

句项	変课	音呼	定意点	例大	课
N	だと	确定的结果出现	条件	语言条件就提示条件具有这一层，教师主要就在这里着力……结果出现……天气之内的结果出现。Constant Result and Actual Conditions. 感觉要贴切一点。	このホテルでは、女性だと割引サービスを受けることができる。	13-1
N	にそっくり	比较		表示事实相似	ほら、あの雲にそっくりの形が浮いている。	13-1
V/N	なくてすむ	转折（？）→让步	省去言葉。特由于「ないでても」、低像「ない」ですが、都不可接。	先輩が使った電子辞書をもらったので新しいのを買わなくて済んだ。	13-1
A/NA/V（よう）	げ	外观利害	省き言葉。相当于口语中的「そうだ」	あの人が用ありげに近づいてくるが、相手にしないことにした。	13-1
A/NA/V	そうな様子だ	发现趋势、外观样态			坂家庭にも苦労そうな顔だ。	13-1
N（か）/名か	あるいは	N（か）/S か	并列→例举	举出两个或两个以上的事例 1. 书き言葉 2. 间能多写与时接词「か」並用	上海までは高速鉄道あるいは飛行機が便利だ。	13-2
	一言で言えば	S	总结	表示归结、概括総结	市場競争の中で生き残るには更なる改革が必要である。一言で言えば、合理的なシステムを一日も早く実現することが大切である。	13-2
さか	それとも	Sか	并列→选择	声带上升 用于两个疑问句之间，可用来强调对方指定你不能犹豫。	牛丼にしましょうか、それとも、寿司屋の方がいいですか。	13-2
S/N	は別にして	让步	表示异常部分、置其小说、いや	個人的な好き嫌いは別にして、彼はやはり優れたリーダーだと言えるだろ	13-2
	言えば	S	说明	用于引导下面的话语，从另一角度说。1. 書き言葉 2. 形容较圆硬	この小説は、言えば現代の源氏物語とでも言えるような作品だ。	13-2

（箭头后面的文字、"留意点"标出的文字是教师的批改）

做到这个表格的时候，有一个问题便凸显了：如何定义"意味"（意义和功能）。为此，专门用了一次课（两节课）的时间讨论。

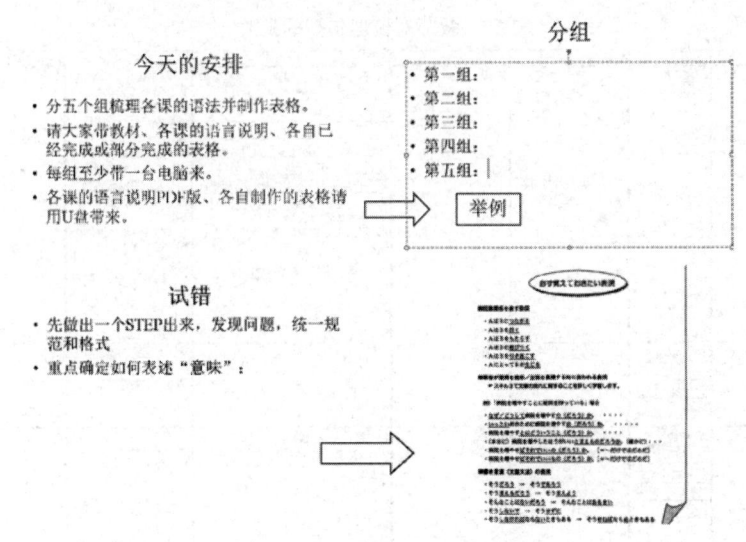

图 20　对句型意义讨论的引导

目标、因果、转折、递进、反复、说明、举
例、调整语气、时间、期间、状态、频率、
次数、概率、努力方向、客观、主观、
（形成）结果、（做出）决定、变化
书面语、口语、
褒义、贬义、中性

- 做完一个STEP之后，各组介绍梳理的情况，
  以及遇到的问题。

图20　对句型意义讨论的引导（续）

五个组"试错"结束之后，分别汇报了各自试填表的情况，重点在于本组尚未确定的对"意味"的确定。这个讨论的过程，仍然是一个不断提取"大观念"的过程，不断提取"学科知识"的过程。

表10　教师对梳理句型的批改

前项	后项	意味	定义	留意点	例文	课と STEP
V-る V-ない 型	こと	、忘れずこと……1. ことが大形式名词，前后接意义相近的要求、注意事项等，表示并列。2. 用于句尾，表示命令、说话人认为应该这样做的心情（规范纪律，应遵守的事项）两个意义的解释不符合读句型。	并列	1. 各个分句意义相近，多为意义组近的要求、注意事项等，后多接表示要求、注意的「決まり」「気を付ける」「ルール」等词句。也有单纯表示并列的情况，如现文中对「アーカイブスの行为」的解释。因为こと简是完整的句子，故后接带有动作性质的词句，如「行为」。2. 多用于书き言葉。3. 第二个意思可以「こととする」结句。4. 可视为：2包含于1,8～4的解释不符合读句型	1. 试験の時、先生の言う通りにすること、よそ見をしないことに気を付けてください。(1)。2. 作文は800字以内にすること、題は自分で決めること、用語は適切であることは决まりである。(1)。3. 体育館には土足（どそく）で入らないこと。(2)例外3、4不符合读句型	1-1
N	に先立って	后续表示在开始之前需要事先做好的事情	在……开始之前，先于（时间）先后	前作名词只有「Nに先立つN」	良好的協定が結ばれるに先立って、学長が相手の大学を訪問した。	2-2
V(る)	やいなや	S。后续表示在V完成的瞬间之后，马上发生的动作或状态。	表示两件事情间隔很短的相继发生。	（时间）先后	1.书面语 2.（類義語）「Vが早いか」「Vとすぐに」前接動詞現在时（原形）	1. 新しいレストランは、オープンするやいなや満席になった。2. 彼はそれを聞くやいなや、ものも言わずに立ち去った。3. その薬を飲むや否や、急に眠気が襲ってきた。4. 店のドアを開けるや否や、客は雪崩のように押し寄せた。	2-2

（上表中的划线处是教师的批改）

综合日语课堂教学的实践与思考

任务3的第二个分项是，就课文中还没有读懂的地方提问，作业的标题是"まだ分からない箇所"（尚不明白之处）。一开始提交上来的作业，不少同学是问"这个词是什么意思""那句话怎么翻译"。如：

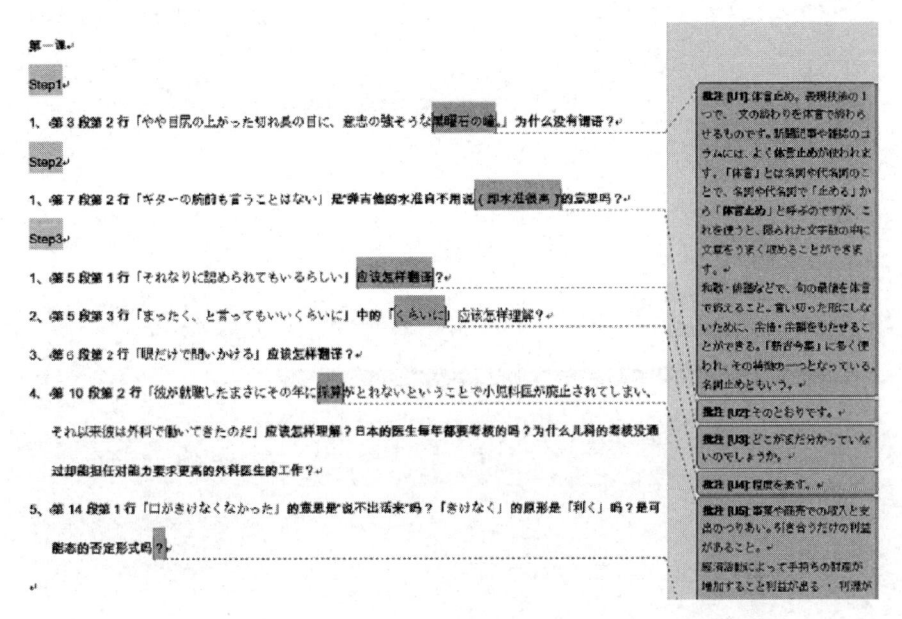

第一课
Step1
1、第3段第2行「やや目尻の上がった切れ長の目に、意志の強そうな端整石の端」为什么没有谓语？
Step2
1、第7段第2行「ギターの腕前も言うことはない」是"弹吉他的水准自不用说（即水准很高）"的意思吗？
Step3
1、第5段第1行「それなりに認められてもいるらしい」这该怎样翻译？
2、第5段第3行「まったく、と言ってもいいくらいに」中的「くらいに」应该怎样理解？
3、第6段第2行「眼だけで問いかける」应该怎样翻译？
4、第10段第2行「彼が就職したまさにその年に採算がとれないということで小児科が廃止されてしまい、それ以後は外科で働いてきたのだ」应该怎样理解？日本的医生每年都要考核吗？为什么儿科的考核没通过却能担任对能力要求更高的外科医生的工作？
5、第14段第1行「口がきけなくなかった」的意思是"说不出话来"吗？「きけなく」的原形是「利く」吗？是可能态的否定形式吗？

批注[U1] 体言止め，表現状況の1つで、文の終わりを体言で終わらせるものです。新聞記事や雑誌のコラムには、よく体言止めが使われていて、「体言」とは名詞や代名詞のことで、名詞や代名詞を「止める」か「体言止め」と呼ぶものです。これを使うと、限られた文字数の中に文章をうまく収めることができます。
私達・自論などで、句の最後は体言で終えること。言い切った形にしないために、余情・余韻をもたせることができます。「野苺や紫」に多く使われ、その特徴の一つとなっている。名詞止めともいう。

批注[U2] そのとおりです。
批注[U3] どこかがまだ分かっていないのでしょうか。
批注[U4] 程度を表す。
批注[U5] 事業や商売での収入と支出のつりあい。引き合うだけの利益があること。
原義：品物売ので手持ちの財産が増加すると判断が出る。利潤

于是，我们组织讨论了一次"まだ分からない箇所"（尚不明白之处）"，即「調べたり、教えてもらったりしても、まだ分からない箇所」（我查了，也请教别人了，但还是不明白）。怎样才能体现「調べたり、教えてもらったりしても、まだ分からない箇所」呢？要求同学们提出问题的时候，要呈现出所查阅过的信息。这样，教师才能知道问题出在什么地方，也能知道学生做了多少工作。

经过近一学期的努力，发现在作业中同学们提出的问题越来越少！这正好印证了叶圣陶的那句话："教，是为了不教。"叶圣陶1962年4月10日在《文汇报》上发表的《阅读是写作的基础》一文中，针对当时教师普遍认为的课堂教学就是"一讲一听之间的事情"的错误看法，提出了"教是为了不教"的观点，以矫正"满堂灌""一言堂"的传统教学模式，其意义依然鲜活，依然有生命力。

对于知识的梳理，笔者采用的方式是先要求个人完成，等完成度比较高的时候，就转为分小组完成。这样，可以逐渐减轻每个同学的负担。

· 173 ·

我们再来看一下后期同学的作业及教师的批改情况。

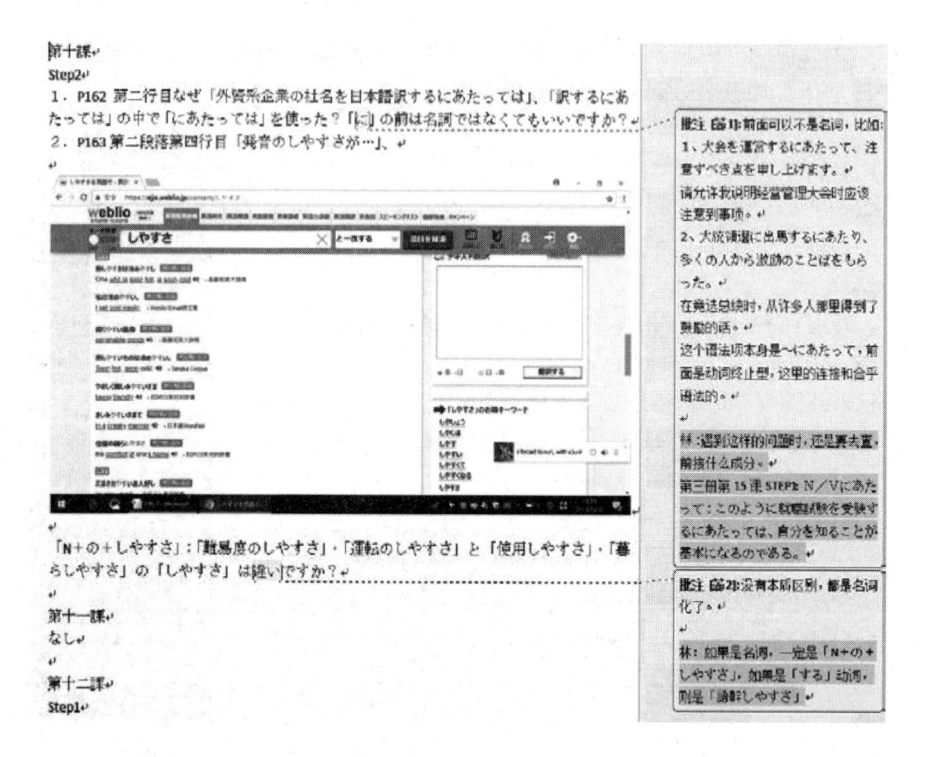

这里需要说明的一点是，任务 3 的作业，不论是第一个分项（句型的解释与例句的查找），还是第二个分项（句型表格的梳理），都是完成后提交给助教和教师，经修改后打包发到云盘和微信群，全班同学共享。课堂上，教师会找出一些更具共性的问题进一步面向全体同学讲解。有些网上有答案的，就给同学提供网址，或是同学之间相互提供网址。

还有一点要说明的是，讲解中的对比，都是在相应的词汇或语法积累到一定程度后再组织同学一同讨论。比如图 21 中的"病人 VS 患者""愛〜""こそあ""横書きに用いる符号"。关于阅读的策略等，也会过一段时间做一些相对宏观的梳理与介绍。

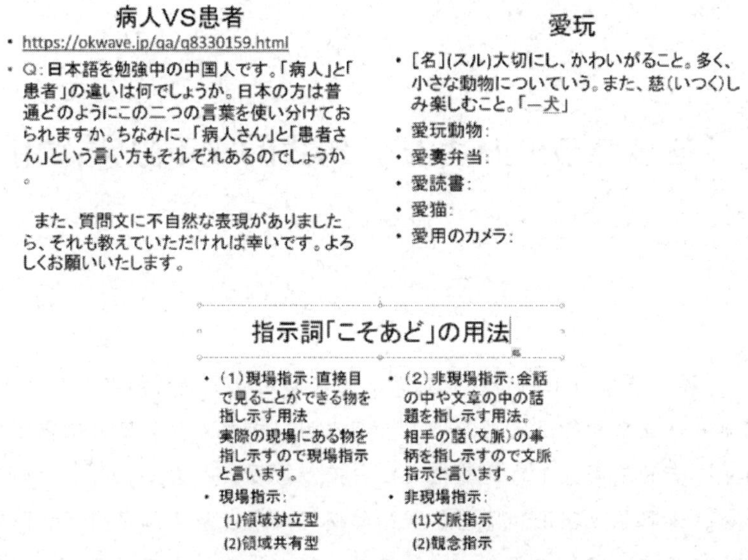

病人VS患者

- https://okwave.jp/qa/q8330159.html
- Q:日本語を勉強中の中国人です。「病人」と「患者」の違いは何でしょうか。日本の方は普通どのようにこの二つの言葉を使い分けておられますか。ちなみに、「病人さん」と「患者さん」という言い方もそれぞれあるのでしょうか。

  また、質問文に不自然な表現がありましたら、それも教えていただければ幸いです。よろしくお願いいたします。

愛玩

- [名](スル)大切にし、かわいがること。多く、小さな動物についていう。また、慈(いつく)しみ楽しむこと。「―犬」
- 愛玩動物
- 愛妻弁当
- 愛読書
- 愛猫
- 愛用のカメラ

指示詞「こそあど」の用法

- (1)現場指示:直接目で見ることができる物を指し示す用法。実際の現場にある物を指し示すので現場指示と言います。
- 現場指示:
  (1)領域対立型
  (2)領域共有型
- (2)非現場指示:会話の中や文章の中の話題を指し示す用法。相手の話(文脈)の事柄を指し示すので文脈指示と言います。
- 非現場指示:
  (1)文脈指示
  (2)観念指示

图 21 适时的语言点梳理与小结

限于篇幅，关于教材中的 STEP4 语言输出部分如何操作，评价与考试如何实施，将另行择机报告。

以上是笔者近年来在"综合日语课"上所做的尝试。在解决课堂活动与语言知识的学习、协作学习与自主学习、教材容量与课时有限等矛盾方面取得了一定的成效，得到国内以及日本专家的肯定，得到学生特别是赴日留学学生认同。如何通过日语课程真正培养学生的能力与素养是一个需要不断探索的课题。笔者愿以本文与同行交流心得，以期为学生的全面发展找到更多、更为有效的思路与途径。当我们遇到困难或是感到迷惘的时候，就多向真实的语言生活寻求答案吧。

「モッパラ～バカリ」句式的双重限定作用

曹彦琳[*]

【摘　要】 历来的研究大都只从限定助词或限定副词单方面着手，用单一视点来看待限定功能，很少有人用双重视点分析日语双重限定句中二者的不同分工。这篇论文以「モッパラ～バカリ」句式为研究对象，吸取焦点理论和情态学理论的研究成果，找出限定副词和限定助词在双重限定句中各自承担的功能。可以得知，当二者拥有不同焦点时，在基本义和附加义上均有不同；当二者焦点相同时，在附加义的不同层面上也有不同的功能。

【关键词】 双重限定　限定副词　限定助词　焦点

【要　旨】 従来限定機能についての研究は、限定助詞か限定副詞の一方だけを視野に入れ、単一視点で見るのが多く、二重視点で日本語の二重限定における限定助詞と限定副詞の役割分担を見るのはほぼない。本論文は「モッパラ～バカリ」を研究対象に、焦点理論とモダリティ理論の成果に基づき、限定助詞と限定副詞の役割分担を明らかにしたい。それは、同じ焦点の場合は、限定助詞と限定副詞は一次的意味においても二次的意味においても異なり、違う焦点の場合は、二次的意味においてだけ異なる機能が見られるということになるだろう。

【キーワード】 二重限定　限定副詞　限定助詞　焦点

Abstract: Restrictive function has always been investigated in only

---

[*] 曹彦琳，日语语言学博士，北京外国语大学网络与继续教育学院讲师，研究方向为日语语言学。

one point of view: restrictive auxiliary word or restrictive adverb, but nobody investigated double restrictive phrasing especially about the individual share of their functions.This paper focused on "moppara-bakari",absorbed focus theory and results of modality study, invented two standards for semantic analysis, and investigated double restrictive phrasing containing both restrictive auxiliary word and restrictive adverb in terms of structure as well as meaning. It concluded that "moppara" and "bakari" is different in the basic meaning and the additional meaning when they have different focuses.They are different only in the additional meaning but not the basic meaning when they have same focus.

Keywords: Double Restrictive Phrasing; Restrictive Adverb; Restrictive Auxiliary Word; Focus

引 言

在现代日语中，具有限定功能而被广泛认可的就是限定助词「ダケ」、「シカ」、「バカリ」，相关论文不胜枚举，同时也不乏专著。代表研究有森田（1989）[1]、沼田（1986）[2]、寺村（1991）[3]、澤田（2007）[4] 等。在众研究中，均把"排他功能"作为限定用法的必备语义加以提示，如：

> 「だけ・ばかり・しかは、とりたてられる要素と同類の他の要素の限定の関係を表す。限定の関係とは、とりたてられる要素の一つがそうであり、同類の他の要素はすべてそうではないと、他の要素を排除する関係である。」①
> 「その文脈で問題となっているカテゴリーにおいて、明示されている要素以外の要素はその命題を成立させないという情報を与える機能」②

---

① 沼田善子、『「も」「だけ」「さえ」など．—取り立て—』、P20、東京、くろしお出版社、1992.
② 澤田美恵子．『現代日本語における「とりたて助詞」の研究』、P95、東京、くろしお出版社、2007.

「文中のある要素をとりたて、その要素が唯一のものであることを示し、同類のほかのものを排除するという限定の意味を表す」[1]

但是，具有"排他功能"的除了限定助词外，还有"限定副词"。工藤（1977）[5]把「タダ」、「単ニ」、「モッパラ」、「ヒトエニ」称为"排他限定副词（「排他的限定の副詞」）"，指出这类词与限定助词一样具有排他功能。

「この排他的限定というのは、…（省略は筆者）、副助詞のダケ・ノミ・バカリ・シカなどに対応するもので、範列語群との対立の中で、その語句ダケと範囲を限定し、その他を排除するものである。」[2]

而且工藤（1977）还指出，"排他限定副词"与限定助词可以同时使用，相辅相成，共同发挥限定功能。

（1）ただ君にだけ知らせておく。（工藤1977）
「「ただ」と「だけ」とは相まって、範列的な関係にある語群との対立関係の中で、「君」という語を排他限定的にとりたてる機能をはたしていると言える。」[3]

本文将例（1）这种限定助词与"排他限定副词"（本文称之为"限定副词"）同时在句中出现并共同发挥限定功能的句子称之为"双重限定句"。基于大规模语料库[4]检索例句后得知，限定助词与限定副词构成的双重限定句可以有多种模式，本文以使用频率较高的「モッパラ～バカリ」为研究对象，分析该形式的双重限定功能。

---

① 日本語記述文法研究会,『とりたて.P45. 現代日本語文法5』、東京、くろしお出版社、2009.
② 工藤浩.「限定副詞の機能」、『松村明教授還暦記念 国語学と国語史』、東京、明治書院、1977: 972.
③ 工藤浩.「限定副詞の機能」、『松村明教授還暦記念 国語学と国語史』、東京、明治書院、1977: 971.
④ 本论文主要以下列语料库为资料进行了例句检索。
『CD-ROM版 新潮文庫の100冊』、『CASTEL/J CD-ROM』、『CD-毎日新聞』、『現代日本語書き言葉均衡コーパス』（モニター公開データ2009年度版）（不包括国会議事録和yahoo知恵袋）

一 关于双重限定句的研究综述

从对限定用法的研究概况来看，呈现出过于偏重限定助词，轻视甚至忽视了限定副词的严重不均衡现象。而对于二者共同构成的双重限定句的研究，基本止步于提示出此现象的存在，但对于句中限定助词与限定副词各自的功能分工几乎没有涉猎。此外，也有人注意到了限定助词与限定副词之间的关联，力求找出二者间的差异，如安部（2003[6]、2004[7]、2007[8]），但这一系列的研究只是把限定助词与限定副词各自单独使用时的功能加以比较，同样没有关注双重限定句，从而导致得出的结论在双重限定句中解释不通，这也就意味着尚未完全把握二者的本质差异。

安部（2007）用"负面含义（「マイナスのニュアンス」）"来解释「モッパラ」与「バカリ」的不同，指出例（2）和（3）表达的意思相同，都表示"有多个孩子存在"这一"复数个性"，只不过例（3）还含有"负面含义"，而例（2）则没有。

（2）劇団のメンバーはモッパラ子どもである。
（3）劇団のメンバーは子どもバカリである。①

如果安部的说法成立，那么可以认为对于同一命题「劇団のメンバーは子供が数多くいる」，「バカリ」含有负面的不满语气，而「モッパラ」则没有。但是，当二者如例（4）所示共同构成双重限定句时，这一命题到底表达出说话者的何种语气？

（4）彼はもっぱら歴史の本ばかりを読んでいる。②

因此可以认为，关于「モッパラ」与「バカリ」在双重限定句中的功能分工，尚未有较为合理的解释，至今为止的结论并没有抓住双方的本质区别。本论文以基于大规模语料库的实证研究为主，从结构和意义两个层面来分析二者的本质差异。在结构层面关注焦点与辖域，在意义层面关注限定用法的基本义与附

---

① 安部朋世、『副詞モッパラの意味分析』、千葉大学教育学部研究紀要、2007、(55): 230。
② 本文中没有标注出处的例句均为作者自造。

加义，并吸收情态学的研究成果，关注命题义与语气义，层层分析，来揭示出二者在双重限定句中的分工情况。

二 「モッパラ」与「バカリ」的结构特征

在结构上主要从焦点与辖域的关系入手，对沼田（2009）[9]的分类标准进行了重新整理，在明确了「モッパラ」与「バカリ」各自单独使用时的焦点类型后，分析二者在双重限定句中共现时的焦点关系。在以下例句中，$<\ >_{F1}$和$<\ >_{F2}$分别代表「モッパラ」和「バカリ」的焦点，$[\ ]_{S1}$和$[\ ]_{S2}$分别代表「モッパラ」和「バカリ」的辖域。

「バカリ」有四种焦点类型，本文将例（5）~例（8）分别称之为Ⅰ型构造、Ⅱ型构造、Ⅲ型构造和Ⅳ型构造。

（5）終戦前のウエーク島では、餓えた兵隊が［〈ごろごろしている〉$_{F2}$ばかり］$_{S2}$で、全島搜しても何もなかった。（楡家の人びと）

（6）［〈脇役〉$_{F2}$が登場するばかり］$_{S2}$で、いつまでたっても主役が登場しない。①

（7）ろくな仕事をしないで、［〈文句ばかりいう〉$_{F2}$］$_{S2}$人がいる。（沼田 1986：199）

（8）楡米国が、日ましに苛烈の度を加えてきた戦局とおよそ無関係に、［〈おのが身の難解な病気のこと〉$_{F2}$ばかりを丹念に案じていた］$_{S2}$頃（楡家の人びと）

而「モッパラ」只有两种焦点类型，本文分别将例（9）、（10）称为Ⅴ型构造和Ⅵ型构造。

（9）このあと、彼は表面には出ず、［もっぱら〈孤独の勉強に打ちこんでいる〉$_{F1}$］$_{S1}$。（マンボウ交友録）

（10）彼は［もっぱら〈歴史の本〉$_{F1}$を読んで］$_{S1}$、英語の本は

---

① 奥津敬一郎、沼田善子、杉本武、『いわゆる日本語助詞の研究』、P199. 東京：凡人社，1986.

全然読んでいない。

将上述六种结构类型公式化如表1所示。

表1 「モッパラ」与「バカリ」的结构特征

モッパラ バカリ	Ⅰ型 [〈名词短语/副词短语 谓语〉$_{F2}$ バカリ]$_{S2}$	Ⅱ型 [〈名词短语/副词短语〉$_{F2}$ 谓语バカリ]$_{S2}$	Ⅲ型 [〈名词短语/副词短语 バカリ 谓语〉$_{F2}$]$_{S2}$	Ⅳ型 [〈名词短语/副词短语〉$_{F2}$バカリ 谓语]$_{S2}$
Ⅴ型 [モッパラ〈名词短语/副词短语 谓语〉$_{F1}$]$_{S1}$	○	×	○	×
Ⅵ型 [モッパラ〈名词短语/副词短语〉$_{F1}$ 谓语]$_{S1}$	×	○	×	○

注：○表示「モッパラ」和「バカリ」的焦点相同，×表示二者焦点不同。

从结构来看，处于Ⅴ型构造的「モッパラ」与处于Ⅰ型、Ⅲ型构造的「バカリ」一样，均以谓语部分为限定的焦点，而与处于Ⅱ型、Ⅳ型构造的「バカリ」则不同。处于Ⅵ型构造的「モッパラ」与处于Ⅱ型、Ⅳ型构造的「バカリ」一样，均以其前面的名词短语或副词短语为焦点，而与处于Ⅰ型、Ⅲ型构造的「バカリ」不同。

明确「モッパラ」与「バカリ」在单独使用时的焦点关系，有助于分析二者在双重限定句中各自的焦点与辖域，理清双方的功能分工。

三 「モッパラ」与「バカリ」的意义特征

在意义层面，本文吸收语义学和情态学的理论成果，设定了两个分析标准，以"基本义"和"附加义"为标准1，以"命题义"和"语气义"作为标准2。由于"排他功能"是限定表达中的必备功能，因此将其看作"基本义"。而除此之外的其他非必备功能则归类为"附加义"。在标准2上进一步引用情态学的研究成果将"附加义"分为"命题义"和"语气义"，前者只在"命题"层面起作用，表示对事物的客观描述；后者在"语气"层面起作用，表示说话人的主观态度。本节将从"基本义"、"命题义"和"语气义"三个方面来论述「モッパラ」与「バカリ」在意义上的不同。

（一）「モッパラ」的"基本义"和"附加义"

「モッパラ」在"基本义"上有两种不同的排他用法，即完全排他用法和不完全排他用法。"完全排他用法"是指在限定句中某一要素的同时，把与之处于聚合关系中的其他同类要素完全排除，如例（11）的「モッパラ」在限定「食堂で食べる」的同时，把「自炊する」完全排除。"不完全排他用法"在先行研究中也曾被指出，即「バカリ」在限定句中某一要素的同时，有时并没有完全排除与之同类的其他要素，如例（12）并没有完全排除「自炊する」。

（11）彼はもっぱら食堂で食べていて、まったく自炊しません。（完全排他用法）

（12）彼はもっぱら食堂で食べていますが、たまには自炊します。（不完全排他用法）

而「モッパラ」的"附加义"则相对复杂，严格来讲有三种类型，每种的"附加义"各不相同。

（13）最近、人々はもっぱら宇宙人のことを論じている。
（14）最近、宇宙人のことがもっぱら論じられている。
（15）史郎の相手はもっぱら近所の不良や、近くの学校のワルだった。（熱風）

例（13）是第一种类型的用法，「モッパラ」通常以意志动词为谓语，不但能够明示出动作者积极进行某一行为的"积极性"，还能够表达出反复多次进行该行为的"复数次性"。此句表达出了"人们主动多次谈论外星人"的含义。

例（14）是第二种类型，「モッパラ」倾向于以意志动词的被动形为谓语。该例句可以理解为是例（13）带来的结果，为其派生用法。此时「モッパラ」虽然不能明示人们"主动谈论外星人"的"积极性"，但能暗示出是这一积极行为带来的结果。而且先行研究中所提到的"复数次性"依然存在，有"外星人被多次谈及"的含义。

例（15）是第三种类型，此时「モッパラ」或出现在名词谓语句中，或以

无意志动词作谓语。因为没有意志动词或其被动形作谓语，因此「モッパラ」既不能明示或暗示动作者的"积极性"，也没有"复数次性"，但有时会具有表示事物多个存在的"复数个性"，如例（15）的「モッパラ」能表达出"史郎的对手全都是附近学校的混混"这一"复数个性"。

不管是"积极性"还是"复数次性""复数个性"，都是对事物的客观描述，不含有说话者的评价性，因此均属于"附加义"中的"命题义"。综上所述，限定副词「モッパラ」在"基本义"上有时具有"完全排他性"，有时具有"不完全排他性"；而在"附加义"上具有"积极性"、"复数次性"或"复数个性"。

（二）「バカリ」的"基本义"和"附加义"

「バカリ」的"基本义"也是"排他性"，且在"排他性"上「バカリ」与「モッパラ」具有很大的相似性，都具有"完全排他功能"和"不完全排他功能"。关于"不完全排他功能"，定延（2001）[10]用"夹杂物"（「夾雜物」）这一概念解释了这种现象，他指出「バカリ」倾向于容许"夹杂物"的存在。例如对于例句「先週うどんばかり食べた」来说，即使其中有两三顿吃的是咖喱此句依然成立。

而在"附加义"上，「バカリ」也具有"复数次性"和"复数个性"，这一点有关的先行研究都曾经指出过。如例（16）表示「お新がお世話をかける」这一动作多次反复地发生，例（17）表示「高い山」的多个存在。

（16）いつも、お新がお世話ばかりかけますもの。①
（17）池の中には、高い山ばかりの島や……（森田 1980:401）

这与「モッパラ」有相似之处。但与其不同的是，不具备「モッパラ」明示动作者的"积极性"这一功能。如，

（18）a 風邪ばかりひいている
（18）?? もっぱら風邪をひいている

（19）a 苦労ばかりしてきた

---

① 森田良行、『基礎日本語 2——意味と使い方』、P401、東京：角川書店，1980.

（19）b* もっぱら苦労をしてきた

（20）a ご迷惑ばかりお掛けして
（20）b* もっぱらご迷惑をお掛けして

因为「バカリ」不含有明示动作者"积极主动实施某一行为"的功能，因此可以以非自己所愿的动词为谓语（例 18a、19a、20a）。但「モッパラ」具有明示"积极性"的功能，我们不能说"积极主动地感冒（18b）""积极主动地受苦（19b）""积极主动地给你添麻烦（20b）"，因此不能用「モッパラ」。

由此可见，在"附加义"上，「バカリ」与人的"积极性"无关，只具有"复数性"。当然，这一特性属于"命题义"。除此之外，「バカリ」在某些场合还具备先行研究所说的"负面评价性"（「マイナス評価」），这是说话人对命题进行的评价，属于"附加义"中的"语气义"。沼田（1992）指出：

「ばかりはだけと比べると「とりたてられるものの他に、同類の他の要素もあるかと思ったのに」といった期待の意味が感じられやすい。そこでばかりを使うと、同類の他の要素が含まれないことに対する期待はずれというような、否定的または望ましくないものというマイナス評価のニュアンスが加わることが多い。」[①]

如下例，「退屈」一词能明显表达出说话者对"一カ月も二カ月もギアーが描かされたりする"这一命题的评价。

（21）一カ月も二カ月もギアーばかり描かされたりするのは退屈だった。（孤高の人）

但是「バカリ」的这一"语气义"并不是必备义，如下例就感受不到"负面评价性"，反而有正面评价义。

（22）山本太郎は、中学生の頃から陸上をやっている。もとも

[①] 沼田善子、『「も」「だけ」「さえ」など．—取り立て—』、P22、東京、くろしお出版社、1992．

とは短距離の選手だから、マラソンが得意という訳ではないのだが、それでも、四粁、五粁、乗りものに乗らずに行くことは物の数でもない。「ううん、大丈夫なの。ずっと明るい道ばかりだから。それに、私、少し外を歩きたいの」（太郎物語）

综上所述，可以认为「バカリ」的"基本义"为"排他义"，"附加义"的"命题义"有"复数性"，"语气义"偶尔会有"负面评价性"。将「モッパラ」与「バカリ」的功能总结如表2所示。

表2 「モッパラ」与「バカリ」的意义特征

		基本义		附加义			
				命题义			语气义
		完全排他	不完全排他	积极性	复数次性	复数个性	负面评价性
モッパラ	类型1	△	△	明示	○	×	×
	类型2			暗示	○	×	×
	类型3			×	×	△	×
バカリ		△	△	×	×	○	△

注：○表示有此用法，×表示无此用法，△表示有时有此用法。

四 「モッパラ」与「バカリ」在双重限定句中的功能分工

当「モッパラ」与「バカリ」构成双重限定句时，双方有着不同的功能分工。此节将从结构和意义两个层面来分析，首先按焦点的异同分类，其次看各自在"基本义"和"附加义"上的区别。下列例句中，「モッパラ」与「バカリ」的焦点分别用〈 〉$_{F1}$ 和〈 〉$_{F2}$ 来表示，辖域分别用 [ ]$_{S1}$ 和 [ ]$_{S2}$ 来表示。

（一）「モッパラ」与「バカリ」限定不同的焦点

（23）いまこの場で短剣を抜いて、暗殺すべきだろうか。だがトゥールの短剣は、[$_{S1}$もっぱら [$_{S2}$〈〈夕食のパンを切るような仕事〉$_{F2}$にばかり使われてきた〉$_{F1}$]$_{S1}$]$_{S2}$しろものだ。（スピリット・リング）

例（23）是Ⅴ～Ⅳ型构造，「モッパラ」作为副词，限定的焦点为「夕食のパンを切るような仕事に使われてくる」这一动词句，排除了其他动作。而「バカリ」的焦点则是「夕食のパンを切るような仕事」这一名词短语，排除了「暗殺」这一名词。因此，双方在"基本义"上各不相同。在"附加义"上，虽然二者都具有"复数次性"，都表示"多次把短剑用于切晚餐的面包"这一含义，但在是否能表达出动作者的"积极性"上差异很大。由于「モッパラ」的谓语为意志动词「使う」的被动形，因此能够暗示出动作者积极主动实施某一行为的"积极性"，表达的是"动作者多次积极主动地把短剑用于切面包这样的工作"这一行为带来的结果。而「バカリ」则没有这一含义。因此可以说「モッパラ」与「バカリ」在"基本义"和"附加义"上都有不同的分工。

（24）裏切られた時の悲しさはあるけれど、その人を愛していた時間は幸せだったのだから、それでいいのだと思うからです。ひばりさんが歌手としてデビューしてからは、[S1 もっぱら [S2 〈〈お母さん〉F2 にばかり人の目は集まった〉F1]S1]S2 ようだが、彼女が歌手になるきっかけを作ったのは、むしろ父親のほうだといえるかもしれない。（川の流れのように）

例（24）也是Ⅴ～Ⅳ型构造。「モッパラ」的谓语「集まる」虽然不是意志动词的被动形，但此句仍然属于〈人的积极主动行为〉的派生用法。是因为「集まる」是意志动词「集める」的自动词，当「集める」要表达相应的被动含义时，往往没有被动形，而是用自动词「集まる」这一形式。句中「モッパラ」与「バカリ」依然是在"基本义"和"附加义"上都有不同。在"基本义"上，「モッパラ」限定的是「お母さんに人の目は集まった」这一动词短语，而「バカリ」限定的则是「お母さん」这一名词，排除了「父親」。在"附加义"上，双方都有"复数次性"，都表示"人们的目光多次集中到了母亲身上"这一含义，这更证明了此句是〈人的积极主动行为〉的派生用法。双方的不同点在于「モッパラ」与人的"积极性"有着潜在关联，可以认为例（24）是下句这一人的积极主动行为引发的结果，而「バカリ」则与"积极性"无关。

（24）'ひばりさんが歌手としてデビューしてからは、人々はもっぱらお母さんに目を集めた。

因此，当「モッパラ」与「バカリ」具有不同焦点时，双方不仅在"基本义"上各自限定不同的焦点，在"附加义"的"积极性"上也有差异。

（二）「モッパラ」与「バカリ」限定相同的焦点

当「モッパラ」与「バカリ」在双重限定句中具有相同的焦点时，双方在"基本义"上基本相似。但在"附加义"上仍有不同的功能分工。

（25）彼女は、編集者という私の仕事にも興味を持っていた。一方で、すっかり映画館が怖くなってしまい、[S1 もっぱら [S2 《〈自宅でビデオばかり観る〉F1〉F2]S1]S2 ようになっていた。（誰か）

例（25）是Ⅴ～Ⅲ型构造。「モッパラ」作为副词，毫无疑问修饰「自宅でビデオを観る」这一动词短语。而「バカリ」虽然位于名词「ビデオ」之后，但是从划线部分「映画館が怖くなってしまい」来看，其焦点并不是「ビデオ」，而是焦点后移，与「モッパラ」一样修饰「自宅でビデオを観る」这一动词短语部分。因此，从"基本义"上来讲，「モッパラ」与「バカリ」均修饰同一焦点，排除「映画館に行く」这一行为，二者并没有太大区别。

在"附加义"上，「モッパラ」与「バカリ」均具有"复数次性"，都表示「自宅でビデオを観る」这一动作多次反复发生，这也是二者的相似之处。其不同在于，「モッパラ」的谓语「観る」为意志动词，因此能明示出"她积极主动选择在家看录像"的"积极性"，而「バカリ」则与"积极性"无关。如下例所示，正因为「モッパラ」能明示出积极性，因而可以与表目的的「ため」一起使用，表示有目的的主动选择的行为，而「バカリ」则不可。

（25）a お金の節約のため、映画館に行かず、もっぱら自宅でビデオを観るようになっていた。
（25）b*お金の節約のため、映画館に行かず、自宅でビデオばかり観るようになっていた。

因此，「モッパラ」与「バカリ」虽然在"基本义"上大致相似，但在"附加义"的"命题义"上，前者不仅具有"复数次性"，还能明示出动作者积极实

施某种行为的"积极性";而后者只具有"复数次性"。此外,如先行研究所示,「バカリ」在"语气义"上多少会含有说话人的"负面评价性"。

总　结

　　本文以「モッパラ～バカリ」这一双重限定句为对象进行了探讨,分析了二者在句中的功能分工情况。

　　当「モッパラ」与「バカリ」焦点不同时,二者在"基本义"上分别限定不同的焦点,排除的对象也不同。同时在"附加义"的"命题义"上,虽然双方都具有表示动作反复发生的"复数次性",但当「モッパラ」的谓语动词为意志动词或其被动形时,其与表示动作者积极实施某一行为的"积极性"有着显在或潜在的联系,这与没有这一特性的「バカリ」有着明显差异。当「モッパラ」与「バカリ」焦点相同时,虽然二者在"基本义"上功能大致一致,但在"附加义"的能否表达出动作者的"积极性"上有着明显区别。「モッパラ」或出现在以意志动词为谓语的句子中来明示动作者的"积极性",或出现在以意志动词的被动形为谓语的句子中来暗示"积极性",不管哪种情况都与动作者积极实施某一行为这一"积极性"有着密切联系;而「バカリ」则不能表达出动作者的积极性。

　　由此可见,在双重限定句中,无论「モッパラ」与「バカリ」是否具有相同的焦点结构,二者总是在不同的意义层面承担不同的功能,因此双重限定句有存在的必要性。

【参考文献】

[1] 森田良行、『基礎日本語辞典』、東京、角川書店、1989年

[2] 沼田善子、「取り立て詞」、『いわゆる日本語助詞の研究』、東京、凡人社、1986年

[3] 寺村秀夫、『日本語のシンタクスと意味Ⅲ』、東京、くろしお出版社、1991年

[4] 澤田美恵子、『現代日本語における「取り立て助詞」の研究』、東京、くろしお出版社、2007年

[5] 工藤浩、「限定副詞の機能」、『松村明教授還暦記念　国語学と国語史』、東京、明治書院、1977年、P969-P986

[6] 安倍朋世、「とりたて性から見たタダ」、『鶴林紫苑鶴見大学短期大学部国文科創立

五十周年記念論集』、風間書房、2003 年、P59-P74

[7] 安部朋世．単ニとタダ．千葉大学教育学部研究紀要第 52 巻．2004.155-160.

[8] 安部朋世、「副詞モッパラの意味分析」、『千葉大学教育学部研究紀要』、2007 年、55：P227-P231

[9] 沼田善子、『現代日本語取り立て詞の研究』、東京、ひつじ書房、2009 年

[10] 定延利之、「探索と現代語の限定系のとりたて」、『日本語のとりたて筑波大学「東西言語文化の類型論」特別プロジェクト研究成果報告書』、2001 年、P167-P198

日本文学与文化

狛高庸年谱稿[*]

陈可冉[**]

【摘　要】狛高庸是林家第二代儒宗林鹅峰的亲炙弟子，同时也是近世前期文苑雅交的亲历者和见证人。林氏诸儒自不待言，林家门人如人见卜幽、人见竹洞，文人大名如加藤明友、锅岛直条、板仓重道等人都与高庸相交甚厚。作为林门交游圈内的核心人物，高庸颇具传奇色彩的一生，为我们深入了解当时的文坛面貌提供了许多宝贵的线索。笔者此前已撰文介绍了狛高庸生平、交游的总体情况，本文则以年谱的形式进一步展示高庸传记研究的阶段性成果。

【关键词】狛高庸　林家　近世前期文坛　传记研究

【要　旨】狛高庸は林家二代目当主・林鵞峰の愛弟子にして近世前期文壇の第一線で活躍した多才な人物である。林家の儒者はもちろんのこと、一門の中でたとえば人見卜幽や竹洞、それに加藤明友、鍋島直條、板倉重道といった好学大名まで、高庸と篤く親交を結んだ同時代の文士が実に多かった。林門交遊圏の重要人物の一人として波瀾に満ちた彼の生涯そのものは、当時の文壇の様相を今日に伝えられる貴重な手がかりの記憶装置とでも言えよう。高庸の経歴と交遊の概略についてすでに論文で紹介したことがある。それを踏まえて、本稿では年譜の形によって狛高庸の伝記研究をさらに発展させていく。

【キーワード】狛高庸　林家　近世前期文壇　伝記研究

---

[*] 本文为2014年度国家社科基金重大项目"日本汉文古写本整理与研究"（14ZDB085）的阶段性成果。

[**] 陈可冉，四川外国语大学日语系副教授，文学博士，研究方向为日本近世文学。

Abstract: On Koma Koyo is a student directly taught by the second Confucian master of a family called Hayashi of the Edo period, Hayashi Gaho. Therefore, it can be described that he experienced and witnessed the literary world in the early stage of the modern society. Not to mention Confucian masters of Hayashi, some disciples of the Hayashi's, for example, Hitomi Bokuyu and Hitomi Chikudo, even literati and Daimyo such as Kato Akitomo, Nabeshima Naoeda, Itakura Shigemichi all have a close relationship with Koma Koyo. As he was the central figure in Hayashi Hayashi's friend circle, Koyo's legendary experiences have been providing a great deal of valuable clews for us to penetrate into faces of the literary world at that time. I have already written about Koma Koyo's lifetime and friendships generally. This article is written in chronological form to display some periodical achievements of studies of Koyo's biography a step further.

Keywords: Koma Koyo; Hayashi Family; The Literary Word of the Early Stage of Edo Period; Biographical Study

狛高庸字公择，号荷溪，（又称上左兵卫、辻高政、辻高达）是林家第二代儒宗林鹅峰的亲炙弟子，同时也是活跃在日本近世前期文坛上的一位奇才。高庸出身伶人世家，其先号称是高句丽第二十二代国王安藏王的子孙。自10世纪中叶起，族人世以伶工为业。狛氏亦称辻氏，其支脉又有上、东、芝、奥、窪、久保诸氏。

高庸的生父辻近元精通笙及左舞等诸艺，是近世前期日本雅乐界的领袖。高庸在四名亲兄弟中排行第三，长兄辻近完、次兄辻近恒，皆为乐人。其弟辻高秀曾为东山天皇传授吹笛技艺。狛高庸出生后，过继给了叔父上近康。近康后来又得一亲生子，是为高庸之弟上高重。关于高庸的家族世系，详见《地下家传》卷十一《乐人 南都方》[①]。笔者据此绘制了"狛氏家系略图"，附于文后，以便考索。

作为近世前期文苑雅交的亲历者和见证人，狛高庸颇具传奇色彩的一生，

---

① 正宗敦夫編訂、『覆刻日本古典全集 地下家伝 卷十一』、P528～586、東京、現代思潮社、1978.

为我们深入了解当时的文坛面貌提供了许多宝贵的线索。其生平事迹与文坛交游的总体情况，笔者已撰文论述[①]，在此不再赘言。需要补充说明的是，高庸集伶官、儒者、诗人、书法家四种身份于一身，对其本人及相关历史事件的研究自然不必局限于文学史一隅。近年来，已有学者从音乐史的角度探讨了高庸在日本近世音律学发展进程中所起到的重要作用[②]。相较而言，日本书法史研究领域似乎对狛高庸其人其事尚未给予应有的关注。

参看本年谱稿可知，林鹅峰《国史馆日录》宽文六年十二月六日条[③]有云："是日，明友语卜幽曰：'近世能书之名，鹰峰光悦、吉田素庵、石清水僧昭乘也。以某眼见之，则三人共不及狛庸。今存者，明人元贽及长崎道荣之外，无及狛庸者。世人未多知之而已。'"以加藤明友这样一位热衷文艺、见多识广的大名的眼光来看，现今，近世书法史上赫赫有名的本阿弥光悦、吉田素庵、松花堂昭乘的笔力尚在狛高庸之下。这番话虽然只是一家之言，但当时的幕府大员以及文人墨客等对高庸书法的推崇亦见于其他诸多史料的记载。只可惜，高庸在世之时，明友已有"世人未多知之"之叹。三百五十多年后的今天，若要在日本书法史上重新为狛高庸争得一席之地，无疑需要更加深入地博搜文献，详加考证。从这个意义上讲，本年谱稿仅仅是狛高庸相关研究的一块垫脚石。

凡　例

一、本稿按时间顺序依次记述林鹅峰弟子狛高庸的生平事迹。采录对象侧重于与高庸的文学活动及交游关系密切相关的事项。具体日期的表述悉从旧历。

二、林鹅峰《国史馆日录》（含《南塾乘》）所涉宽文二年十月至延宝七年十一月的史实，因篇幅限制，未遑逐一记述。此部分内容既详于日录，可与本稿对照参看。

三、直接涉及狛高庸本人的事项，条目前标记符号"○"予以表明；作为相关背景加以介绍的周边事项，条目前标注符号"◇"以示区别。为便于日后

---

① 陈可冉，"狛高庸生平交游考"，《日语学习与研究》，北京、2018年、194: P31-P39
② 榧木亨，「林家における『律吕新書』研究――林鵞峰『律吕新書読解』を中心として」，『関西大学東西学術研究所紀要』，大阪、2016年、49: P453-P470
③ 山本武夫校訂、『史料纂集　国史館日録　第二』、P41-P42、東京、続群書類従完成会、1997年

查考，条目后尽量以符号"〔 〕"注明资料来源。

四、出于年谱的体例及叙述的方便，本稿正文对如下文献的书名和卷次一律采用简化的表述方式。如"地下 11"即表示"《地下家传》卷十一"。

  1. 地下 ⇒《地下家传》（正宗敦夫编订．覆刻日本古典全集．东京．现代思潮社．1978.）

  2. 诸谱 ⇒《宽政重修诸家谱》（高柳光寿等编．东京．续群书类从完成会．1964.）

  3. 实纪 ⇒《德川实纪》（黑板胜美 国史大系编修会．东京．新订增补国史大系．吉川弘文馆．1981.）

  4. 鹅文 ⇒《鹅峰林学士文集》（内阁文库藏刻本．鹅峰先生林学士全集．索书号 205-0161.）

  5. 鹅诗 ⇒《鹅峰林学士诗集》（内阁文库藏刻本．鹅峰先生林学士全集．索书号 205-0161.）

  6. 史馆 ⇒《国史馆日录》（山本武夫校订．东京．续群书类从完成会．1997.）

  7. 于役 ⇒《癸卯于役日录》（国书刊行会编．东京．续续群书类从第 9 卷．国书刊行会．1906.）

  8. 读文 ⇒《读耕林先生文集》（内阁文库藏刻本．读耕先生全集．索书号 205-0169.）

  9. 读诗 ⇒《读耕林先生诗集》（内阁文库藏刻本．读耕先生全集．索书号 205-0169.）

  10. 梅文 ⇒《梅洞林先生文集》（内阁文库藏刻本．梅洞林先生全集．索书号 205-0173.）

  11. 梅续 ⇒《梅洞林先生诗续集》（内阁文库藏刻本．梅洞林先生全集．索书号 205-0173.）

  12. 凤冈 ⇒《凤冈林先生全集》（内阁文库藏刻本．索书号 205-0251.）

  13. 文苑 ⇒《文苑杂纂》（彰考馆藏写本．国文学研究资料馆微缩胶片．索书号 32-55-1.）

  14. 东海 ⇒《东海集》（筑波大学藏写本．索书号ル 294-145.）

  15. 诗歌 ⇒《近代诗歌集》（岛原松平文库藏写本．索书号 150-41.）

16. 杂集 ⇒《近代诗杂集》(岛原松平文库藏写本.索书号 147-8.)

17. 屏风 ⇒《和汉六艺屏风赞·箕田宅地十六境屏风诗·杂画屏风赞》(岛原松平文库藏写本.索书号 150-19.)

18. 杂书 ⇒《诗文杂书》(岛原松平文库藏写本.索书号 147-9.)

19. 诗笺 ⇒《国史馆诗歌私笺集》(岛原松平文库藏写本.索书号 150-48～50.)

20. 篁轩 ⇒《篁轩诗稿》(国会图书馆藏写本.索书号诗文 818.)

21. 卜幽 ⇒《卜幽轩稿》(中村幸彦编修.东京.大东急记念文库善本丛刊 近世篇 18.汲古书院.1979.)

22. 行卷 ⇒《癸卯行卷》(内阁文库藏写本.索书号 205-0144.)

23. 竹洞 ⇒《人见竹洞诗文集》(泽井启一解题.东京.汲古书院.1991.)

24. 山迹 ⇒《山迹七字城》(深泽真二解题.京都.京都大学藏大总本稀书集成 第十一卷.临川书店.1995.)

年谱稿

宽永十六年（1639）己卯　一岁

○ 是岁出生，为南都乐人辻近元第三子。〔地下 11、鹅文 34〕

○ 因家中兄弟众多，出生后过继给叔父上近康，成为近康养子。〔鹅文 34、鹅诗 60〕

◇ 宽永年中，养父近康来于关东，充任幕府红叶山乐人。〔地下 11〕

宽永十七年（1640）庚辰　二岁

宽永十八年（1641）辛巳　三岁

◇ 一月五日，板仓重道（重种）[①] 出生。

宽永十九年（1642）壬午　四岁

宽永二十年（1643）癸未　五岁

◇ 八月十一日，林梅洞出生。〔梅续 20〕

[①] 重道乃板仓重矩第三子，号篁轩，又号松涛子。先为下野乌山藩藩主，后转封武藏岩槻藩、信浓坂木藩。重道爱好诗文，著有《篁轩诗稿》。

正保元年（1644）甲申　六岁

◇ 十二月十四日，林凤冈出生。

正保二年（1645）乙酉　七岁

正保三年（1646）丙戌　八岁

正保四年（1647）丁亥　九岁

庆安元年（1648）戊子　十岁

○ 因养父多病的关系，大致从这一时期起，开始顶替养父担任伶人之职。〔鹅文 34〕

庆安二年（1649）己丑　十一岁

庆安三年（1650）庚寅　十二岁

庆安四年（1651）辛卯　十三岁

◇ 四月二十日，江户幕府第三代将军德川家光薨。

◇ 八月十八日，德川家纲袭封第四代征夷大将军。

承应元年（1652）壬辰　十四岁

承应二年（1653）癸巳　十五岁

承应三年（1654）甲午　十六岁

◇ 四月七日、林胜澄[①]出生。

明历元年（1655）乙未　十七岁

◇ 二月二日，锅岛直条[②]出生。

○ 是年，于家业之暇，有志于学，始受业于鹅峰门下。〔于役四月十九日条、鹅文 60、凤冈 111〕

明历二年（1656）丙申　十八岁

○ 自本年起，亦师事林读耕斋。〔读诗 17〕

明历三年（1657）丁酉　十九岁

◇ 一月十八日，明历大火。林家本宅书库化为灰烬。

◇ 一月二十三日，林罗山殁，享年七十五岁。

○ 七月二十三日，于《秋题三十首》中，咏作《秋露》《秋琴》。〔文苑 6〕

○ 八月八日，于《秋题四十首》中，咏作《秋蕉》。〔文苑 6〕

[①] 胜澄乃林读耕斋子，守胜流林家第二世。一名春东，号晋轩，著有《晋轩集》。
[②] 直条乃锅岛直朝第三子，肥前鹿岛藩第四代藩主。雅号泰窝、蒙山、醉白子等，有遗稿集《枫园家尘》传世。

○九月，于《月题百首》中，咏作《华清月》《林栖月》《怀中月》。〔文苑6〕

○九月十三日，赴文殊院出席诗会，探阄赋诗。〔诗歌〕

○十一月五日，于《本朝十雪》中，咏作《今继信雪》。〔文苑6〕

○是年冬，列席林家讲会。

万治元年（1658）戊戌　二十岁

○一月前后，于《冬题百首》中，咏作《冬岭》《冬雀》《冬橘》。〔文苑7〕

○八月二十日，访林梅洞。〔梅续4〕

○八月末，自选诗作送呈林读耕斋点窜。读耕斋对其所作排律《秋闱》中的一联称赞有加。二人互有唱和之作。〔读诗17、梅文8〕

○十月十七日夜，与读耕斋、梅洞同赋《本朝乐器八品》。〔梅续5〕

○冬，于人见竹洞宅雅集。与会者各以"鹤"字为韵作诗。〔文苑7〕

○闰十二月十日，与竹洞相邀共访梅洞。是日有诗。〔梅续5〕

○闰十二月前后，咏作《闰者岁之余》《水仙》。〔文苑7〕

万治二年（1659）己亥　二十一岁

○岁首，作贺岁诗赠鹅峰、读耕斋、梅洞。三人各有和章。〔鹅诗41、读诗18、梅续6〕

○一月五日前后，以梅花一枝附自作绝句二首赠读耕斋，并乞点窜。读耕斋作诗唱和。〔读诗18〕

◇一月五日夜，竹洞访读耕斋，见案头有高庸所赠梅花即作问梅绝句。读耕斋代梅作诗答之。〔读诗18〕

○一月十四日，于读耕斋宅雅集。席间，与鹅峰、梅洞、竹洞等探题赋诗。〔鹅诗41〕

○同期，读耕斋闻高庸弹琵琶，特作绝句一首。二人互有唱和。〔读诗18〕

○二月八日，与梅洞、竹洞、小岛道庆会于读耕斋宅，雅集半日。〔读诗18、鹅诗41〕

○二月十六日，是日行释菜礼，咏作《颜子庆云》。〔文苑8、读诗18〕

○四月十日，于人见卜幽宅雅会。与鹅峰、读耕斋、梅洞、凤冈等林家诸儒，人见家竹洞，正竹两兄弟，以及坂井伯元、荒川长好等一众文士终日联句，及至一百一十句。〔卜幽中〕

○五月十九日，赴读耕斋处誊抄文籍。事毕，于落日余晖中吹奏短笛。读耕斋特作诗咏之。〔读诗18〕

○夏，赠梅洞莲花。〔梅续7〕

○ 七月十九日，荒川长好来访，有诗作唱和。〔梅续 7〕

○ 七月二十日，另作律诗赠长好。长好及梅洞皆有和章。〔梅续 7〕

○ 八月某日，摘自家园中萩花与绝句一首并呈梅洞。〔梅续 7〕

○ 八月十五日，游松平忠房[①]江户别邸，咏作《凤山岩》《中秋》。〔诗歌、文苑 8〕

○ 十二月五日，出席林门诗会，携来早梅一枝。〔鹅诗 42、梅续 8〕

○ 十二月十一日，自宅诗会。鹅峰、读耕斋、梅洞、竹洞同来，以笛为题，分十二品，各探阄赋诗。〔鹅诗 42、读诗 18、梅续 8〕

万治三年（1660）庚子　二十二岁

○ 岁首、作贺岁诗赠鹅峰。鹅峰有和韵之作。〔鹅诗 43〕

○ 一月二十三日，与林家家塾诸生展观林罗山亲笔所书《辛夷诗卷》。〔鹅诗 44〕

○ 二月二十三日，赠鹅峰辛夷一株。〔鹅诗 44〕

○ 二月二十五日，鹅峰作《辛夷歌》并绝句二首以赠高庸。〔鹅诗 44〕

○ 三月三日，折庭前樱花并附绝句赠读耕斋。读耕斋作次韵诗答之。〔读诗 19〕

○ 三月七日，于卜幽宅咏作《赏花钓鱼》。〔文苑 9〕

○ 三月九日，自作《辛夷歌》呈鹅峰。得知高庸园中新植辛夷，鹅峰又作《后辛夷歌》。〔鹅诗 44、读诗 19〕

○ 三月十日前后，读耕斋赠樱花并附诗一首。〔读诗 19〕

○ 三月，于《唐诗桃花句题十二品》中，咏作《玄都观里桃千树》。〔文苑 9〕

○ 三月前后，以海棠、梨花并附诗作赠梅洞。〔梅续 9〕

○ 六月十一日，自宅诗会。各以池莲为题，咏作七律。读耕斋诗注云："池中皆红莲。夕炊之后，拆一大叶盛酒浆，各饮之。颇有逸兴。"〔鹅诗 44、读诗 19、梅续 11、凤冈 43〕

○ 九月十三日，于松平忠房邸咏作《九月十三夜》。〔诗歌〕

○ 十月十日，于忠房邸咏作《关时雨》《晓鸡惊雪树》。〔诗歌〕

○ 十月二十一日，于忠房邸咏作《江边寒芦》。〔诗歌〕

○ 十月二十五日，于忠房邸咏作《越山雪》《野岛崎》。〔诗歌〕

○ 十月二十七日，梅洞来访，作《游高庸亭即事二十五韵》。〔梅续 11〕

[①] 忠房乃松平忠利子，肥前岛原藩初代藩主。忠房爱好文艺，善和歌，与林家交谊深厚，是林门交游圈内典型的文人大名。

○十一月十八日，与竹洞等出席林家雅集。是日，鹅峰邀加藤明友[①]来游。〔东海3〕

○十一月二十九日，鹅峰口授，高庸执笔，加训点于《本朝稽古篇》。〔鹅诗45〕

宽文元年（1661）辛丑　二十三岁

○岁首，作贺岁诗赠鹅峰、读耕斋。林氏兄弟皆有和韵之作。读耕斋诗注云："每岁元旦，红叶山神庙有伶乐。高庸常勤其事。"〔鹅诗46、读诗20〕

○一月十三日，鹅峰讲释《易学启蒙·本图书》。高庸与诸生听讲，会后作《花柳无私》。〔东海4、鹅诗46〕

○二月十五日，值佛灭日，咏作和歌呈读耕斋，获赠六言诗一首。〔读诗20〕

○春，一日访梅洞，展观读耕斋所作《春雪牟韵诗卷》。归家后以畴、流、秋、愁、牟五字为尾韵作七言律诗五首，呈读耕斋乞雌黄。读耕斋作《示狛高庸》一篇详说五音之趣。〔读文20〕

○三月初，作《春兴》诗示梅洞，得梅洞和章三首。读耕斋亦有唱和。〔梅续12、读诗20〕

○三月十日傍晚，与坂井伯元、人见正竹一道探望病中的读耕斋。〔读文年谱〕

◇三月十二日，林读耕斋殁，享年三十八岁。

○读耕斋殁后，作《悼贞毅先生挽诗一首并序》。〔文苑10〕

○夏，咏作《学庸消日》。〔文苑10〕

○五月十八日，随林家父子访加藤明友文房。有诗。〔东海4〕

○七月某日，于上野忍冈访梅洞、凤冈兄弟，作六言唱和诗。〔鹅诗47〕

○七月某日，得知坂井伯元寄诗于梅洞、凤冈兄弟，乃作绝句一首。〔鹅诗47〕

○七月十九日，访忍冈，略作逗留。归家后，寄赠鹅峰熟瓜一盘及自作律诗一首以求和韵。〔鹅诗47〕

○八月前后，作六言诗赠梅洞，获其次韵。〔梅续13〕

○八月十五日，于《唐宋句题十件》之内，咏作《云头滟滟挂金饼》。〔诗歌〕

○闰八月十五日，咏作《乘兴口占》《邻家槿花》。〔诗歌〕

[①] 明友雅号勿斋，乃加藤嘉明孙，明成长子，石见吉永藩藩主。明友所辑《东海集》《锦囊集》是今人了解近世前期文坛风貌的宝贵资料。

○闰八月二十一日，自宅诗会。咏秋虫、秋草。〔梅续 13〕
○九月十三日夜，游松平忠房邸，咏作《山残菊》等。〔诗歌〕
○十月二十日，与田麟宿鹅峰宅。〔鹅诗 49〕
○十月二十三日晨，雪后访鹅峰。〔鹅诗 49〕
○十月二十四日，与林氏父子、竹洞同游明友逍遥园。是日，多有唱酬之作。〔东海 4、梅续 14〕
○十月下旬，咏作《即事》。〔东海 4〕
○十二月二十六日，于鹅峰处邂逅林道荣，众人共赴诗会。〔鹅诗 50〕

宽文二年（1662）壬寅　二十四岁

○岁首，赠鹅峰贺岁诗（其中有一句为"须将风月度春秋"），得其和韵。〔鹅诗 53〕
○三月十九日前后，与鹅峰同游忍冈林家别邸，二人互有唱和之作。凤冈亦作和诗一首。〔鹅诗 54、凤冈 16〕
○三月二十日前后，明友来游忍冈而赋诗。高庸作诗和之。〔东海 5〕
○三月下旬，修书一封寄鹅峰。鹅峰作首尾吟一首述前日忍冈之游，以代返简。〔鹅诗 54〕
○三月二十五日，与林氏父子、竹洞同访明友，咏园中踯躅。〔东海 5〕
○三月二十六日，与林氏父子、竹洞同游忠房别邸，乘兴作诗。〔诗歌〕
○四月六日，爽约未能亲赴忍冈，作芍药诗以赠鹅峰。〔鹅诗 54〕
○四月，于忠房邸与鹅峰等人咏作《八盐红叶》。〔诗笺 1、鹅诗 54〕
○四月十九日，作排律一首寄至忍冈林家别邸，问候鹅峰起居。〔鹅诗 54〕
○六月十六日，于忠房邸与鹅峰等人以和歌题赋诗，作《静乐船》一首咏池中小舟。〔诗笺 1、鹅诗 55〕
○七月四日，自宅诗会。设《论语》题四十件，探阄赋诗。〔鹅诗 56〕
○八月一日，傍晚至忍冈，偶遇鹅峰。〔鹅诗 56〕
○九月十三日，于忠房邸咏作《红叶透露》。〔诗歌〕
○九月中旬，明友离开江户，启程前往封国。高庸作排律一首以赠别。〔东海 5〕
○十月，于《把茅亭十二咏》之内，咏作《谷中晚钟》。另作《傚前中书王龟山曲体》一首。〔文苑 11〕

宽文三年（1663）癸卯　二十五岁

○岁首，赠鹅峰贺岁诗，得其和韵。〔鹅诗 58〕

○ 三月中旬前后，因德川家光十三回忌法会之需，入日光山演奏雅乐。〔鹅诗 59〕

◇ 此时，高庸父兄亦自京都来到日光。

○ 四月四日，法会结束后，于归途中偶遇鹅峰，即与鹅峰一同造访河内守井上正利驻所。席间，拜谒正利及甲斐守加加爪直澄[①]。〔于役同日条〕

◇ 四月九日，鹅峰于日光山御供所偶遇高庸生父辻近元，并与近元谈起高庸的情况。〔于役同日条〕

○ 四月十三日傍晚，与二三伶人拜谒井上正利。入夜后，与先期到访的鹅峰一并告辞，徒步返回住处。二人一路之上，尽享山中夜色。〔于役同日条〕

○ 四月十四日，自鹅峰处获赠绝句一首。〔于役同日条、鹅诗 59〕

○ 四月十五日，携弟同访鹅峰，不遇。至初更后再访，与鹅峰共进晚餐。是日，鹅峰托高庸为其誉抄新作《游寂光寺观瀑》诗，特将中华笺纸及诗稿交付高庸。〔于役同日条、鹅诗 59〕

○ 四月十八日，获鹅峰所赠之慰问品。〔于役同日条〕

○ 四月十九日，当日法会司职击鼓。傍晚，鹅峰来访，赠以新作《日光客舍示狛近元高庸》。鹅峰口授，高庸执笔，修书一封答安房守北条氏长。〔于役同日条、鹅诗 59〕

○ 四月二十日，将写就的《游寂光寺观瀑》送呈鹅峰。鹅峰钤印后，命高庸把此诗赠予寂光寺。〔于役同日条〕

○ 四月二十一日晨，访鹅峰，不久告辞。此后，鹅峰与来访的近元谈及自己对高庸的期望。〔于役同日条〕

○ 五月十三日，与父兄一道，侍奉将军府邸，奏舞乐以供御览。〔鹅诗 60〕

○ 五月下旬，鹅峰以《观舞乐诗并序跋》十首相赠。〔鹅诗 60〕

○ 同期，咏作《武城弦歌》。〔东海 5〕

○ 六月二十四日，自宅雅集。鹅峰、梅洞、人见卜幽等来会，各探荷花句题赋诗。〔鹅诗 60、梅续 17、行卷〕

○ 六月末前后，卜幽以白莲相赠，高庸作诗二首以为回礼。此后，又得卜幽所作次韵之诗。〔行卷〕

○ 七月十一日前后，自家园池中现双头莲，以为祥瑞之兆。鹅峰作《双头

[①] 井上河内守与加加爪甲斐守，二人同为当时的寺社奉行。据鹅峰所言，"井河牧掌伶人之事，甚好乐，且遇高庸厚深"。〔于役四月二十一日条〕

莲谣》，梅洞作绝句一首以表庆贺。〔鹅诗60、梅续17〕

○ 七月十三日，与鹅峰、竹洞同游明友芝园，乘兴作诗。三更过后，与竹洞一道乘船共赴牛岛竹洞别墅。〔鹅诗61、东海5〕

○ 七月下旬前后，卜幽赋绝句一首咏双头莲赠高庸。〔行卷〕

○ 十一月前后，与梅洞唱和诗作。〔梅续18〕

○ 十一月下旬，鹅峰讲毕五经。高庸作律诗贺之，鹅峰复有次韵。〔鹅诗63〕

○ 十一月二十九日，与林氏三父子、竹洞、坂井伯元等会于松平忠房邸，出席和汉联句之会，有一句之咏。〔梦想和汉联句〕①

◇ 十二月二十六日，幕府正式授予鹅峰"弘文院学士"的称号。

宽文四年（1664）甲辰　二十六岁

○ 岁首，赠鹅峰、梅洞贺岁诗，得二人和韵。鹅峰和诗小字双行注云："庸也所居，与弘文院相近，门扁'入德'二字既久。庸名其园曰：'灌花。'"〔鹅诗64、梅续19〕

○ 一月十九日，为准备德川秀忠三十三回忌（一月二十四日）法会，自此日起，于增上寺中司职奏乐。此时，高庸父兄也因为法会的举行而来到江户。〔鹅诗64、鹅文3〕

○ 二月四日，圣堂释菜。与父兄一道赴忍冈先圣殿奏雅乐。鹅峰作七绝《春莺啭曲》赠高庸生父近元。〔鹅文3、鹅诗64〕

○ 四月九日，自正午至四更，于坂井伯元宅出席联句之会。林氏三父子、人见卜幽·道设（懋斋）父子、竹洞·正竹（野笃）兄弟、小岛寿坚、深尾南直、高丽春泽亦来。众人所作之句多至百韵。〔梅续20〕

○ 五月八日，自正午至次日，于竹洞宅中出席联句之会。林氏三父子、人见卜幽·道设父子、人见正竹、坂井伯元、小岛春海、高丽春泽、深尾南直、中村顾言等亦来。众人所作之句多至百五十韵。〔梅续20〕

○ 闰五月三日傍晚，于梅洞宅出席联句之会。林氏三父子、人见卜幽·道设父子、竹洞、伯元、寿坚、南直、春泽等亦来。众人合作完成《门玉联句》。〔梅续20〕

○ 闰五月十二日夜，于忍冈六义堂与鹅峰唱和诗作。戌刻开始，亥半而归。鹅峰诗注云："庸也，自号'荷溪。'"〔鹅诗65〕

---

① 岛原松平文库藏怀纸《梦想和汉联句》的详细情况，见深沢眞二，『「和漢」の世界—和漢聯句の基礎的研究』，p198～209、大阪、清文堂．2010．

○ 六月七日，咏作《月生学扇》。〔东海 5〕

○ 七月中旬，访鹅峰，竹洞亦来，赋诗唱和。鹅峰评价二人诗才曰："新诗早就狛家子，酬和不难牛岛生。"〔鹅诗 66〕

◇ 八月十五日，凤冈与胜澄初登江户城，拜谒将军德川家纲。

○ 八月二十一日，永井尚庸与幕府老中商议后决定，允许高庸参与《本朝编年录》的后续编纂。〔史馆同日条〕

◇ 十月二十日，《本朝编年录》正式更名为《本朝通鉴》。〔史馆同日条〕

○ 十月二十一日，随鹅峰拜谒井上正利。其后，按照鹅峰的吩咐，赴永井尚庸邸拜谢月俸之赐。是日，为了便于修史，鹅峰移居忍冈。〔史馆同日条〕

○ 十月二十二日，运笔将《本朝编年录》的标题修改为"本朝通鉴"。〔史馆同日条〕

○ 十月二十三日，与伊庭春贞一道以"诸生"的正式身份参与《本朝通鉴》的编纂。〔史馆同日条〕

○ 十二月八日，自宅雅集。咏作《雪夜听琴》《本朝绝艺》〔梅续 19、梅文 5〕

○ 冬，咏作《梅雪争奇》等诗。〔东海 5〕

宽文五年（1665）乙巳　二十七岁

○ 岁首，赠鹅峰贺岁诗，得其和韵。〔鹅诗 67〕

○ 三月十三日，作《同弘文学士韵呈芝园公》。〔东海 6〕

○ 四月，入日光山司职法会雅乐之事，父兄亦自京都来。鹅峰作七律《寄狛郎》赠之。其诗末尾二联云："卿奏雅音侍神宫，我携书记随官使。算日有待毕祭仪，忍冈馆里对国史。"〔鹅诗 68〕

○ 五月，于江户城中奏乐，获将军御览。其后，与生父近元所率伶人共三十余名共赴忍冈先圣殿奏乐。〔鹅文 3〕

○ 八月十五日，国史馆诗会。鹅峰病后初愈，高庸作诗贺之。〔诗歌〕

○ 九月十一日，自宅诗会。鹅峰病愈后初次来访，乘兴赋诗。竹洞咏作《雨后待月》。〔鹅诗 68、竹洞 8〕

○ 十月十三日，于伯元宅出席联句之会。是日，众人首次以本国掌故为题，作七字句。所作联句及至三十。鹅峰将其命名为"山迹七字城"。〔史馆同日条〕

○ 十月十六日，晚饭后，与梅洞、竹洞、伯元复作"七字城"。〔史馆同日条〕

○ 十月二十一日，于六义堂出席"山迹七字城"之会。〔史馆同日条〕

○ 十月二十三日，"七字城"阳韵联句咏至百句。鹅峰口授，高庸执笔，

二人为联句添加了训点。〔史馆同日条、山迹〕

○ 十月二十四日，与鹅峰、竹洞咏作"七字城"寒韵联句。所作联句及至二十。〔史馆同日条〕

○ 十月二十五日，于鹅峰处展观朝鲜书简，大喜过望。〔史馆同日条〕

○ 十一月四日，寒韵"七字城"及至百句。灰韵联句及至二十句。〔史馆同日条〕

○ 十一月十日，鹅峰、梅洞、竹洞、伯元来访。鹅峰谓高庸宅中之游"庭池一雁双凫，相驯游泳。夕阳浸影，黄昏月出。各有题咏之兴"。众人又新作灰韵"七字城"五十句。是日，鹅峰作《震筬轩记》①。〔史馆同日条、鹅文6〕

○ 十一月十八日，与林氏三父子及竹洞访兴山寺。作冬韵"七字城"，及至五十句。〔史馆同日条〕

○ 十一月十九日，于辻了的宅雅集。众人先各咏绝句，后作"七字城"萧韵联句，及至五十句。〔史馆同日条〕

○ 十一月二十一日，于竹洞宅出席联句之会。是日，"七字城"先韵联句满百。〔史馆同日条、山迹〕

○ 十二月十五日，"七字城"元韵联句及至七十。夜宿六义堂。〔史馆同日条、山迹〕

○ 十二月三十日，鹅峰作绝句一首赠高庸，以慰其协助修史之劳。〔鹅诗69〕

宽文六年（1666）丙午　二十八岁

○ 岁首，咏作《岁初国史馆试觚》。〔杂集〕

○ 一月六日前后，咏《史馆赋子长游》。〔诗歌〕

○ 一月八日，咏《人日后朝诗》。〔诗歌〕

○ 四月前后，有新婚之喜。高庸妻为人见元德（贤知）之女，竹洞之妹。〔鹅诗71、诸谱辻高政条〕

○ 五月一日，自宅雅集。鹅峰、凤冈等赋诗。其时，池畔杜鹃花开。〔鹅诗71、凤冈81〕

○ 七月二十九日，梅洞婚礼。高庸与诸门人于林家本宅行祝贺之仪。〔史馆同日条〕

---

① "震筬"乃高庸轩号，为梅洞所命名。〔史馆宽文六年十二月七日条〕

○ 九月一日，梅洞殁，享年二十四岁。高庸与林家诸门生守候床前，恭听临终嘱托。〔梅续20 附录〕

◇ 十一月二十六日，鹅峰女七娘病逝。〔史馆同日条〕

○ 十一月二十七日，与竹洞、春贞等探望鹅峰。〔史馆同日条〕

○ 十二月七日，加藤明友特为高庸书"震箧轩"三字。鹅峰在日录中云："庸屡为勿斋劳翰墨之事，故此三大字应彼之求而书之。"是日，明友语卜幽曰："近世能书之名，鹰峰光悦、吉田素庵、石清水僧昭乘也。以某眼见之，则三人共不及狛庸。今存者，明人元赞及长崎道荣之外，无及狛庸者。世人未多知之而已。"〔史馆同日条〕

○ 十二月十八日夜，与凤冈、伯元、竹洞会于自宅。〔史馆同日条〕

○ 十二月十九日，史馆休假。与凤冈、竹洞共赴明友邸。〔史馆同日条〕

○ 十一月二十三日，幕府下赐凤冈年俸，鹅峰拜谒德川家纲。高庸与竹洞、伯元等皆来林家道贺。〔史馆同日条〕

宽文七年（1667）丁未　二十九岁

○ 一月二日，至忍冈拜谒鹅峰。〔史馆同日条〕

○ 一月七日夜，应鹅峰之招，与诸生会于史馆，以"梅边读史"为题，各有诗赋。〔史馆同日条〕

○ 一月十五日，国史馆事毕之后，与凤冈、伯元共赴竹洞宅读史、联句。〔史馆同日条〕

○ 一月十七日，司职红叶山雅乐之事，不赴史馆。〔史馆同日条〕

○ 一月二十三日，是日为罗山忌日，与鹅峰及林家弟子一道祭拜罗山。同日，梅洞肖像由胜田阳溪绘制完成。〔史馆同日条〕

○ 一月二十八日，申刻后，与凤冈、竹洞等人赴伯元宅。此日留宿。〔史馆同日条〕

○ 二月一日，书"颖定先生林君像"七字于梅洞画像。〔史馆同日条〕

○ 二月十三日，游明友芝园，咏《芝园春游》。〔东海6〕

○ 二月末前后，在国史馆中读《荣华物语》的鹅峰作绝句二首以赠高庸。〔鹅诗72〕

○ 三月中下旬，即将启程赴日光之际，获赠鹅峰所作送别诗三首。此次出行，高庸的两个弟弟也一同前往。〔鹅诗72〕

○ 五月，自日光山返回江户。〔鹅诗72〕

○ 五月，咏作《和野传记梦诗三首》。〔文苑14〕

○ 八月，鹅峰以绝句一首相赠，以慰四年来国史编纂之劳。至此，以鹅峰口授，高庸笔录的形式已完成十六卷《本朝通鉴》的编纂。这部分内容记述了自长保年间至承保年间，共计七十八年的日本历史。〔鹅诗72〕

○ 九月一日，梅洞小祥忌。高庸作律诗一首以表追怀之情。其尾联曰："欲语泪先咽，去年今日情。"〔枫园丛谈〕①

○ 十月十五日，井上正利传语于高庸，谓土井利房欲再兴足利学校，特请高庸在新制的匾额上缩摹朝鲜人蒋龙溪往年所书旧匾"学校"二字。〔史馆同日条〕

○ 十月十六日，与竹洞同往土井利房邸，得见足利学校匾额额样。鹅峰于此日日录中云："庸能书，其名稍著，故求墨痕者亦多。庸性柔和不能拒之，又不能敏捷成之，故日日所求殆为堆，动则有妨于事。"〔史馆同日条〕

○ 十月二十五日，高庸为幕府誊写的致朝鲜国书经酒井忠清、阿部忠秋等幕阁大员过目，其书法之妙，受到大名贵胄及幕府右笔的交口称赞。〔鹅文34、史馆同日条〕

○ 十一月二十日夜，鹅峰作《馆暇十读》，其中一首为《狛郎读迁史》。高庸此时正在研读《史记》。〔鹅诗74〕

○ 十一月二十一日夜，鹅峰为高庸作《鸟迹十妙》诗。其诗序云："狛郎墨痕之达，同僚皆推之。声价闻于世，权门亦稍知之。可谓奇也。"〔鹅诗74〕

○ 十二月六日夜，应高庸之求，鹅峰作《燕闲十适》。〔鹅诗75〕

○ 本年，鹅峰为高庸作《公择说》②。〔鹅文23〕

宽文八年（1668）戊申　三十岁

○ 岁首，赠鹅峰贺岁诗，得其次韵。〔鹅诗76〕

○ 三月，人见卜幽七十大寿之际，咏作《贺野壹遇古稀》。〔文苑15〕

○ 春，作《寄炉祝》诗。〔文苑15〕

○ 春，游明友芝园，咏《园中樱花烂漫可爱》等诗。〔东海6〕

○ 春，于德川光国邸咏《凤凰竹》《新绿》。〔文苑15·33〕

○ 四月六日，鹅峰致书高庸，赠《性理大全》副本一部。〔鹅文34〕

---

① 《枫园丛谈》是锅岛直条撰写的汉文随笔，收录于《枫园家尘》。此书有稿本和缮写本两种本子存世。两本的对校详见井上敏幸，『校本楓園叢談』，佐贺大国文、佐贺、2014. 42: p27~ p45.

② "公择"乃高庸的字，为梅洞所赠。

○五月二十一日，书钱文"宽永通宝"①四字。〔史馆同日条〕

○六月十五日，赴辻了的宅出席诗会，咏作《夜凉扑萤》《六月十五夜》。〔文苑15〕

○六月二十一日，由国史馆赶赴弘文书院，协助曝书。鹅峰赠诗以表慰劳。〔鹅诗77〕

○夏，于《箕田宅地十六境屏风诗》之内，咏作《八棱柿圃》《岩径孔泉》。〔屏风〕

○夏，咏《环景楼》《纳凉》。〔文苑15〕

○七月初，赠鹅峰鸡卵百枚。鹅峰作绝句一首以为回礼。〔鹅诗78〕

○八月七日，作《嗣韵自安叟诗》《再和自安叟之韵》。〔东海6〕

○八月二十日夜，于国史馆出席联句之会。会后，作绝句一首示石习、左筠（春竹）二生。〔鹅诗78〕

◇九月上旬，《梅洞林先生全集》刊行于世。

○九月十日，林胜澄接受凤冈指导，研习联句。高庸等国史馆诸生在侧旁听。〔鹅诗78〕

○冬，自宅有联句之会。鹅峰等与会诸彦作五字倭联一百一十句。鹅峰以七律一首相赠。〔鹅诗79〕

○冬，于《月波楼十景》之内，咏作《东海梵宇》。〔杂书下〕

◇十二月，竹洞丧妻。〔鹅诗79〕

宽文九年（1669）己酉　三十一岁

○元日，咏《己酉岁旦试毫》。〔东海6〕

○一月七日，咏《人日梅花》《寄鸟祝》。〔东海6〕

○一月二十三日，与三竹、竹洞、小出龙泉同访板仓重道。〔篁轩前集〕

○三月十一日夜，鹅峰口授，高庸执笔，加训点于《性理大全》。二人有唱和之作。〔鹅诗80〕

○三月十五日，咏《花下酌月》。〔东海6〕

○四月初，鹅峰以《示狛郎》一首相赠。〔鹅诗81〕

○四月十四日晨，访鹅峰，遇胜澄。胜澄彼时正在耽读《文选》。〔鹅诗81〕

---

① 《国史馆日录》同日条作"宽文通宝"，疑误。是年，幕府新铸"宽永通宝"，钱背有一"文"字，以示宽文年间所铸，俗成"文钱"。"文钱"上的文字皆出自高庸之手。

○ 四月下旬，鹅峰口授，高庸执笔，加训点于《性理大全》，至于道统、诸儒卷。鹅峰作诗一首述其梗概以示高庸。〔鹅诗 81〕

○ 七月初，赠鹅峰"干饭"（蒸熟后再干燥的米饭）十袋。鹅峰回赠七绝一首。〔鹅诗 83〕

○ 九月九日晨，赴红叶山将军家庙拜谒。傍晚，访鹅峰，获赠绝句一首。〔鹅诗 83〕

○ 十一月十七日，咏作《梅有别春》《孟子白雪》。〔东海 7〕

宽文十年（1670）庚戌　三十二岁

○ 二月三日，鹅峰口授，高庸执笔，加训点于《资治通鉴》，至于《周纪》。为此，鹅峰特作古体诗一首。凤冈和之。〔鹅诗 107、凤冈 6〕

○ 后日，鹅峰口授，高庸执笔，加训点于《资治通鉴》，至于《秦纪》。应高庸之求，鹅峰咏作古体诗一首。凤冈和之。〔鹅诗 107、凤冈 6〕

○ 六月十九日，幕府奖励《本朝通鉴》编纂有功之臣。《严有院殿御实纪》载："伶工上左兵卫高政，以缮写之功授银五十枚。"〔实纪·严有院 40〕

◇ 七月八日，人见卜幽殁，享年七十二岁。

○ 八月三日，先圣殿释菜，与同僚齐奏雅乐。鹅峰修书一封致高庸，并赠以酒肉。〔鹅文 34〕

○ 八月二十日，鹅峰口授，高庸执笔，加训点于《资治通鉴》，至于《汉纪》。为此，鹅峰特作古体诗一首。高庸与凤冈和之。〔鹅诗 107、凤冈 7〕

○ 九月十三日，于加藤明友邸诗会。以"菊"字为韵作诗。〔东海 7〕

○ 十月二十四日，与野间三竹、允迪父子及竹洞访板仓重道于深川别邸。席间，高庸吹笙以助雅兴。〔篁轩前集〕

○ 十一月十五日，凤冈岳父畠山休山八十大寿。高庸出席尚齿会并作贺诗。入夜，于席上吹奏凤笙。〔东海 7、凤冈 85〕

宽文十一年（1671）辛亥　三十三岁

○ 一月下旬，鹅峰口授，高庸执笔，加训点于《资治通鉴》，至于《后汉纪》。鹅峰作律诗一首以示之。〔鹅诗 88〕

○ 二月中旬，赴之盛宅与鹅峰一道加训点于《资治通鉴》。〔鹅诗 88〕

○ 二月十六日，游芝园，与林氏父子、明友等唱和诗作。〔东海 7〕

○ 二月末或三月初，以红白二色茶花赠鹅峰。鹅峰作诗一首以表谢意。同期，高庸咏"祖鞭樱"，亦得鹅峰和韵。〔鹅诗 88〕

○ 三月八日，与竹洞冒雨赴深川访重道。各有诗作。〔篁轩前集〕

○ 三月，赴日光山。临别，鹅峰赠七言绝句三首。〔鹅诗 90〕

○ 六月六日，卧病在床，鹅峰特来探望。是为高庸时隔二十日再次见到鹅峰。〔鹅诗 90〕

○ 七月一日，以红白二色莲花赠鹅峰。〔鹅文 34〕

○ 七月二日，鹅峰修书一封致高庸，约以翌日于忠房邸雅集。〔鹅文 34〕

○ 七月九日夜，鹅峰口授，高庸执笔，加训点于《资治通鉴·后汉纪》。鹅峰作绝句一首以示之。〔鹅诗 91〕

◇ 八月，竹洞丧小妹。〔鹅诗 91〕

○ 九月三日，鹅峰口授，高庸执笔，加训点于《资治通鉴》，完成《后汉纪》。为此，鹅峰特咏古体诗一首。凤冈和之。〔鹅诗 117、凤冈 7〕

○ 九月十三日，于《儒门咏月二十题》之内，咏作《止斋银月》《勉斋静月》《西山水月》。〔东海 7〕

○ 十一月二十二日，鹅峰口授，高庸执笔，加训点于《资治通鉴》，至于《魏纪》。为此，鹅峰特咏古体诗三首，述三国之历史。凤冈亦作和诗三篇。〔鹅诗 117、凤冈 7〕

○ 十二月七日，赴明友青白园，作贺诗庆祝新园落成。〔东海 7〕

○ 十二月十六日，咏《青白园即景》。〔东海 7〕

宽文十二年（1672）壬子　三十四岁

○ 春，忍冈雅集，有诗。〔东海 7〕

○ 三月二十三日，于明友青白园，咏《春晚雨中即景》。同期，作《游芝园咏芍药》。〔东海 7〕

○ 四月二日，与胜澄同访凤冈，纵论古今诗体。是夜诗会。〔凤冈 81〕

○ 闰六月一日夜，以红白二色含苞未放之莲花赠鹅峰。鹅峰作律诗一首以表谢意。〔鹅诗 95〕

○ 闰六月十九日，重道、凤冈、竹洞来访。〔篁轩前集〕

○ 闰六月三十日，咏《炎天梅蕊》。〔东海 7〕

○ 八月十日前后，与竹洞、正竹兄弟造访重道新居。〔篁轩前集〕

○ 闰六月十九日，重道、凤冈、竹洞来访。〔篁轩前集〕

○ 九月十一日，游芝园，咏《秋莺》《听江》。〔东海 7〕

○ 九月十九日，咏作《展重阳》、《芭蕉耐秋》。〔文苑 20〕

○ 十二月十五日，鹅峰口授，高庸执笔，加训点于《资治通鉴》，至于《东晋纪》。为此，鹅峰特咏古体诗一首。〔鹅诗 117〕

○ 十二月十六日，国史馆诗会。与鹅峰、凤冈、竹洞、胜澄等均有唱和。〔鹅诗 96〕

延宝元年（1673）癸丑　三十五岁

○ 一月十五日夜，鹅峰口授，高庸执笔，加训点于《资治通鉴》，至于《宋武纪》。鹅峰作绝句一首以示高庸。〔鹅诗 97〕

○ 一月二十八日，咏《梅边煮茶》。〔东海 7〕

○ 二月十六日，于国史馆唱和鹅峰诗作。〔鹅诗 97〕

○ 三月，游芝园，与林氏父子、竹洞同作芍药诗三首，并咏《架上蔷薇》。〔东海 7〕

○ 五月二十五日，咏《五月莺》。〔东海 7〕

○ 七月，鹅峰口授，高庸执笔，加训点于《资治通鉴》，完成《宋纪》。为此，鹅峰特作古体诗一首，述其梗概。〔鹅诗 117〕

○ 七月十一日，受明友之邀，访逍遥园。与朋辈舟游，咏《秋航凉雨》《舟中所见》。〔东海 7〕

○ 九月十三日，芝园雅集。咏作《九月十三夜雨》。〔东海 7〕

○ 十月二十二日，鹅峰口授，高庸执笔，加训点于《资治通鉴》，至于《萧齐纪》。为此，鹅峰特作古体诗一首。〔鹅诗 117〕

○ 十一月二十日，自宅雅集。与鹅峰、凤冈等咏作《本朝二十雪》。〔鹅诗 99、凤冈 49〕

○ 十二月，长子高亲出生。先是，既已育有一女。〔诸谱〕

延宝二年（1674）甲寅　三十六岁

○ 岁首，赠鹅峰贺岁诗。鹅峰于和诗中言及高庸去岁有弄璋之喜。〔鹅诗 100〕

○ 一月十日，咏作《鸟语催春》《笔涌江山》。〔东海 7〕

○ 一月，咏《江上夕阳》。〔东海 7〕

○ 三月十三日，咏《樱峰赏花》。〔东海 7〕

○ 三月十六日，自宅雅集。午前，凤冈、胜澄来。傍晚，鹅峰亦来。〔鹅诗 101〕

○ 四月十八日，游逍遥园，咏园中芍药。〔东海 7〕

○ 五月下旬，鹅峰口授，高庸执笔，加训点于《资治通鉴》，至于《梁纪》。为此，鹅峰特作古体诗一首。〔鹅诗 117〕

○ 八月十五日，于芝园作《赋海边无月》。〔东海 7〕

○ 九月十三日，再赴芝园赏月，天公仍不作美。咏《即兴》《秋江晚钓》。〔东海 7〕

○ 九月前后，鹅峰口授，高庸执笔，加训点于《资治通鉴》，至于《陈纪》。为此，鹅峰特作古体诗三首。〔鹅诗 117〕

○ 十月十五日，鹅峰口授，高庸执笔，加训点于《资治通鉴》，至于《隋纪》。为此，鹅峰特作古体诗一首。〔鹅诗 118〕

○ 十月二十五日，游青白园，咏《松间残叶》。〔东海 7〕

○ 十二月十八日，明友邸雅集。与林氏父子、竹洞等九人出席，各咏《年矢早催》。〔东海 7、鹅诗 102〕

○ 是年，于《还景楼二十景》之内，咏作《林罅夕照》。〔文苑 22〕

○ 是年冬，书土津灵神碑碑文[①]。

延宝三年（1675）乙卯　三十七岁

○ 一月，携井上正利所作和歌呈示鹅峰。〔东海 8〕

○ 二月七日，明友邸诗会，与明友唱和诗作。出席者各咏《绿柳才黄》。〔东海 8〕

○ 春，鹅峰口授，高庸执笔，加训点于《资治通鉴》，至于《唐纪》。〔鹅诗 118〕

○ 四月，于《绝景观二十四咏》之内，咏《五级流》《含风艇》。〔杂书下〕

○ 四月二十九日，与生父辻近元于先圣殿奏"五常乐"一千遍。是时，近元因东睿山斋会之事，来于江户。鹅峰与凤冈各作《圣殿奏乐诗》及《归雁筝歌》，以赠近元。〔鹅诗 103、凤冈 8〕

○ 五月十三日，芝园雅集，咏《竹醉日》。〔东海 8〕

○ 五月末或六月初，以白莲赠鹅峰。鹅峰作一绝回赠高庸。〔鹅诗 103〕

○ 六月二十八日，作《乙卯季夏下浣游芝园乱道一章记所见》。〔东海 8〕

◇ 七月，鹅峰为上近丰撰写《狛近丰家传笛记》。〔鹅文 12〕

○ 七月十五日，咏《中元月》。〔东海 8〕

○ 十月六日，于明友邸咏《西园枫叶》。〔东海 8〕

○ 十一月四日，受畠山氏兄弟之邀，赴其宅邸。咏《灵芝诗》及怀旧诗。〔东海 8〕

[①] 土津灵神碑是陆奥会津藩初代藩主保科正之的功德碑，现存于日本福岛县境内的土津神社。石碑体量硕大，重 30 余吨，为日本之最。高庸所书碑文共 1943 字，文章出自名儒山崎闇斋。

○ 十二月十七日，鹅峰口授，高庸执笔，加训点于《资治通鉴》，毕《唐纪》顺宗朝事。为此，鹅峰特作古体诗一首。〔鹅诗118〕

○ 十二月二十五日，于芝园咏《立春听莺》。〔东海8〕

延宝四年（1676）丙辰　三十八岁

○ 一月二十六日，游芝园，咏卧龙梅。〔东海8〕

○ 二月十九日，赴明友逍遥园雅集。〔鹅文34〕

○ 二月二十日，加训点于《资治通鉴》。鹅峰寄示小简一通。〔鹅文34〕

○ 三月七日，咏《惜花》。〔东海8〕

○ 三月十日，漱芳园（六义堂）雅集，永井尚长来会。席间，高庸与上近丰合奏丝竹。〔鹅诗107〕

○ 三月十九日，于明友邸咏作《西园紫藤》《包春亭即事》。〔东海8〕

○ 四月，鹅峰口授，高庸执笔，加训点于《资治通鉴》，毕《唐纪》武宗朝事。为此，鹅峰特作古体诗一首。〔鹅诗118〕

○ 五月二十五日，明友邸诗会。与明友唱和诗作，并咏《即景》。是日，锅岛直条亦来会。〔东海8〕

○ 七月或八月，受人之托，乞画赞诗四首与鹅峰。〔鹅诗108〕

◇ 八月十八日，野间三竹殁，享年六十二岁。

○ 八月下旬，鹅峰口授，高庸执笔，加训点于《资治通鉴》，完成《唐纪》全篇。为此，鹅峰特作古体诗一首。〔鹅诗118〕

○ 九月，舟游芝滨，有诗。〔东海8〕

○ 十月九日，鹅峰口授，高庸执笔，加训点于《资治通鉴》，至于朱梁二主。为此，鹅峰特作古体诗一首。〔鹅诗118〕

○ 十月中旬，鹅峰作《谢狛伯州赠小竹管》。是岁冬，辻近元自京都远寄自制竹笛，以赠鹅峰嫡孙林信充。鹅峰特向高庸请教竹笛之制。〔鹅文38〕

◇ 十一月九日，林胜澄殁，享年二十三岁。

○ 十二月，鹅峰口授，高庸执笔，加训点于《资治通鉴》，至于《后唐纪》。为此，鹅峰特作古体诗一首。〔鹅诗118〕

延宝五年（1677）丁巳　三十九岁

○ 一月八日，得鹅峰手简一通。〔鹅文34〕

○ 一月二十五日，游芝园，咏《竹阴残雪》《春江》。〔东海8〕

○ 二月九日，鹅峰口授，高庸执笔，加训点于《资治通鉴》，至于《石晋纪》。为此，鹅峰特作古体诗一首。〔鹅诗118〕

○ 三月上旬，鹅峰口授，高庸执笔，加训点于《资治通鉴》，至于《五代汉纪》。为此，鹅峰特作古体诗一首。〔鹅诗 118〕

○ 三月二十七日，鹅峰口授，高庸执笔，加训点于《资治通鉴》。至此，历时八年，通读全书二百九十四卷。为此，鹅峰特作古体诗三首。其诗云："门生一郎其姓狛，起笔于庚戌孟陬。每月定约五个日，时期不违朝午晡。"〔鹅诗 118〕

○ 四月三日，游芝园，与凤冈等作《芝园牡丹二十咏》。〔东海 8、凤冈 38〕

○ 五月，咏《夏日游芝园》。〔东海 8〕

○ 七月十九日，咏《秋江白鸥》。〔东海 8〕

○ 八月，鹅峰修书致高庸，催促早日训点《资治通鉴》之后的史书。〔鹅文 34〕

○ 八月十五日，芝园雅集。咏《江上秋雨》《雨中赏荻》。〔东海 8〕

○ 九月二十三日，鹅峰口授，高庸执笔，始加训点于《宋元通鉴》。为此，鹅峰特作律诗一首。〔鹅诗 119〕

○ 十月十日，鹅峰口授，高庸执笔，加训点于《宋元通鉴》，至于《宋太祖纪》。为此，鹅峰特作古体诗一首。〔鹅诗 119〕

○ 十一月三日，鹅峰口授，高庸执笔，加训点于《宋元通鉴》，至于《宋太宗纪》。为此，鹅峰特作古体诗一首。〔鹅诗 119〕

○ 十二月十日，鹅峰口授，高庸执笔，加训点于《宋元通鉴》，至于《宋真宗纪》。为此，鹅峰特作古体诗一首。〔鹅诗 119〕

○ 闰十二月十七日，于《梅边十事》之内，咏作《梅边坐石》《梅边闲鹤》、《梅边展画》。〔东海 8〕

○ 闰十二月二十三日，鹅峰口授，高庸执笔，加训点于《宋元通鉴》，至于宋仁宗庆历年间。为此，鹅峰特作古体诗一首。〔鹅诗 119〕

○ 是年，于《樱冈十境》之内，咏作《拾叶庵》；于《樱冈二十景》之内，咏作《今川流萤》。〔文苑 25·32〕

延宝六年（1678）戊午　四十岁

○ 一月八日，游芝园，咏红梅。〔东海 9〕

○ 一月十五日，鹅峰口授，高庸执笔，加训点于《宋元通鉴》，至于宋仁宗皇祐五年。为此，鹅峰特作律诗一首。〔鹅诗 119〕

○ 二月三日，鹅峰口授，高庸执笔，加训点于《宋元通鉴》，完成《宋仁宗纪》。为此，鹅峰特作古体诗一首。〔鹅诗 119〕

○ 二月二十二日，鹅峰口授，高庸执笔，加训点于《宋元通鉴》，至于《宋英宗纪》。为此，鹅峰特作古体诗一首。〔鹅诗119〕

○ 五月三日，鹅峰口授，高庸执笔，加训点于《宋元通鉴》，至于《宋神宗纪》。为此，鹅峰特作古体诗一首。诗尾小字双行注云："此后狛庸丧偶耦，又有迁居之事而懈于加点者半年。"〔鹅诗119〕

○ 五月十二日，将家禄让予弟高重，使其继承上氏家族的吹笛技艺。高庸自己则甘于薄俸，以吹笙之技补缺成为红叶山乐人。〔鹅文34〕

○ 五月十四日，鹅峰修书一封以贺高庸家中新添俸禄。〔鹅文34〕

○ 六月前后，赠鹅峰白莲。为此，鹅峰作《感莲歌》四十句。〔鹅诗113〕

○ 八月十六日，与凤冈、竹洞同访僧寒岩。〔竹洞七言绝句〕

○ 八月下旬，丧妻。鹅峰以古体诗四首表示慰问，凤冈以律诗一首相赠。凤冈诗中有一句曰："二男二女留遗体。"〔鹅诗114、凤冈20〕

延宝七年（1679）己未　四十一岁

○ 元日，作贺岁诗。诗尾自注云："旧岁迁居。"〔东海9〕

○ 四月，鹅峰口授，高庸执笔，加训点于《宋元通鉴》，至于《宋哲宗纪》。为此，鹅峰特作古体诗一首。〔鹅诗119〕

○ 七月十三日，鹅峰修书一封致高庸。〔鹅文34〕

○ 八月十五日，于先圣殿诗会，咏中秋诗。〔东海9〕

○ 十月中旬，明友作六言诗，鹅峰及凤冈各以诗十二首和之。诗稿由高庸负责誊清。〔鹅诗116〕

延宝八年（1680）庚申　四十二岁

○ 元日，作贺岁诗。〔东海9〕

○ 春，咏后乐园腊梅。〔东海9〕

◇ 二月二十三日，幕府正式准许鹅峰致仕。

○ 三月初，赴京都省亲。向鹅峰道别之际，获赠绝句一首。〔鹅诗120〕

◇ 五月五日，林鹅峰殁，享年六十三岁。

◇ 五月八日，德川家纲薨。

◇ 八月二十一日，德川纲吉就任第五代将军。

天和元年（1681）辛酉　四十三岁

○ 三月，咏青白园紫藤。〔东海9〕

◇ 六月二十二日，生父辻近元殁，享年八十岁。

○ 十月，和林信充所作绝句。〔东海9〕

天和二年（1682）壬戌　四十四岁

○ 一月中旬，明友邸雅集，有诗。〔东海9〕

○ 一月十三日，忍冈雅集，和明友诗。〔东海9〕

○ 二月，于《园花十种》之内，咏作《腊梅》《连翘花》《白山茶》。〔东海9〕

○ 三月，游西园，和明友诗。〔东海9〕

○ 三月中旬，于松平忠房邸咏《雨中残花》《八入枫》。〔杂书下〕

◇ 八月二十二日，朝鲜通信使抵达江户。

○ 八月二十五日，与通信使制述官成翠虚、金正洪沧浪唱和诗作。〔文苑30〕

○ 八月二十九日，再与成翠虚唱和。〔文苑30〕

○ 同期，高庸奉幕府之命负责誊清交付朝鲜通信使的官方回函。〔诸谱〕

○ 十一月，自宅雅集，有诗。〔东海9〕

天和三年（1683）癸亥　四十五岁

○ 五月十三日，于明友邸咏《即兴》。〔东海9〕

○ 七月二十二日，奉将军纲吉之命，由伶人转列儒员。自此，剃发改名为辻春达。〔诸谱〕

○ 八月五日，自是日起，与侍医坂宗真、大膳亮道彝轮班值守江户城土圭间，执掌日记之职。〔诸谱〕

◇ 十二月七日，加藤明友殁，享年六十三岁。

◇ 是岁，竹洞之父人见元德年满八十。〔竹洞17、凤冈35〕

贞享元年（1684）甲子　四十六岁

贞享二年（1685）乙丑　四十七岁

○ 十月二十六日，于忠房邸咏《霜枫》。〔诗笺2、杂书下〕

贞享三年（1686）丙寅　四十八岁

○ 四月二日，咳喘不止，气息欲绝。〔凤冈111〕

○ 五月，旧病复发。〔凤冈111〕

○ 八月十日，病殁。葬于增上寺良源院，法名净立。〔诸谱、凤冈111〕

◇ 九月十日，凤冈为高庸作哀词一首。〔凤冈111〕

◇ 同期，竹洞为高庸作悼诗一首。〔竹洞2〕

元禄五年（1692）壬申　殁后六年

◇ 八月十一日，竹洞于锅岛直条之枫园思念高庸，作追怀诗一首。〔竹洞6〕

◇ 八月中旬，凤冈亦作追悼诗一首。〔凤冈14〕

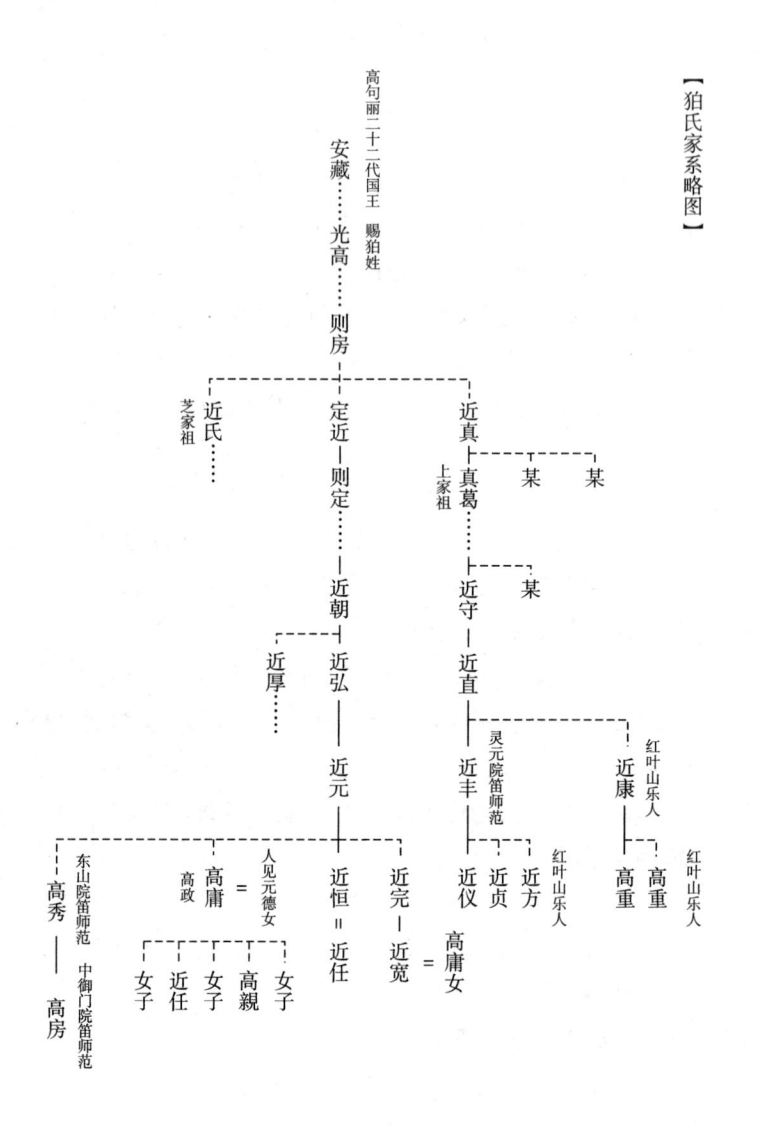

【狛氏家系略图】

(家系图：高句丽二十二代国王 安藏——赐狛姓；光高——则房；定近——则定……近朝——近弘——近元——近恒＝近任；近真——真葛（上家祖）；近守——近直；近丰、近仪、近贞、近方；近康——高重；芝家祖 近氏；近厚；东山院笛师范 高政＝人见元德女，女子、高庸、近任、女子、高亲、女子；近完——近宽＝高庸女；灵元院笛师范；红叶山乐人 高重；红叶山乐人 中御门院笛师范 高秀——高房)

【参考文献】

国書刊行会編、『続続群書類従 第9巻 癸卯于役日録』、東京、国書刊行会、1906 年

高柳光寿等編、『寛政重修諸家譜』、東京、続群書類従完成会、1964 年

島津忠夫等、「楓園叢談」、『佐賀大学文学論集』、佐賀、1965 年、7: P55–P65

大日本人名辞書刊行会編、『大日本人名辞書』、東京、講談社、1974 年

正宗敦夫編訂、『覆刻日本古典全集 地下家伝』、東京、現代思潮社、1978 年

長澤孝三編、『漢文学者総覧』、東京、汲古書院、1979 年

中村幸彦編修、『大東急記念文庫善本叢刊 近世篇18 近世詩文集二 卜幽軒稿』、東京、汲
　　古書院、1979年
黒板勝美、国史大系編修会、『新訂増補国史大系 徳川実紀』、東京、吉川弘文館、1981年
澤井啓一解題、『人見竹洞詩文集』、東京、汲古書院、1991年
深沢眞二解題、『京都大学蔵大惣本稀書集成 第11巻 山跡七字城』、京都、臨川書店、1995年
山本武夫校訂、『史料纂集 国史館日録』、東京、続群書類従完成会、1997年
日野龍夫編修、『近世儒家文集集成 第12巻 鵞峰林学士文集』、東京、ぺりんかん社、1997年
鈴木健一、『林羅山年譜稿』、東京、ぺりんかん社、1999年
伊藤善隆、「野間三竹年譜稿」、『湘北紀要』、神奈川、2008年、29: P1–P16
深沢眞二、『「和漢」の世界―和漢聯句の基礎的研究』、大阪、清文堂、2010年
徳田武編、『鳳岡林先生全集』、東京、勉誠出版、2013年
井上敏幸、「校本楓園叢談」、『佐賀大国文』、佐賀、2014年、42: P27–P45
榧木亨、「林家における『律呂新書』研究――林鵞峰『律呂新書諺解』を中心として」、関
　　西大学東西学術研究所紀要、大阪、2016年、49: P453–P470
陈可冉、"狛高庸生平交游考"、《日语学习与研究》、北京、2018年、194: P31–P39

中日古代的日月食认识

——以中国天狗食日月信仰为中心

王 鑫[*]

【摘　要】日月食现象是中日两国自古就很关注的一个自然现象，对其有着各种解读。中国的儒家将日月食现象与帝王的德行联系在一起，这一认识也传入了日本。然而，在现代中国，一提到日月食首先联想到的是天狗食日（月）传说，但日本却并无类似传说。究竟中日古代如何认识日月食现象？中国的天狗食日月信仰从何而来？日本缘何没有接受中国的这一信仰？本文对这些问题进行了详细考察。

【关键词】日食　月食　中国　日本　天狗

【要　旨】日食、月食現象は古代の中日両国において注目されていた自然現象であった。それに関して、様々な解釈があった。中国の儒家たちはそれを皇帝の徳と関連付けて解釈した。この考えは日本にも伝わった。しかし、現代の中国においては、日食、月食現象といえば、すぐ思い出したのは天狗食日（月）伝説であろう。だが、日本においては似たような伝説はないようである。一体、古代の中日両国においてどのように日食、月食現象を認識していたのか。中国の天狗食日（月）信仰はどのように生まれてきたのか。日本ではなぜ天狗食日（月）信仰がなかったのか。本稿はそれらの問題に

---

[*] 王鑫，北京大学医学人文学院讲师，文学博士，主要从事日本思想史、文化史、妖怪学研究。

ついて詳しく考察した。

【キーワード】日食　月食　中国　日本　天狗

Abstract: The phenomenon of solar and lunar eclipses is a natural phenomenon that has been concerned by China and Japan since ancient times. There are various interpretations of it. Confucianism in China linked the phenomenon of solar and lunar eclipses with the virtues of emperors, which was also introduced into Japan. However, in modern China, the immediate thought of solar and lunar eclipses is associated with the legend of Celestial Dog biting the sun and the moon, but there is no similar legend in Japan. How did ancient China and Japan understand the phenomenon of solar and lunar eclipses? Where did the belief of Celestial Dog biting the sun and the moon come from in China? Why did Japan not accept this belief in China? In this paper, these problems are investigated in details.

Keywords: Solar Eclipse; Lunar Eclipse; China, Japan; Celestial Dog

提到日月食，在中国首先联想到的便是天狗食日月传说，即便在现代，每当出现日月食现象之时，很多媒体依旧会采用"天狗食日月"的说法。然而，在日本却并无类似传说。

中日古代是如何认识日月食现象的？中国的天狗食日月传说究竟从何而来？日本为何没有接受中国的这一信仰？这些问题并没有先行研究详细考察过。关于中国的天狗食日月信仰的研究仅有马杰的《食月传说探源》与钟海柱的《民间传说中的"日月食"考取》两篇文章。这两篇文章都指出古代比起"天狗食月"来，"蟾蜍食月"的记载更多，并且佛经《百喻经》中有"月蚀打狗"的纪录。但究竟为何把日月食现象解释为"天狗吞食"，关于这一传说的来历作为遗留课题，未能予以解答。

本文将在先行研究的基础上考察中日古代有关日月食的认识，并详细分析中国天狗食日月信仰的来源。

一 中日古代对日月食的认识

（一）中国古代对日月食的认识

在中国古代，最早对日月食现象进行观察、预测与记录的是儒家。自周朝起便可见关于日月食的纪录。儒家的认识归纳起来有以下四点。

首先，认为日月食的出现与天子、皇后的德行有关。《礼记》《昏义》篇记载："是故男教不修，阳事不得，适见于天，日为之食；妇顺不修，阴事不得，适见于天，月为之食。"[①]天子要管理男子之教化，皇后要负责教育女子之顺从。如果两者都治理得好，内外和谐、国家安定，这就是盛德。而治理得不好则会反应于天象，天子阳事处理不好则会出现日食，皇后阴事治理不好便会出现月食。日月食是上天的惩罚与警告。

其次，认为日月食的出现是以下犯上的象征。这种思想大致出现于汉朝。《春秋繁露》中记载："大旱，阳灭阴也。阳灭阴者，尊厌卑也，固其义也，虽大甚，拜请之而已，敢有加也？大水者，阴灭阳也。阴灭阳者，卑胜尊也，日食亦然。皆下犯上，以贱伤贵者，逆节也。"[②]董仲舒重视上下等级关系，强调阶级秩序，提出了"三纲五常"。他把君视为阳，把臣视为阴。指出日食是阴灭阳，以下犯上之象。是不义、逆节。出现日月食现象要"故鸣鼓而攻之，朱丝而胁之，为其不义也"[③]。

再次，认为日月食的出现是一种自然现象。持这一观点的代表者是王充(27年~约97年)。他在《论衡》中首先总结了当时儒者们对于日月食的解释。

儒者谓："日蚀，月蚀也。"彼见日蚀常于晦朔，晦朔月与日合，故得蚀之。夫春秋之时，日蚀多矣。……或说："日食者，月掩之也。……其端合者，相食是也。"[④]

[①] （清）李光坡：《礼记述注卷二十七》.《影印文渊阁四库全书》[M]. 第11–12页. 台湾：台湾商务印书馆. 1986年

[②] （北宋）李昉：《太平御览卷五百二十五》.《影印文渊阁四库全书》[M]. 第9页. 台湾：台湾商务印书馆. 1986年

[③] （北宋）李昉：《太平御览卷五百二十五》.《影印文渊阁四库全书》[M]. 第9页. 台湾：台湾商务印书馆. 1986年

[④] （东汉）王充：《论衡卷十一》.《影印文渊阁四库全书》[M]. 第16–18页. 台湾：台湾商务印书馆. 1986年

可见，当时的一些儒家也试图对日月食现象进行合理解释。对于儒家的这一言论，王充提出了质疑。

  日有蚀之者，未必月也。知月蚀之，何讳不言月？……日蚀谓月蚀之，月谁蚀之者？无蚀月也，月自损也。以月论日，亦如日蚀，光自损也。①

  王充认为日食现象未必是月亮造成的。如果真是那样，那为什么避而不谈月食呢？还有人说日食现象出现是因为阳气渐弱阴气强盛的缘故。人和动物都是力量强大者才能欺负弱小。到了月末，月亮光芒已经非常微弱，这怎么能胜过日光呢？如果说日食是因为月亮，那月食又是如何造成的呢？是被谁侵蚀呢？因此，月食是月亮自己残缺。以此推理，日食的出现也是太阳光自己减弱造成。

  最后，儒家认为太阳中居住着赤乌、月亮上居住着玉兔与蟾蜍。还有记载称云中出现龙形是日月食现象出现的先兆。

  释家对日月食的认识也有几种不同观点。首先，释家中也有与儒家类似的观点，认为日月食现象是"天"的责难。月食与蟾蜍有关。释家也认为日月食是天谴，而所用救护之方法是由僧侣诵经念咒。特别是月食出现时通过诵经降服蛤蟆精，使月亮恢复光明。同时认为玉兔生活在月亮的广寒宫中。这也与儒家的看法类似。其次，佛教中关于日月食产生的原因最多的纪载是罗睺吞日月，或以手障蔽日月引起了日月食。最后，在印度占星术中认为是罗睺与计都二阴星遮蔽了日月引起了日月食。罗睺被称为蚀神，计都被称为蚀神尾。

  道家对于日月食并没有儒家那么关心。但是，到了唐朝，随着神仙道教的发展，占验派也发展到了顶峰。唐朝的李淳风（602~670）便是代表人物之一。他的代表作《乙巳占》中收录了唐朝及以前的诸多占星学学说，在甄别其真伪的基础上，重新编辑而成。其中有日蚀占与月蚀占两节。其内容多与儒家相近。

  在文学作品中，特别是诗歌中常常出现咏日月食的作品。其中多采用儒家蟾蜍食月、赤乌、三足乌食日的说法。

---

① （东汉）王充:《论衡卷十一》.《影印文渊阁四库全书》[M]. 第 16–18 页. 台湾：台湾商务印书馆. 1986 年

（二）日本古代对日月食的认识

日本对于日月食的认识主要采用了中国儒家的观点。《历林问答集》中记载：

> 日月何也？答曰：蚀者虽多说，今历家法，周天之位三百六十五度二十五分半也，二十八宿行度亦同，故天以二十八宿为体，则二曜五星，皆行二二十八宿之度一，晦朔之间，月及二于日一，与日相会、……蚀者日月同道、而月拼日而相重之时、现亏蚀，故日蚀则阴侵阳，臣凌君之象也，王者修德行政，用贤去奸。……董仲舒云：月后妃大臣诸侯之象也，故月蚀修刑以攘灾也。①

此处，主要引用了中国儒家关于日食现象的解释。此外，儒家提出的日中有三足乌的说法在日本文献中亦有记载。《笺注倭名类聚抄》中载："日中有三足乌，欧阳询艺文类聚引五经通义曰、日中有三足乌。"②

日本古时日月食的占卜由阴阳寮负责，出现日月食现象时，"皇帝不视事，百官各守本司不理务，过时乃罢。"③到了摄政时期，日本除了帝王不处理政务外，还出现了采用佛教手段救护日月的习俗，《中右记》中记载：

> 依可有日蚀，皆以延引、大僧正良真，为日蚀不正现，从兼日于私房，七佛药师法所修也，而已天阴雨下不正现、其实诚虽末代，佛力之灵验，自以显然欤。④

这里，将未出现日食现象作为佛力之灵验，日本自平安末期起，在日月食现象出现时加入了由佛教僧人诵读经书等佛教救护的仪式，每当未按照阴阳寮的预测出线日月食现象时，便认为是佛法灵验所致。

日本也有合理解释日月食现象的记载。在《两部神道口决抄》中，首先批判了佛教中关于日月食是修罗争斗导致的这一说法，进一步较为科学地合理解释了这一现象。

---

① 贺茂在方：『暦林問答集』．释二日月蚀第二十。
② 神宫司厅古事类苑出版事务所编：『古事類苑』「天部1」[M]．第23页．神宫司厅．1914年
③ 経済雑誌社編：『令義解』．『国史大系．第12卷』[M]．第193页．経済雑誌社．1900年
④ 藤原宗忠著，笹川種郎編：『史料通覧　中右記一』[M]．第231页．日本史籍保存会．1915年

月于水本来无光，请日之光以照，十五日，日月相对之时、日光不能隔地球至月，月缺云月蚀，故月蚀限十五日，日蚀之事。朔日，日月同出同入，日远月近，日前月重，隔月轮日光缺，是号日蚀。①

明治20年（1888年）日本出现的日食现象被绘师绘制成画，称这一年的日食现象十分奇特，是自天明六年以来百余年都未曾出现的现象，所有东西的颜色都变得十分怪异，连八尺镜都无法分辨出来了。但是，这副锦绘对于日食的形成原因并无解释。

明治20年锦绘
日本国立国会图书馆收藏

二 中国天狗食日月信仰的形成

（一）天狗食月之初见

通过整理古代中国对日月食的认识可以看出，在古代天狗与日月食似乎毫无关联。那么，何时出现了关于天狗食日月的记载呢？现存资料中类似的记载

---

① 神宫司厅古事類苑出版事务所编：『古事類苑』「天部1」[M]. 第35頁. 神宫司厅. 1914年

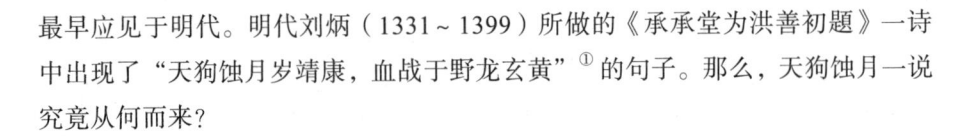

最早应见于明代。明代刘炳（1331~1399）所做的《承承堂为洪善初题》一诗中出现了"天狗蚀月岁靖康，血战于野龙玄黄"①的句子。那么，天狗蚀月一说究竟从何而来？

（二）天狗与日月食

关于天狗与日月食的联系，如前所述，不少先行研究都提到了《百句譬喻经》。该经典于5世纪末期传入中国，由南齐的求那毗地译成汉文，收录了一百篇寓言故事，是面向普通民众宣传佛教思想的一部经书。其中的第84编为"月蚀打狗喻"，其原文如下：

昔阿修罗王。见日月明净以手障之。无智常人狗无罪咎横加于恶。凡夫亦尔。贪嗔愚痴横苦其身。卧棘刺上五热炙身。如彼月蚀抂横打狗。②

这里说到，无智之世间常人不知日月食是阿修罗王以手障之，而把罪责加在狗的身上，出现月食现象时有打狗的习惯。从这里我们可以看出，在印度，狗与日月食有着联系。先行研究指出，印度的这一习俗传入中国，出现了天狗食日月说。然而，仅仅因为这一部经典不仅改变了中国自古以来对日月食的认识，而且还改变了中国自古的天狗形象、作用，似乎有些牵强，况且，此处仅仅说到"狗"，并未指出是"天狗"，缘何中国认为是天狗食日月呢？要想搞清这一问题，需要更进一步调查印度的天狗以及印度对于日月食现象的认识。

1. 印度的天狗

在印度关于"天狗"的记录可以追溯到公元前2000年前后至公元前500年之间成立的《吠陀经》。《吠陀经》是婆罗门教的圣典，本集部分由4部组成。最早的吠陀是《梨俱吠陀》。其中最古老的部分写于公元前2000年前后，现在的《梨俱吠陀》大在公元前1~2世纪编纂而成。《梨俱吠陀》中首次出现了印度的"天狗"。这只"天狗"的名字叫作沙罗摩，是一只四眼斑点狗。在《梨俱吠陀》中它作为因陀罗神的使者，被派到了帕尼（Panis）族，将帕尼藏在山洞

---

① 汪宏儿主编《南湖胜迹》，西泠印社，2009，第148页。
② 〔印度〕、僧伽斯那撰，『百喩経』,『大正新脩大蔵経』, No.0209第4卷、求那毗地訳、東京、大蔵出版株式会社、1961~1964、556頁。

里的雌牛群解放出来。这个"天狗"在《阿达婆吠陀》中产下二子,这两只狗与沙罗摩一样也是四眼斑点狗。

《阿达婆吠陀》写于公元前 1500 年前后。公元前 500 年前后被认可为吠陀经本集的一部。《阿达婆吠陀》的大部分诗是婆罗门作为巫师时使用的咒语,起源于民间信仰。不少咒语是用来治病、驱邪、祈求家畜兴旺、获得恋人的爱情或祈求吉利等。这些都反映了普通人民的各种愿望。通过它可以了解古代印度社会人民的生活、情感。

在《阿达婆吠陀》的第 6 卷第 80 首赞歌中提到了天狗。《阿达婆吠陀》尚未译成中文,仅有英文版译文与抄译的日文版本。第 6 卷第 80 首赞歌只有英文译本。此版本乃 Maurice Bloomfield（1855~1928）于 1896 年翻译而成,书名是 *Hymns of the Atharva-Veda*。作者 Maurice Bloomfield 是一位伊朗语、梵语学者。1881 年至 1926 年在约翰·霍普金斯大学教授梵语与印欧比较语言学。

他所译的《阿达婆吠陀》第 6 卷第 80 首赞歌原文如下:

VI, 80. An oblation to the sun, conceived as one of the two heavenly dogs, as a cure for paralysis.

1. Through the air he flies, looking down upon all beings: with the majesty of the heavenly dog, with that oblation would we pay homage to thee!

2. The three kâlakâñga that are fixed upon the sky like gods, all these I have called for help, to render this person exempt from injury.

3. In the waters is thy origin, upon the heavens thy home, in the middle of the sea, and upon the earth thy greatness. With the majesty of the heavenly dog, with that oblation would we pay homage to thee![1]

这首赞歌由一个赞和三个颂组成,是以阿修罗与天狗为主题的一首赞歌。他在这首翻译的后面,对此赞歌的背景进行了介绍。通过他的介绍我们可以了解到这首赞歌的故事背景如下：kâlakâñga 是恶魔阿修罗的名字,kâlakâñga 为了爬到天上想出了一个主意,即建造一个高耸入云的烟囱,顺着烟囱爬到天上。因陀罗神得知了他们的阴谋后设法阻止。他假意加入阿修罗的行列,与他们一起顺着烟囱往天上爬,但是他偷偷将一块系有线绳的砖头塞入烟囱中,在阿修罗

---

[1] G. R. John, *Forlong. Encyclopedia of Religions* 第 3 卷 [M]. 第 251 页. Cosimo, Inc. 2013.

们爬上天的一瞬间，因陀罗神拉动线绳，使所有的阿修罗都从天上掉了下来。这些阿修罗变成了飘浮在空中的蜘蛛。关于这些蜘蛛的说法各不相同，有的说它们形成了银河系，有的说它们形成了星星。总而言之，在因陀罗的破坏下，阿修罗们没有爬到天界，变成了一群在空中飘浮的蜘蛛。不过，其中有两个阿修罗爬到了天界，这就是太阳和月亮。太阳和月亮既是阿修罗，到了天上后又成为天狗。太阳与月亮就是前文提到的沙罗摩的两个儿子，这两只四眼斑点狗在《阿达婆吠陀》中也是死神阎摩的使者。

上文的赞歌记录了将病人从病魔中拯救出来的祭祀仪式。一个人身体的某个部分出现了麻痹症状，无法活动。为了拯救这个的病人，要进行一个祭拜两只天狗之一——太阳的仪式。

要在地上寻找狗的足迹，将印有狗的足印的土取来些许，快速涂抹在患者的患处，然后，从狗的身上取下一个虫子，将虫子点燃。这个虫子象征着空中飘浮的蜘蛛。通过这样的祭祀仪式可以帮助患者从麻痹、瘫痪的状态中拯救出来。

通过这首赞歌，我们至少可以了解以下三点：首先，在古老的印度，大约自公元前1500前起就把太阳与月亮作为天狗。它们是两只生活在天上的四眼斑点狗。其次，在祭祀天狗之时，地上的狗作为其象征被人们使用。最后，天狗既是太阳与月亮，同时也是死神阎魔的使者，而它们本来是地上的阿修罗。

2. 印度关于日月食的认识

不过，在这首赞歌中天狗并未与日月食现象结合在一起。那么，在印度是如何认识日月食现象的呢？

继《吠陀经》之后，在公元前4世纪至公元后4世纪，印度出现了大型叙事史诗集《摩诃婆罗多》。它与《罗摩衍那》并称印度的两大叙事史诗，是印度教的圣典，其内容涉及宗教、哲学、神话。它与四吠陀在内容上既有重合部分，也有不同的部分。在《摩诃婆罗多》中记录了日月食的由来。

它的初篇第16、17章记述了著名的乳海搅拌的故事。天神们为了得到天之甘露，长生不老之药"阿密哩多"，请求恶魔阿修罗的帮助，于是阿修罗与天神们一起搅动乳海，不久，月亮神、吉祥天女、酒女神、神马都从乳海中生了出来。尔后，相貌英俊的医神檀文陀梨，手托装有甘露的白色钵子从大海中冉冉升起，看到这场伟大奇迹的檀奴诸子都一跃而起，为了争夺甘露，他们大声叫嚷个不停，深有法力的那罗延，当即施展幻力，变成一位妖娆的美女，去和檀奴诸子厮混。檀奴诸子和提底诸子都为那女子失魂落魄，他们一个个糊涂蒙心，纷纷把甘露献给了她。天神毗湿奴英勇非凡、本领高强，他偕同那罗，从檀奴诸子首领群中夺路而出。天神们在毗湿奴面前分得了甘露。这时，有个叫罗睺(Rāhu)的檀奴之子变成天神的模样饮了甘露，在他喝下甘露的那一瞬间，月神与日神揭露了他，提有法宝神轮的世尊砍下了他的头颅，然而，甘露已然到达他的喉咙，他的头颅得到了永生，他与日神、月神结下了仇恨，直到今天，还用嘴巴吞食着太阳与月亮。① 这便是日月食的来历。

这个故事随后被编入了佛典，印度语的 Rāhu，被汉译为罗睺、罗睺阿修罗等。诸如在公元 1~2 世纪，印度著名诗人圣勇普萨所著的《菩萨本生鬘论》中的"投身饲虎缘起第一"中就有"于时大地六种震动。如风激水。涌没不安。日无精明。如罗睺障"② 的记载。这里指出，日月失去光明是由于罗睺所障。

公元 110 年前后出身婆罗门家族的学僧、诗人马鸣菩萨所著的《大庄严论经》中也记载："况复欲加害，月入罗睺口……如罗睺罗吞食日月。"③ 由此可见，至少在公元 1~2 世纪之时，Rāhu 吞食日月的故事就已编入佛典中。

在印度，天狗、阿修罗、日月食三者的关系如下图所示：

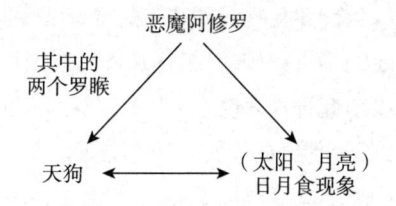

如此，天狗在印度是太阳和月亮，而其本来面目是阿修罗，与引起日月食的罗睺一样都是恶魔阿修罗。天狗与日月食出现了关联。

《百句譬喻经》中月食打狗的习俗或许也来源于此神话。如前所述，印度在祭祀太阳之时会使用地上的狗，而月食时打狗或许也是以地上之狗作为天上之狗的象征，通过打地上的狗，使天狗吐出月亮。

3. 印度日月食神话的传入以及与天狗的关系

印度的日月食神话以两种途径传入了中国：一是佛典的汉译；二是印度占星术的传入。

---

① 毗耶婆：《摩诃婆罗多》，金克木等译，中国社会科学出版社，2005，第 59~62 页。
② 大正新脩大藏経刊行会，『菩薩本生鬘論』，『大正新脩大藏経』，No.0160 第 1 卷、聖勇造、紹徳慧詢訳、東京、大藏出版株式会社、1962~1969、333 頁。
③ 大正新脩大藏経刊行会，『大莊嚴論經』，『大正新脩大藏経』，No.0201 第 5 卷、馬鳴造、鳩摩羅什訳、東京、大藏出版株式会社、1963~1972、330 頁。

前文提到了两部佛经于4～5世纪时被译成汉语介绍到中国。

《大庄严论经》由鸠摩罗什（344～413）译成汉文。鸠摩罗什是十六国时期龟兹国的西域僧人。被称为二大译圣之一。他对于佛教的普及做出了极大贡献。他所译的《大庄严论经》中也提到了《摩诃婆罗多》。"我昔曾闻。有婆迦利人至中天竺。时天竺国王即用彼人为聚落主。时聚落中多诸婆罗门有亲近者。为聚落主说罗摩延书。又婆罗他书说"[1]，这里的"婆罗他书"就是指《摩诃婆罗多》。

由此可知，公元4～5世纪时 Rāhu 吞食日月的故事就随着佛经传入了中国。Rāhu 在汉译时被译为了"罗睺""罗睺罗""罗睺阿修罗"。

求那跋陀罗 (394～468) 所译的《杂阿含经》中也记载："尔时罗睺罗阿修罗王·障月天子。时诸月天子悉皆恐怖。"[2] 这里译成了罗睺罗阿修罗王，被称为障月天子，是月天子害怕的对象。

到了南北朝时期，婆罗门家族出身的印度学僧瞿昙般若流支于516年来到北魏。他把毕生贡献给了译经事业。他所译的《正法念处经》虽然是小乘佛教的经典，却由于其构思奇特、笔致奔放，在中国与日本均影响深远，其后的经典常常引用其中的内容。卷18畜牲品中详细记载了罗睺阿修罗引起日月食的经过。通过这部分我们可以了解到罗睺引起日月食的原因以及他的特征。

罗睺阿修罗之所以要引起日月食现象，其原因有两方面：首先是太阳与月亮的光线太过刺目，使他无法看到漂亮的天女。"欲观园林。日百千光照其身上。……日障我目。不能得见诸天婇女。我当以手障日光轮。……时罗睺王。闻是语已。爱心即生欲见天女。从地而起。渴仰欲见。以手障月。"[3] 其次，他想要致天上的世界成为一片黑暗。"我宝珠等。留此城内。为我诸子作大光明。若无宝珠则无光明。天上亦尔。有日月故则有光明。若无日月则应暗冥。我今宁可覆蔽日月。令天黑暗。"[4]

关于罗睺阿修罗的特征，大致有四点：第一，身量广大，如须弥山般，全身装饰着珠宝，发出耀眼的光芒。性格骄慢，住在光明城中。"身量广大。如须

---

[1] 大正新脩大藏経刊行会、『大莊嚴論經』、『大正新脩大藏経』No.0201 第5卷、馬鳴造．鳩摩羅什訳、东京、大藏出版株式会社、1963～1972、281頁。

[2] 大正新脩大藏経刊行会、『雜阿含經』、『大正新脩大藏経』No.0099 第2卷、求那跋陀羅訳、东京、大藏出版株式会社、1961～1971、155頁。

[3] 大正新脩大藏経刊行会、『正法念処經』、『大正新脩大藏経』No.0721 第17卷、瞿曇般若流支訳、东京、大藏出版株式会社、1961～1971、108頁。

[4] 大正新脩大藏経刊行会、『正法念処經』、『大正新脩大藏経』No.0721 第17卷、瞿曇般若流支訳、东京、大藏出版株式会社、1961～1971、108頁。

弥山王。遍身珠宝。出大光明。大青珠宝出青色光。黄黑赤色亦复如是。以珠光明。心大骄慢。……其所住城。名曰光明。"①第二，其吼声如雷，世间诸国的相师见到他都称"天兽下"。"震吼如雷。阎浮提中诸国相师。谓天兽下。"②第三，掩蔽日月，令日月蚀。第四，他既是狮子儿，也是龙王。"时恶龙王力势增长。震吼大雷。如大山崩。弗婆提人。以软心故。多遭病苦。或燿电光。遍满世界。如火炙燃。云中龙现。……掩蔽日光。莲华即合。"③

对于罗睺引起的日食现象，世间诸多说法："或言当丰。或言当俭。或言凶祸。殃及王者。或言吉庆。"④对于月食现象，也是说法不一："或言丰乐。安隐无他。或言灾俭。五谷勇贵。或言王者崩亡。或言吉庆灵应嘉祥。或言兵刀起于境内。或言人民安乐无变。或言当须斋素洁净拜神求福。"但是，这些都是无知世人不知其详的谬论。日月食现象其实是罗睺以手障之引起。⑤

此外，《正法念处经》中也第一次把中国的"天狗"概念引入了佛教界。在卷19的畜牲品中，描述了阿修罗与天作战的场景。

四大阿修罗王想要联合恶龙们一起与天作战，得此消息的夜叉们想要把这个消息告诉天神，于是，派大夜叉们飞上天去通知天神。天神说没有关系，由于阎浮堤人孝顺父母、积累阴德，因此，阿修罗们是无法取胜的，于是大夜叉们欢喜雀跃，想要把这个好消息告诉善龙们，于是从天而降，发出火焰，大家见到都说是"忧流迦下"，这就是魏朝所说的"天狗"。这部分的原文如下：

<u>大夜叉等</u>。闻天所说。欢喜踊跃。于彼恶龙阿修罗所。生大瞋恚。<u>即下欲诣法行龙王</u>。婆修吉德叉迦等诸龙王所。说上因缘。<u>从空而下。一切身分。光焰腾赫。见是相者。皆言忧流迦下。魏言天狗下</u>。⑥

---

① 大正新脩大蔵経刊行会、『正法念処経』、『大正新脩大蔵経』No.0721 第17卷、瞿曇般若流支訳、東京、大蔵出版株式会社、1961~1971、108頁。
② 大正新脩大蔵経刊行会、『正法念処経』、『大正新脩大蔵経』No.0721 第17卷、瞿曇般若流支訳、東京、大蔵出版株式会社、1961~1971、108頁。
③ 大正新脩大蔵経刊行会、『正法念処経』、『大正新脩大蔵経』No.0721 第17卷、瞿曇般若流支訳、東京、大蔵出版株式会社、1961~1971、106頁。
④ 大正新脩大蔵経刊行会、『正法念処経』、『大正新脩大蔵経』No.0721 第17卷、瞿曇般若流支訳、東京、大蔵出版株式会社、1961~1971、107頁。
⑤ 大正新脩大蔵経刊行会、『正法念処経』、『大正新脩大蔵経』No.0721 第17卷、瞿曇般若流支訳、東京、大蔵出版株式会社、1961~1971、107頁。
⑥ 大正新脩大蔵経刊行会、『正法念処経』、『大正新脩大蔵経』No.0721 第17卷、瞿曇般若流支訳、東京、大蔵出版株式会社、1961~1971、111頁。

"魏言天狗下"是译者所加的注释，这里他把"忧流迦"解释成为天狗，"忧流迦"就是印度语的"流星"之意。在中国古代一直认为"天狗"是"流星"，因此，他把"忧流迦"解释为"天狗"无可厚非。

不过，关于此处的"忧流迦"却出现了不同的解释。从前后分析看来，此处的"忧流迦"应该是欢喜雀跃的"大夜叉"。日本的僧人栖复在其所著的《法华经》的解释书《法华经玄赞要集》中对于夜叉的解释部分，也引用了《正法念处经》，说到夜叉是忧流迦，也是魏朝所说的天狗。

> 言夜叉者。其身赤色。虽无翅羽。而能飞空。有有大神变。作大音声。故名勇健。亦有翻为天使。诸天使故。纪国翻为轻捷鬼。亦云天狗。正法念经云。夜叉性好热血。每上妙高山。瞻望何处兵战。未得食中间。因此长嘘叹息。气上天为彗星。亦云彗星。亦云搀抢星也。天上有星。必有兵甲之事也。在须弥山第三层住。①

然而，中国唐朝的段成式（803~863）却在其所著《酉阳杂俎》中将"龙王"解释为"忧流迦"。"龙王身光忧流迦，此言天狗。"②并且只有这一句记载，前后文并无解释。

段成式是唐朝著名的志怪小说家。年轻时随父辗转各地，了解了各地的风土人情、轶闻趣事，同时博览群书，不仅是小说家，也是与李商隐等齐名的诗人。同时，他信奉佛教、研读佛经，对于佛经十分精通。如此，精通佛教的他，缘何把本该是"夜叉"的"忧流迦"解释成了"龙王"呢？

这里有两点值得我们关注：一个是罗睺阿修罗的"出大光明""震吼如雷""谓天兽下"的特点，一个是世人对罗睺"或言当俭。或言凶祸。殃及王者。或言兵刀起于境内"的评价。这与中国的天狗在性质上极为相似。

中国晋朝郭璞所著《山海经校注》里说到："周书云：'天狗所止地尽倾，余光烛天为流星，长数十丈，其疾如风，其声如雷，其光如电。'吴楚七国反时吠过梁国者是也。"③由此可见，中国天狗的特征便是发出如雷般的声音，如闪电般

---

① （唐）栖复：《法华经玄赞要集》，《续藏经藏经书院版》第53册《中国撰述大小乘释经部》，台湾：新文丰出版公司，1975，第880页。
② （唐）段成式：《正積西陽杂俎》，扫叶山房，1931，第38页。
③ （清）郝懿行：《山海经笺疏》，巴蜀书社，1985，第26页。

的亮光，是灾祸、兵乱的象征。

罗睺阿修罗在佛教中便是龙王的形象，比起夜叉来，罗睺也就是龙王更符合中国天狗的特征。或许段成式是基于此才将原本是夜叉的忧流迦解释为龙王的吧。

然而，对于忧流迦的不同解释，最终也导致了中日天狗的差异性。

在《正法念处经》中还有一处值得思考的记述。在卷70中，他解释了星宿因为善业或恶业而有相应的业报的故事。他说太阳与月亮为星辰所遮蔽正是因为他们行恶业的结果。"日月若胜何故日月为余曜所覆。所谓日莎婆奴月罗睺。一切星宿为曜所覆。曜为余覆。以是善不善故。宿曜亦有善不善业。"[1]这里的"日莎婆奴月罗睺"让我们想起了四吠陀中的天狗。吠陀中将太阳与月亮作为天狗，它们的母亲是沙罗摩，这里的"莎婆奴"会不会是太阳天狗的名字，而月亮天狗的名字是"罗睺"？

其实，四吠陀很早便传入了中国。中国的僧人，特别是印度血统的学僧对于吠陀经精通的人很多。在法云编纂的《翻译名义集》中就记录了鸠摩罗什、求那跋陀罗等人非常精通吠陀经。"鸠摩罗什婆。此云童寿。祖印度人。……又习五明四韦陀典。……求那跋陀罗。此云功德贤。中印度人。幼学五明四韦陀论。"[2]或许《正法念处经》中太阳天狗的名字汉译为"莎婆奴"，月亮天狗的名字汉译成为"罗睺"。如此一来，罗睺既是印度的天狗，也是引起日月食的阿修罗，它传入中国被解释成为"忧流迦"，也就是龙王，魏朝所说的天狗。

中国的天狗终于与日月食现象有了关联。再加上《百喻经》的影响，天狗更加与日月食特别是月食有了联系。然而，印度以及佛经的影响并未能轻易的改变中国古代以来的日月食认识。在明朝之前，蟾蜍吞月、赤鸟食日的说法十分普遍，直到明朝才首次出现了天狗食月的记载。

三　天狗食日月传说形成的时代背景

然而，如前所述，大约在唐朝之时就应该已经完成了天狗与日月食的结合，

---

[1] 大正新脩大藏経刊行会、『正法念処経』、『大正新脩大藏経』No.0721 第17卷、瞿曇般若流支訳、東京、大藏出版株式会社、1961~1971、417頁。

[2] 大正新脩大藏経刊行会、『翻譯名義集』、『大正新脩大藏経』No.2131 第54卷、法雲、東京、大藏出版株式会社、1977、1069~1070頁。

缘何直至明朝之时才出现了天狗食月说呢？其实，早在辽代之时已经出现了类似天狗吃月亮的记载：

> 懿德皇后萧氏，为北面官南院枢密使惠之少女。母耶律氏梦月坠怀，已复东升，光辉照烂，不可仰视。渐升中天，忽为天狗所贪，惊寤而后生，时重熙九年五月己未也。母以语惠，惠曰"此女必大贵而不得令终，且五日生女，古人所忌，命已定矣，将复奈何"后幼能诵诗，旁及经子。①

这里记述辽道宗的皇后懿德在她母亲怀她之时梦到月亮坠入怀中，而又东升而起，发出大光明，可忽然间被天狗所吞食，她的母亲惊醒而后就生了懿德皇后。这里虽然没有提到日食现象是天狗造成，但是已经有了月亮被天狗吃掉的记载。

王艳峰在《中国生肖文化》中称："历史上辽国契丹人素有拜日拜月的宗教习俗，据史料记载：'契丹如见月蚀。当夜各备馔相贺，戎主次日亦有宴会。'每年农历八月八日，皇帝就会在寝帐前七步的地方杀白犬一只，然后将狗埋头、露嘴进行埋葬。七日后的农历八月十五日正好为中秋节，再进行正式的祭月仪式。这个祭月仪式，包含着契丹人对天狗的崇信，希望通过祭拜达到驱避妖邪的愿望。"② 由此可知，契丹族在出现月食现象之时有祭拜天狗的习俗。

然而，此习俗究竟从何时开始？在现存史料中并未见到有类似记载。如冯继钦等在《契丹族文化史》中指出的那样，契丹族在古时有"厌月习俗"，出现月食之时要"望而唾之"，如若不出现月食则认为是祥事，要"欢饮达旦"，契丹族独不拜月神。③ 确实在《辽史》《辽史拾遗》中都有类似的记载。然而，宝格力指出："在契丹故地，直到前些年，每遇日食现象，民间还相互传语曰：天狗吃日头了，于是鸣锣击鼓，藉以威吓天狗，救助太阳。"④

那么，原本不祭拜月神的契丹族缘何会认为月食现象乃天狗吞食造成，并出现了祭拜天狗的仪式呢？这或许也与佛教的兴盛有着密切关系。上川通夫曾在《关于〈觉禅抄〉的六字经法》一文中指出日本的六字经法与辽国佛教有着

---

① 王鼎述：《焚椒录》，中华书局，1991，第1页。
② 王艳峰主编《辉煌的中国系列中国生肖文化》，外文出版社，2013，第138页。
③ 冯继钦等：《契丹族文化史》，黑龙江人民出版社，1994，第300~301页。
④ 宝力格：《草原文化研究资料选编第6辑》，内蒙古教育出版社，2011，第398页。

密切关系，很可能是从辽国带回日本的一种修法。确实，辽国佛教在圣宗、兴宗以及道宗时代达到了极盛期，特别是密教得到了极大发展，佛教受到了国家的支持与保护，著名的《契丹藏》也是辽国佛教的一大成果。随着佛教特别是密教的兴盛，古印度的思想、习俗也传入了辽国。

不过，关于懿德皇后出生时其母梦到天狗食月的记载仅在《焚椒录》中出现，在《辽史》中的记载并非月亮坠怀被天狗食，而仅仅记载有日坠怀，次日生懿德皇后。可见这一认识并不普及。

到了元朝之时，蒙古族统治了中国，成为中国历史上第一个少数民族大一统的王朝，也是中国幅员最为辽阔、统治人口、民族最为众多一个王朝。元朝统治中国后开始重视喇嘛教，即藏传佛教以及道教。虽然元朝的统治者也很尊重当时在汉地流行的禅宗，但与禅宗相比，密教以及道教更接近蒙古本土的宗教萨满教。赖永海指出："藏传佛教所宣扬的即身成佛的教理和注重密法的宗教仪式正好能满足蒙元统治者对宗教的这种信仰心理和现实需要。"[1]元朝之时，还建立了帝师制度，拜僧人为帝师，皇帝甚至大臣、后宫嫔妃都接受帝师的灌顶、受戒。因此，元朝之时佛教特别是密教得到了空前发展，道教也进一步发展。藏传佛教、道教取代了儒教成为国家思想的核心。

此外，蒙古族对于天狗也有自己独特的情结，在蒙古族中"天狗"被视为"天狼"，是蒙古族的图腾，被奉为神。元代之时，蒙古族皇室每年10月就有"射天狗"的习俗，这一习俗是"国典"[2]，又被称为"脱灾"[3]，可见是用来驱灾祈福的一种仪式。因此，对蒙古族来说，比起星辰现象的天狗，怪兽的形象更符合他们对天狗的印象。再加上佛教的影响，最终儒教易姓革命性质的天狗被佛教中带有神秘色彩的天狗所取代。

其后在这一民俗信仰中又融合了中国古代儒教礼俗中击鼓救护日月的习俗，最终形成了敲锣打鼓放鞭炮驱赶天狗以救护日月的民俗。

---

[1] 赖永海主编《中国佛教通史第11卷》，江苏人民出版社，2010，第3页。
[2] 那木吉拉:《百卷本中国全史第14卷中国元代习俗史》，人民出版社，1994，第31页。
[3] 刘宁波编《北京民俗》，甘肃人民出版社，2003，第357页。

从宗亲政策试析日本近世武家政治的形成

刘 晨[*]

【摘　要】 日本近世初期，丰臣和德川两个统一政权先后确立。新兴武家政治的亲族政策独具特色，天下人秀吉以广泛的氏姓授予将武家全体纳入其模拟亲族，并将这一统辖车略与关白政治模式相结合构成丰臣政权的统治基础。德川政权则回归将军幕府政治模式，氏姓授予不再具有建构亲族功能的同时，基于血缘的德川亲族的范围和秩序更加复杂多样。不同于拥有牢固宗法传统的中国古代王朝，日本近世武家政权缺乏类似的传统范式，亲族问题就不可避免地依据实用主义政治逻辑进行处理，这也正是近世初期日本武家政治文化的突出特征。

【关键词】 宗亲政策　日本近世　丰臣秀吉　德川家康　实用主义

【要　旨】 日本近世初期において、豊臣と徳川二つの統一政権が相次いで成立し、新たな武家政治には独特な親族政策もそれぞれ設置されたのである。「天下人」秀吉は、積極的な氏姓授与を通して武家全体の擬制親族化という統制策を打ち出した上、それを関白政治モードとあわせながら豊臣政権の統治基盤を作り上げた。一方、徳川新政権は関白から将軍・幕府政治モードへ戻ったため、氏姓授与の親族編成機能が失われた同時、血縁関係に基づく徳川親族の範囲や内部秩序もさらなる複雑・多様な方向に導かれていった。堅固な宗法制伝統をもつ中国古代王朝と異なり、日本近世武家政権には同じような影響がなかったので、親族関係など問題も実用主義の政

---

* 刘晨，日本京都大学日本史学专业博士生，主要从事日本史研究。

治論理によって処置せざるを得なくなった。それも、近世初期日本武家政治分化の一つ本質的な特徴であるとえいよう。

【キーワード】親族政策　日本近世　豊臣秀吉　徳川家康　実用主義

Abstract: Early in the early modern period of Japan, two of the unified regimes: Toyotomi and Tokugawa was established successively. On the relatives Policy, the lord Hideyoshi subsumed the entire samurai class into his constructive relatives by a broad surname award and attempted to constitute the rule of the Toyotomi regime combining with the political model of Kanpaku. To the Tokugawa regime which returned to the political model of Shogun, the surname no longer had the function of building kinship. At the same time, the range and order of kinship which based Tokugawa clan became complex, demand from realistic politics. By lacking the patriarchal traditions that ancient Chinese dynasties had, Japanese Samurai regime in this period inevitably chooses the political logic of pragmatism when dealing with issues such as kinship. This is also the essential feature of the political culture of the samurai in early modern Japan.

Keywords: Relatives Policy; Early Modern Japan; Toyotomi Hideyoshi; Tokugawa Ieyasu; Pragmatism

引　言

在前近代东亚世界当中，日本的政治体制始终独具一格。特别是武士阶层从 12 世纪末开始长期执掌天下权柄以后，镰仓、室町、江户三代武家政权（幕府）的权力构造和统治模式都从根本上区别于以专制主义中央集权为主的大陆政治体制。室町中后期应仁之乱（1467~1477）的爆发和此后持续百余年的战乱割据进一步加剧和深化了日本政治的特殊性，至 16、17 世纪之交在丰臣、德川两氏的努力下武家政权再次统一全国，并在此后近三百年的时间里维持了政治体制和社会形态的基本稳定。这一段被称作"近世"的时代分期中形成的政治体制和证据走向，还构成了明治维新以来日本政治的背景和底层，对于分析日本政治史甚至当代日本政治、文化都有着重要意义。

基于上述原因，近世武家政治特别是其形成过程一直备受学界关注。而随着近年来政治史研究范式和视野的拓展，从东亚世界这一广域视角重新梳理日本近世政治特性[1]。由此展开的相关研究主要集中于两个方向：其一是从思想史和交流史的层面上探讨古代中国政治思想和大陆政治格局对近世日本的影响；其二则是着眼于明显独立于东亚政治秩序之外的近世日本"幕藩体制"的特殊性。另外，对于非直接关联但属于前近代诸国共通的政治课题——如土地支配、国家构成、宗族关系等——的相关研究虽然同样丰富，却往往不重视相应的比较视野。这种视角缺失的危险之一是容易造成对日本政治特征的认识缺乏全面性，但更重要的是会导致部分问题的政治意义遭到忽视或曲解。近世武家的宗亲政策，就属于这一范畴。

以血缘和族群共同体为基础的宗族关系，既是前近代社会的核心要素，同时也具有重要的政治意义，中国古代皇权之下的"宗室"就是最好的例证。身为"天潢贵胄"的宗族群体，既是新兴王朝建立和推行皇权专制的助力，又是足以影响政权稳定的重要变数，作为辨析古代王朝制度和政局走向的重要断面一直备受中国史学界所瞩目[2]。与之相比，日本政治文化中虽然也存在以家庭伦理原则为国家政治原则等传统[3]，但宗族关系在前近代日本政治中的意义却并未得到过清晰和完整的界定。

当然，从家族史的角度分析日本亲缘关系，包括中日家族制度比较在内的相关研究并不少见，其中尤以李卓和笠谷和比古等人的研究最具代表性[4]。通过这些研究可以发现，与基本上依照血缘关系和嫡长子原则确立宗族范围和内部秩序的古代中国宗亲关系相比，肇源于氏（ウジ）[5]集团内部的古代日本的"家"

---

[1] 深谷克己、展望日本歷史 13 近世国家：深谷克己等，2000 年、2~12 页。
[2] 刘军：《试论中国古代王朝宗室的政治构造特征》，《山东师范大学学报》（人文社会科学版）2013 年第 2 期。
李玉君：《金代宗室研究》，科学出版社，2016，第 1~2 页。
[3] 宋益民：《论日本传统政治文化的特点》，《日本学刊》，中国社会科学院日本研究所 1991 年第 5 期。
[4] 李卓：《中日家族制度比较研究》，人民出版社，2004，第 161~173 页。
笠谷和比古、『公家と武家—「家」の比較文明史的考察』、京都、思文閣出版、1999 年、11 页。
[5] 氏（ウジ）是基于血缘等因素结成的族群共同体，成员称共同氏名（又称姓（セイ）或本姓）；此外还有反映政治地位的姓（カバネ），但平安时代以后逐渐失去实际意义；随着氏族的泛化和单独继承制的确立，氏内部又出现了血缘关系更加紧密的家（イエ），成员共享同一名字，又称苗字或家号（井上光贞等、『東アジアにおける社会と習俗』、87-112 页、东京、学生社、1984。）

（イエ），更加接近以家产传承为目的并具有经济和社会功能的经营共同体，因此模拟或契约亲族（养子等）也可以加入以直系血统为主的宗亲关系当中。对于统治阶层的宗亲关系，虽然基于上述复合性亲族认同而出现的诸如异姓养子、非嫡长子继承、女帝等日本所特有的现象，以及天皇和镰仓、室町两带幕府将军宗族构成中所共通的直系血缘认同和近似于中国的服属区分，都在官文娜等人的研究中得到过梳理[1]，但随着应仁之乱和战国时代的来临，上述原则和特征也随之发生了显著的变化。

到武家政权统一天下并日趋稳定的16世纪末，统治阶层的宗亲政策就已经出现显著差异，特别是丰臣政权通过向全体武家大名授予丰臣姓和羽柴名字创造出规模空前的模拟亲族，同时背离血缘基准和亲疏秩序的现象频发并趋于常态化。再加上日本古代缺乏宗室管理机构和谱牒记录，武家宗亲在构成和身份界定上的模糊性和复杂性成为突出的问题。另一方面，缺乏参照系的近世武家宗亲政策研究虽然成果颇丰，但诸多问题并未得到有效解决，比如这一时期广泛存在的氏姓授予政策是否具有、在何种范围内具有结成宗亲关系的职能，比如血缘关系对宗族关系的界定影响几何，再比如一度作为近世武家政治基础概念的大名三分类法（亲藩、谱代、外样）遭到否定之后[2]，究竟该如何定义德川将军的宗亲等。说到底，对于这些事关近世武家政治形成的诸多问题，已有的研究并未足够重视宗亲关系的政治意义和影响。

有鉴于此，本文将着重近世初期日本武家政权的宗亲政策，以期从这一角度修正或加深对前近代日本政治特征的理解。

一　丰臣政权的氏姓授予与宗族建构

和"万世一系"的天皇一族，或拥有皇族血统的镰仓、室町两代幕府开创者——清和天皇后裔的源氏武士不同，丰臣政权的缔造者秀吉生于尾张贫民之家，本名木下藤吉郎，通过效忠织田信长成为下级武士，并依靠自身卓越的政治才能最终统一全国。在缺乏"异姓革命"式王朝更迭先例和意识形态基础的

---

[1]　官文娜，『日中親族構造の比較研究』、169～213頁、京都、思文閣出版、2005年。
[2]　松尾美恵子、「近世大名の類別に関する一考察、徳川林政史研究所研究紀要」、東京、徳川林政史研究所、1985年、(1): 274～274。

日本,秀吉以众所周知的布衣身份执掌天下之权柄,其统治合法性极易遭受挑战。同时,秀吉的天下一统进程实际上是依托天皇权威,并以政治驯服配合军事威慑才最终实现的。以至于从结果上看,丰臣政权在倾向于强化中央集权的同时,也很大程度地保留了地方大名的领地支配权,并未实现古代中国王朝式的的绝对专制[①]。

于是,天皇和贵族的权威成为秀吉保证其统治合法性的主要依靠。秀吉于天正十三年（1585）以藤原氏近卫前久养子身份改姓（氏名）藤原,并就任朝廷最高职务——关白;次年九月天皇赐其新姓（氏名）丰臣,丰臣政权也由此开创。另外,通过关白举荐+朝廷任命,秀吉授予臣服于自己的诸大名"从四位下侍从"以上官位——公家成,授予自己直属家臣"从五位下诸大夫"官位——诸大夫成,通过官位等级确立起以关白为顶点的武家政治秩序。武家大名们在任官叙位的同时会被授予丰臣氏名,实力派大名在获姓丰臣之外更会改称羽柴名字,官位获得与氏姓授予被认为具有明确的同步关系[②]。

问题在于,官位授予虽然意义重大,氏姓授予却并非关白政治模式的必要条件,更可况该政策的实施还存在额外效果——它使降伏于秀吉的武家大名都变为与其同氏名（部分甚至同名字）的模拟亲族。文禄二年（1593）五月一日秀吉寄往朝鲜前线的朱印状中提到"使（大友义统）叙公家位,许为御一家"[③],也就是说与官位叙任相绑定的羽柴名字授予,在这里实际上等同于"御一家"暨亲族身份的授予。

黑田基树认为这是丰臣政权将治下大名按身份和政治地位分而序之的标志,特别是羽柴名字具有"分享中央'公仪（公权）'、占据地域性'公仪'主体地位"的意义[④]。堀越祐一则认为,秀吉是通过氏姓授予同时对应官位的方式将武家全体划分为三类,即丰臣姓羽柴庶族公家成——旧织田臣下和旧战国大名、丰臣姓非羽柴家诸大夫成——丰臣氏直属家臣、非丰臣姓非羽柴家无官位——中下层武士（大名家臣）,自己及继承人则一方面以氏长者（族长）和家长身份君临全体武家,另一方面作为关白占据公家社会的顶点[⑤]。换

---

① 朝尾直弘、『将軍権力の創出』、65～118、東京、岩波書店、1994 年。
② 下村劾、「豊臣氏官位制度の成立と発展—公家成 諸大夫成 豊臣授姓」、日本史研究、京都、日本史研究会、1994 年、(377): 1～24。
③ 原文为"（大友義統）公家ニ迄させられ、御一家ニ被仰付候間"（島津家文書）。
④ 黒田基樹、「慶長期大名の氏姓と官位」、日本史研究、京都、日本史研究会、1997 年、(414): 1～24。
⑤ 堀越祐一、『豊臣政権の権力構造』、12～32、東京、吉川弘文館、2016 年。

言之，相关研究一般把氏姓授予与官位任命视为秀吉确立武家身份秩序的综合性政策。但上述研究都没有解释一个显而易见的问题，那就是在基于关白政治模式的官位秩序业已存在的同时，秀吉为何还要大费周章地建立起一套与之分毫对应的模拟亲族体系，更何况这一体系并不能被视为前者政治逻辑的合理延伸。

反之，如果将氏姓授予从官位秩序中剥离出来单独考察的话，就会发现其有着独立于关白政治之外的自身发展路径，绝非附属政策那么简单。首先，成规模的羽柴名字授予开始于天正十三年秀吉就任关白之前，而且第一批改称羽柴的织田信长旧臣在改称前后均无官位，氏姓授予绑定官位的原则直到天正十六年以后才初步确立，也就是说氏姓授予明显早于丰臣关白和官位体系。其次，丰臣政权内任官诸大夫的丰臣姓家臣只有"从五位下"一种位阶且无法晋升，但在公家社会和德川期的武家社会中，从四位下（四品）诸大夫乃是常见现象。堀越氏认为这是由于少数从五位下"羽柴侍从"的存在，使秀吉不得不采取限制以明确羽柴名字的区分度[①]。换言之，是氏姓区分决定官位秩序的获取而非相反。再次，秀吉家臣普遍只授丰臣姓，唯独福岛正则和青木重吉二人在庆长二年（1597）改称羽柴并升任侍从，而这则显然缘于二人生母乃秀吉姨母这一远亲关系，以及当时秀吉直系亲属相继离世的背景[②]。这就说明，血缘对于武家身份秩序的决定权重要优先于官位和臣属关系。另外，福岛正则在天正十三年（1585）任诸大夫和庆长二年升任侍从时，分别以平姓和丰臣姓接受朝廷颁授的从五位下位阶的任命书（口宣案）两次[③]，这被认为是秀吉执意要将正则的氏姓明确为丰臣而做出的特殊举动，秀吉对于亲族认定的严格和对官位制的随意态度在其中体现无余。

氏姓授予在具体实施过程中所表现出的先发性、独立性、主导性和重要性让人有理由认为，丰臣政权的氏姓授予政策及其结果之一的模拟亲族建构，并非依托于关白政治模式的副产品，而是源于另一套独立存在的政治模式。这种政治模式很可能不植根于朝廷权威，而是建立在宗族共同体伦理之上。当然，这种模拟宗族的建构恐怕未必是宗族政治化式的统治权谋，毕竟直系血统始终在丰臣政权中占据绝对优势。秀吉的直系亲族——同母弟秀长、甥男秀次·秀

[①] 堀越祐一、『豊臣政権の権力構造』、12~32、東京、吉川弘文館、2016年。
[②] 堀越祐一、『豊臣政権の権力構造』、12~32、東京、吉川弘文館、2016年。
[③] 堀越祐一、『豊臣政権の権力構造』、12~32、東京、吉川弘文館、2016年。

保三人——虽然与实力派大名同属丰臣姓羽柴庶家，却都在丰臣政权确立过程中地位显赫[1]。秀次还曾作为秀吉养子继任关白和丰臣氏长者；后来他被罢黜以至于自杀身死，根本原因也是秀吉在继承人问题上更倾向于亲生儿子秀赖[2]。换言之，秀吉并未将所谓模拟宗亲真正等同于直系血亲。因此，以空前的精力建构模拟宗族的行为，就很可能与夺取关白职位一样，是出于建构丰臣政权统治合理性这样的政治目的了。

实际上，中世以来，基于血缘的"氏"认同虽然基本上被单位更小关联性更强的"家"认同所取代，但与氏相对应的社会地位和功能并未完全消失。比如秀吉以前的关白就必须由藤原氏的氏长者担任，源氏长者也是镰仓时代以后就任征夷大将军的必要条件。如果从氏的上述职能来看，秀吉采用丰臣新姓并建构模拟宗族的举动，就并非随意而为，而更可能是试图取将军法统而代之的精心计划了。也就是说，秀吉把早已分属不同氏族的武家大名全部纳入新的丰臣氏中，其实是对将军源氏长者身份的提取和扩展，让自己在事实上拥有"统辖武家"这一将军权限，同时又作为全体武家族长（丰臣氏长者）在法统上代替将军（源氏长者）。这样一来不仅秀吉选择关白职而不是将军职变得合情合理，而且秀吉取代藤原氏长者就任关白也在掌握公家社会之外更增加了将丰臣氏整体纳入朝廷权威系统之中的重要意义。丰臣氏武士也可以据此在身份上与之前的源氏武士画上等号了。

换言之，基于亲族关系的氏长者身份和基于朝廷体制的关白身份并存且相互结合，为秀吉提供了一个超越既有政治局限的全面性统治逻辑。在这种政治构造中，秀吉不仅能够同时身兼公武两家的最高统治者（仅在天皇之下），同时还巧妙地回避了其出身卑微所带来的缺乏法统危机，甚至重新构建了武家社会的身份秩序基础——当然只是在理论上。不过无论如何，丰臣政权氏姓授予政策及其模拟宗族建构源于独立的政治逻辑，并有着显著的政治意义这一点是不可否认的。

---

[1] 秀长常年跟随秀吉征战并多次指挥大军团作战，最大领有大和、纪伊、和泉三国一百十万石，官拜从二位权大纳言；秀次和秀保都是秀吉姐智姬之子，秀保被秀长收为养子，领大和一国、官至从三位权中纳言。

[2] 藤田恒春、『豊臣秀次の研究』、208~211、東京、文献出版社、2003年。

二 政权更迭过程中氏姓授予的变化

然而，在侵略朝鲜、继承人选择等问题上秀吉所表现出的主观臆断和急功近利，同样造成了氏姓授予和宗族建构政策上的明显弊端。首先，缺乏血缘基础又太过标准化的宗族建构无法撼动诸大名既有的宗族认同；其次，秀吉本人在继承人问题上违背了家业优先的宗族共同体原则——养子秀次以指定继承人身份遭难——导致本就稀薄的丰臣大宗族认同进一步被摧毁；再次，丰臣姓和羽柴名字的区别授予使得直系家臣在实际上被疏远。更何况，这种政治模式说到底是以秀吉本人的威信为前提，将其落实为政治传统绝非一代之功，然而秀吉于庆长三年（1598）病故，彼时嫡子秀赖尚在年幼。失去了保护人的脆弱政权举步维艰，积累日久的种种矛盾迅速爆发。两年后（1600）的九月十五日，名义上是丰臣氏内战的关原之战以家康一方的胜利告终，天下统治权在事实上易手于德川氏。

此后，在新政权的积极破坏下，旧的政治构造迅速失效。同年十一月，家康四子松平忠吉以源姓叙任从四位下侍从，标志着丰臣姓和羽柴名字绑定官位任命的原则失效；十二月二十日，藤原氏九条兼孝就任关白，是这一职位"自武家返于摄家之始也，内府家康公之裁断也"[①]，关白政治也在家康的动议下告终。另外，关原之战以后，除福岛正则等少数秀吉旧部外，以家康及其一门（秀忠、秀康）为首，多数大名陆续废弃丰臣姓和羽柴名字，改回既有氏姓。而随着家康于庆长八年（1603）二月就任征夷大将军并正式开创江户幕府，下赐家康旧用松平家号（名字）的松平授姓政策开始由德川氏谱代家臣扩展至实力派外样大名。以庆长十年五月加贺前田家嫡子利光元服并叙任从四位下侍从，同时称松平筑前守为开端，堀、蒲生、伊达、池田、毛利、中村、山内、黑田、蜂须贺、岛津、锅岛、浅野、加藤等旧战国或旧织田丰臣系大名家的家主、嫡子和少数庶子陆续在家康和秀忠两代治下被授予了松平名字[②]。

松平名字授予虽然被视为是对丰臣期氏姓授予政策的继承或改良，但是二者之间的区别是十分明确的。首先，德川政权只授松平名字不授氏名，；其次，

---

① 原文为"武家ヨリ摂家へ被返之始也、内府家康公申沙汰也"（舜旧记）。
② 黒田基樹，「慶長期大名の氏姓と官位」，日本史研究、京都、日本史研究会，1997年、(414): 1~24。
中村孝也，『家康の族葉』，644~675、東京、講談社、1965年。

授松平名字不严格对应官位，元服同时授名任官虽然比较常见，蒲生秀行、中村忠一、蜂须贺至镇等只授名字的例证也同样存在；再次，授予范围仅限上述十四家而非全体大名。相较于前代，松平名字授予的方式不确定而且条件不清晰，并不存在共通的普遍授予原则。

而且，松平名字的授予似乎并未包含构建模拟亲族的职能。授姓者不仅无需改变氏名，而且改称松平的对应条件和待遇都没有一定之规，松平名字也就无法成为宗族界定的标准。以往观点认为，上述十四家称松平的大名具有与将军家间保持婚姻关系和实力雄厚（领地超十万石）两条共通特征[①]，但问题是同样满足这两条的细川、福岛、津轻等诸多大名却并不称松平，可见这绝非松平授姓的充分条件。更何况所谓婚姻关系的部分例证也实在太过牵强，比如岛津家久只不过是将非血亲养女嫁给了家康同母异父胞弟之子，谱代家臣久松（称松平）定行而已——换言之婚姻关系也不是松平授姓的必要条件。此外，称松平大名在幕府礼仪和政治当中的地位和待遇上并不统一，既有的血缘关系、从属上的亲疏关系以及领地规模才更具区分意义[②]，可见松平名字本身并不具备区分和界定身份秩序的政治职能。

因此，虽然家康直系庶子和旁支也都使用松平名字，但他族大名改称松平并不会如丰臣政权时那样自动获得"御一家"身份。当然，这不是说松平名字授予就与亲族毫无关联，比如将军亲女（非养女）的婚姻对象特别是所生子孙一般都会改称松平。但除此之外的授名就更接近于古代中国王朝的功臣褒赏式授姓，其目的也更有可能是密切相互关系或赋予荣誉。到三代将军家光之时，冈山藩主池田光政不仅称松平，生母和妻子也都是将军家养女，却仍被归入"御一门之外"，在幕府礼仪中地位低于"御一门"的同族堂弟鸟取藩主池田（松平）光仲。说到底，二人之间的区别仅仅是后者祖母为家康二女督姬[③]而已。由此可见，在德川氏的宗族界定中，血缘关系的必要性相当明确，丰臣政权依靠氏姓建构模拟宗族的政策不再适用。

在多方面延续并发展秀吉政策的家康，在氏姓授予方面却有别于前政权的

[①] 福田千鶴、『江戸時代の武家社会——公儀 鷹場 史料論』、35、東京、校倉書房、2005年。

[②] 三宅正浩、「近世大名の成立過程——徳川政権の武家編成」、九州史学、福岡、九州史学研究会、2016年、(175): 31~33。

[③] 根据江户幕府日记宽永二十一年（1644）七月六日的记载，当天"御連枝并御一門之歷々より、生見霊之御祝儀被献之"，光仲与其他一门成员的"使者於柳之間、老中有対顔、御祝儀被納"；之后光政与藤堂高次二人"依為御一門之外、使者へ老中対顔無之"（姫路酒井家本江户幕府日记）。

原因其实有迹可寻。首先，德川松平一族本就枝叶繁茂，并无必要另添他支；其次，德川政权的成立基础和政治逻辑本就丰臣政权截然不同。家康放弃关白政治模式转向将军幕府模式，或许有回避正面挑战丰臣秀赖的因素①，但这一转换的意义远不止于此。家康作为源氏一族成员就任源氏长者和征夷大将军并由此开创江户幕府，事实上回归了武家政治的传统逻辑，这就使得丰臣政权基于宗族伦理和天皇权威获取法统的政治建构失去了现实意义。构建模拟宗族的意义既已消失，作为手段的氏姓授予也就不再必要。

另外，松平名字授予所表现出的复杂性和多样性，很可能还与家康对氏姓的态度有关，这在他本人的氏姓变更中就有所体现。家康本名松平元康，名字源于出身地三河国松平乡，祖上以加茂（カモ·贺茂）为氏名；永禄九年（1566）家康以松平直系本是清和源氏新田一族支流、得川（トクガワ）义季之后为由，向朝廷请求改称德川（トクガワ），同时又以德川家门长（总领）有藤原、源二支为由称藤原而不称源——但实际原因则很可能是适逢源氏长者（足利将军）空缺而藤原氏长者（关白）与家康关系密切。从史料上看，这一时期前后家康其实在同时使用藤原、源二姓，等到臣服秀吉之后却一度坚持使用源姓②。家康自发的氏姓变更既没有明确依据——天皇就曾因此一度拒绝批准，变更过程及其后的称姓行为也相当随意，政治投机色彩浓重。另外，改称德川并未波及松平旁支，甚至家康的直系子孙也大多使用松平名字，血缘宗亲并未因氏姓的变化而发生改变。换言之，氏姓在政治活动中的身份意义受到重视，其建构非血缘性模拟宗亲的功能却被家康忽略或有意摒弃了。

三 德川政权初期的宗亲构成与内部秩序

既然松平名字难以界定德川氏的宗亲范围，宗族构成也不再是政权建构的法统基础，那是否意味着德川氏宗亲政策中的政治影响就此消退了呢。至少从德川政权成立初期的宗亲构成来看，超越血缘基准的政治因素依然作用明显。虽然随着模拟宗族的消失以及非血缘养子的绝迹，血统俨然变成了德川氏宗亲

---

① 笠谷和比古、『関ケ原合戦と近世の国制』、134～156、京都、思文閣出版、2000年。
② 笠谷和比古、「徳川家康の源氏改姓問題」、日本研究、東京、吉川弘文館、1997年、(16): 36～45。

身份的必要条件,但其显然并不是充分条件。而且,区别于古代中国的宗亲制度,德川幕府似乎并不依靠血缘亲疏来决定亲族内部的尊卑秩序。

近世初期与德川将军家保有明确血缘关系的主要有以下三种类型:其一是家康继任族长以前自松平宗家分立而出的松平庶流;其二是德川将军的直系庶子及其后人;其三比较特殊,乃是将军亲女后所生之外孙及其后人。这三类人群大多本称或获称松平(或德川),不过其中不仅不乏特例①,而且三类人群的政治地位相互区别明显。血缘上同宗同族的松平庶流在政治地位上却是谱代家臣,将军亲女后裔几乎全都继承他族——不过同时又与将军直系庶子们一同归入"御一门"。另一方面,血缘关系不仅很难解释上述庞杂的政治地位差异,甚至就连将军直系庶子之间的身份秩序也并非血缘上的长幼关系所决定②。换言之,单纯依靠血缘关系和血统亲疏无法有效解释德川氏的宗族构成和宗亲政策。

当然,这也并不意味着依托于德川将军权威的宗亲身份就不具备相应的特殊性。不同于丰臣政权一蹴而就式的模拟宗族创设,与德川氏保持宗族关系的各类人群是在家康由地方豪强成长为天下霸主这一过程中陆续出现或者说获得相应身份地位的。考虑到家康在氏姓问题上的务实态度,这些身份地位的形成恐怕也因为政局走势的不同而发生了相应变化。实际上,他们各自的经历也基本证实了这一点。

松平庶流出现最早,在松平宗家从初代亲氏到九代家康的发展过程中,各代庶子陆续分立而成十四家(竹谷、形原、大草、五井、深沟、能见、长泽、大给、泷胁、福釜、樱井、东条、藤井、三木),是松平家割据东三河并参加战国争霸的重要保障。家康在永禄(1558~1570)末年整编家臣团以强化战斗力,各庶流也由此与中层家臣一起被编入军团"三备"之中③,支流各家的身份才逐渐定格为谱代家臣。同一时期家康由松平改称德川,相伴随的则是家康与今川和武田两氏对峙的严峻形势。松平一族家臣化,就是在这一局面下为强化军力军和内部统治而做出的政策性调整。

---

① 比如家康五子信吉因继承原因称武田名字,秀忠私生子(四子)正之过继给谱代保科家,直至秀忠去世、家光亲政之后才被视为亲族并特别授予松平名字(宽政重修诸家谱)。
② 家康最小的九子义直、十子赖宣官至从二位权大纳言且各有五十万石以上领地,十一子赖房官至正三位权中纳言并有二十五万石领地,且三人称德川而非松平,待遇高于兄长家系;秀忠三子忠长一度超过赖房并与义直、赖宣并列,但在宽永九年(1632)遭到改易并于年底自尽,其家断绝(小山誉城、『徳川御三家付家老の研究』、21~37页、东京、清文堂、2006年)。
③ 本多隆成、『定本徳川家康』、53、东京、吉川弘文館、2010年。

从宗亲政策试析日本近世武家政治的形成

血缘上与宗家最近的家康庶子,各自有着不同的经历。家康育有十一子,除英年早逝的长子和幼年夭折的七子、八子,以及嫡子(三子)秀忠外,其他七人陆续独立成家。二子秀康成长于家康与秀吉争雄阶段,曾为秀吉养子,在家康转封关东后变为关东大名结城家养子。他与四子忠吉都在关原一战中立下功勋并因此分别获封越前国和尾张国。五子信吉病弱,关原战后领常陆水户城,但早逝于庆长八年(1603)。忠吉与秀康也在四年后相继病逝,秀康嫡子忠直承袭家业,忠吉与信吉则因无嗣而家业断绝。六子忠辉成长于德川政权初创期,在秀忠继任将军后相继获得官位任命和越后领地,后于元和二年(1616)得咎并遭改易流放而绝家。九子义直、十子赖宣、十一子赖房都生于关原战后,成长于家康身边,分别获封尾张、骏府(秀忠时期转封纪伊)、常陆水户。

由于成长经历及所处时期不同,同辈兄弟之间的政治地位也不尽相同。丰臣期的家康不过一介地方大名,不仅被迫服从秀吉命令送秀康为养子,而且需要维持和补充军事实力;这一时期出生的秀康、忠吉、信吉、忠辉都是以继承他家——结城、东条松平、武田、长泽松平——的形式才获得领主身份。等到关原战后,在掌握天下大权的家康治下,不仅此前独立的子嗣们纷纷成长为与实力派大名平起平坐的国持领主,战后出生的三位幼子更是从元服起就以新创设的德川分家身份出现。在家号上三人自元服起便称德川,此后逐渐产生并确立的政治地位也高于各位兄长,以至于到近世中期以后以三人为初祖的尾张、纪伊、水户三家被称为"御三家",独列于诸大名之上[1]。将军直系庶子之间的这些区别显非血缘所决定,而是更受制于不同时期政局走势的差异。丰臣治下的家康只能给予秀康和忠吉以等同于上层家臣的待遇,等到关原战后亟须稳定政局之时家康又将二人分封至战略要地越前和尾张,而在德川政权进一步巩固之后,家康对待幼子的政策变得更加任性和宽厚,这些政策区别的背后则是明显差异化的政治形势。

此外,作为将军至亲之人的各位庶子的政治影响并不局限于分封战略要地而已。秀康和忠吉不仅参加了关原合战,而且在战后也多次作为家康的代理人留守驻扎于伏见城,以维持家康不在时京畿之地的稳定。忠辉曾曾在秀忠就任将军之后作为其代表赴大坂问候秀赖,长期陪伴家康左右的义直和赖宣也曾数次作为家康代表参与德川与丰臣之间的政治交涉——庆长十六年(1611)丰臣

---

[1] 林董一、『「御三家」の格式とその成立』、史学雑誌、東京、史学会、1960 年、69(12): 27~64。

秀赖前往二条城与家康会面时，义直和赖宣二人担当的出迎和回礼工作最具代表性。换言之，后来固化为宗亲内部地位差异的待遇区别中，有相当一部分是源于诸庶子曾经承担的相应政治任务相互不同导致的。

在普遍强调父权的前近代社会，德川将军亲女后裔被视为宗亲之列是极具特殊性的，不过这一基于血缘的宗亲构成却很难被认为由血缘关系所决定。除早夭者之外，家康育有三女，秀忠育有五女，除秀忠五女入聘后水尾天皇外，其他诸女先后与直系一家、谱代二家以及外族实力大名七家结缘（包含改嫁），其中与奥平、越前松平、池田、蒲生、浅野、前田家分别育有男性后裔。最早出嫁的家康长女龟姬与谱代家臣奥平信昌之间育有四子，嫡长子未改称松平，三子一度过继他家；其余二子于天正十六年（1588）成为外公家康养子之后才获得松平名字，这表明至少此时家康亲女后裔尚未天然具有德川氏宗亲身份。当然，外族中家康和秀忠二人的外孙们认同为德川氏宗亲，就更不会早于关原之战了。虽然到了宽永年间（1624~1645）将军家的外孙们就已经与直系（庶）子孙一样被视为"御一门"（奥平家诸子不在此列）[1]，但他们成为德川氏宗亲却并非出于血缘，而是由于德川政权确立这一政治格局的成立。

至此，在德川政权看似毫无章法的宗亲政策中，浮现出了相对稳定的基准和原则。本属血缘同族的松平庶流变为家臣，外族后裔却依据母系血统列入"御一门"；直系庶子的宗亲身份毋庸置疑，内部秩序却背离长幼之序；这些看似矛盾的政策，其实与德川政权在面对其他问题时所采取的针对现实需要灵活应对的政策并无二致。换言之，德川氏宗亲政策中一以贯之的，乃是基于血缘关系的实用主义政治原则，或者说宗亲关系活用政策。在制度层面上，德川政权相较于古代中国王朝的确缺乏明确的宗亲规制，但如果着眼于具体执行层面，则可以认为德川将军根据不同的政治需求设定了以血缘关系的有无为基准的广义宗族，结合了政治身份而形成的"御一门"，以及仅限将军家直系后裔的狭义宗亲这三种界定，以便于幕府和将军家在本就复杂多重的近世社会政治生活中灵活应对。

---

[1] 整理家光时期历年幕府记录可知，在七月中元节"生见玉"习俗中被明确划入"御连枝并御一门"内的亲族成员包括尾张·纪伊·水户三德川家及其分家、秀康嫡庶各子所立越前系松平诸家、加贺前田家及其分家、会津蒲生家（后断绝）、池田家中家康外孙所立诸家、广岛浅野家（姬路酒井家本江户幕府日记）。

结　论

　　通过本文的梳理可以发现，现实政治因素始终作为一条若隐若现的核心基准，在本应由血缘决定的近世武家宗亲政策的形成过程中发挥着主导作用。秀吉以打破血缘界限的广泛氏姓授予构建出覆盖武家大名全体的模拟宗族，本质上就是出于巩固自身统治基础的政治考量。关原战后家康以将军幕府的传统模式再开武家政权，血缘基准重新成为宗族身份的必要依据，但宗亲政策的发生原理及其内部秩序却依旧受制于现实政治格局的影响。唯一不同的是，丰臣氏宗族政策更加受到秀吉个人的创造性和理想化倾向所影响，德川氏宗族政策则反映出家康一以贯之的务实作风。

　　如果将其与肇源于两周宗法并基本定型于汉代，此后后历代相机进行局部调整的中国宗室制度做进一步比较的话，以氏姓创造宗族并将母系血统纳入宗亲之列等内容突出反映了日本近世武家政治的特殊性和想象力。究其本质而言，虽然中国宗室制度也受政治格局所影响，但始终坚持以基于血缘的身份认同和长幼秩序为其出发点和落脚点，而无论是丰臣氏模拟宗族建构还是德川氏多重宗族界定，都更加凸显实用主义的政治原则。除了中日家族制度早已有之的差异，久经分裂与战乱所造成的极度缺乏有效的传统政治范式，再加上新兴武家政权本就不具备大一统广域帝国的皇权优势和制度性需求的现实，恐怕就是实用主义主导近世武家宗亲政策的根本原因。而这种由于缺乏传统范式和皇权意识形态，进而导致实用主义大行其道，恐怕也正是日本近世初期武家政治形成过程中的核心特征。

日本社会与经济

经济结构变化与对外文化软实力培植的联动
——以日本"和食"为例

张 晨[*]

【摘　要】 1980年代日本的泡沫经济使得日本在一段时间，经济踟蹰不振，国家整体陷入"集体失落"的状态，然而基于近一百年日本坚实的制造业和近30年形成的发达的服务业基础，日本开始结合自身优势有效的整合资源，从新发展自己的经济。当然有好的产业基础也是不够的，尤其是在安倍上台之后，其在各个领域强调了对外合作，努力将"日本的"推向世界，促成其对国家整体的提振，"和食申遗"就是这些行动中的一个重要的节点。

【关键词】 和食　经济结构　农产品　酷日本　国家战略

【要　旨】 1980年代、日本はバブル経済の破綻により、不振状態になり、国家全体が「集団的な落ち込み」というムードに陥った。但し、日本は百年にわたり、築かれてきた堅実な製造業と最近30年間、形成されてきた強いサービス業を基にし、自らの優勢に合わせ、資源分配をやり直し、あらためて経済を発展させる。以上の活動にとどまらず、とりわけ安倍内閣の発足以来、政府は経済の各領域において海外との協力を強調し、世界で「日本ブランド」を広げ、国家全体の復興を促す。「和食」の世界遺産申請は一連の活動における重要な節目の一つである。

【キーワード】 和食　経済構造　農産品　クールジャパン　国家戦略

---

[*] 张晨，日本北海道大学国际传播硕士，外交学院国际关系研究所博士研究生，主要研究方向为日本公共外交、东北亚区域国际关系。

Abstract: In 1980s, Japan's bubble economy made Japan's economy sluggish for a period of time, and the whole country was in a state of "collective loss". However, based on the solid manufacturing industry in Japan in the past one hundred years and the developed service industry foundation formed in the past 30 years, Japan began to integrate itself with its own advantages and effectively develop its own Economy. Of course, a good industrial base is not enough. Especially after Abe came to power, he emphasized cooperation with foreign countries in various fields, tried to push "Japan" to the world, and promoted its overall promotion of the country, and"The World Heritage Application of Washoku" is an important node in these actions.

Keywords: Washoku; Economical Structure; Agricutrual Production; Cool Japan; National Strategy

导　言

"日本料理"是指经由日本风格的加工方式处理过的食品。"料理"这个单词本身是大陆传到日本的汉字词。"日本料理"是近 150 年间，日本人为与西方的饮食加工方法加以区别而重新释义的新词。1898 年（明治 31 年）在石井泰次郎的《日本料理法大全》中，首先提出。在日语中除"日本料理"，还有"日本食"和"和食"两个对本国饮食的称谓，但于语焉有详的"日本料理"来说，这两个称谓的出现均被认为晚于前者。[①]可以看出这种强调文化主体意识的新造词是西方文化通过明治维新进入日本反向催生的产物。正因为这样，为与新进入日本的高位文化——西方饮食相区别，而创生的"日本料理"自然也带有一种高级饮食的意向植入。[②]导致其无法涵盖日本饮食文化的其他形式，从这一角度来看，相较于"日本料理"，"和食"与"日本食"更具有普遍含有性，同时与单纯强调食物加工方法的"料理"一词相比"食"更加直接强调食用者与食物本

---

① 熊倉功夫，《日本の伝統的食文化としての和食》，2013 年 10 月 24 日，http://www.maff.go.jp/j/keikaku/syokubunka/culture/pdf/01_washoku.pdf　5 頁
② 熊倉功夫《日本の伝統的食文化としての和食》，2013、http://www.maff.go.jp/j/keikaku/syokubunka/culture/pdf/01_washoku.pdf、5 頁．

身的一种关系表达。另外,"和"与"日本"之间进一步比较,"和"凸显民族本位,"日本"强调地域概念。"和食"涵盖的面则更加宽泛,既包含历史传统沿袭下来的本民族饮食,也包含明治维新之后本土化的西方饮食与饮食烹饪技巧。

英语中没有"和食"(わしょく)这个单词,无法直接转译。而我们在日本申遗的各种文件和宣传材料中,看到了官方正式用通行字母转写的"washoku"字样,可以看出这是日本方面主动有意识地将这种概念进行推广,目的是以区别以往的对于日本饮食的相对比较偏狭的印象,在另一个层面从新将日本饮食的内涵深化并定义。"和食"申遗缘起于2010年联合国教科文组织将原先在保护非物质遗产条目扩展到饮食的行动。同年,将"法国美食""传统墨西哥烹饪"列入名录,2011年的"土耳其小麦粥",2013年的"和食","地中海美食","韩国腌制越冬泡菜文化"依时间前后顺利入选。截至目前仅有这6项进入了联合国教科文组织非物质文化遗产保护名录。"和食"是符合入选标准最多的单一国家申报项目。这里值得注意的是,其他各国及地区负责遗产申请工作的的牵头单位基本上是文化机构或是负责观光产业的部门,只有日本是两个主要负责经济产业的部门——农林水产省和经济产业省来牵头申请。

"和食"申遗不仅仅是将饮食文化本身加以保护而采取的行动,更是一种明显且积极主动地进行对外国家软实力的培植活动,是一种潜移默化的文化输出的活动。而这项通常的意识下本该属于"文化活动"的项目,由负责实体产业的部门牵头申请,其背后必然是有一定的产业内生力做牵引,同时依托政府在对外工作方面的活动来实现的。作为资源匮乏国家,农业进出口不平衡长期困扰日本,所以如何合理发展农业成为国家经济发展中亟须解决的问题。农林水产省主动牵引的"和食"申遗,从一个角度为日本解决其农业进出口问题提供一个切入点。回过头来我们就需要探讨日本农业在其国家经济整体的位置,造成进出口不平衡的原因。就此本文从日本经济产业结构转型的角度出发,论述农业与本属于文化活动的"和食"之间的关系,进而分析日本的对外文化软实力培植与其产业之间如何有机地联动,并从日本国家整体层面论述日本国家政策的特点。

一 经济结构历史变化中的日本农业

从明治维新开始至20世纪90年代,日本整体的经济产业结构经历了两次大的变化。第一次是20世纪20年代至40年代,这一时期主要表现的特点是:

通过明治政府"殖产兴业"立国政策的扶植以及在追赶欧美发达资本主义国家为目标的作用下,以农林水产业为代表的第一产业其所占的产业比例逐步向以矿业、制造业、建设业为主的第二产业让渡。第二产业达到产业结构比的峰值,接近整个日本经济结构比例的一半。第二次是20世纪40年代至60年代,在第一产业所占比例进一步萎缩,第三产业始终保持一定比例的大前提下,第二产业将其在战前积蓄的比例向第三产业让渡。这使得第三产业在1960年首次成为占比最大的产业,并且逐步扩大比例,至90年代末其所占比已经接近其他两个产业之和的2倍,更是接近第一产业的40倍(图1)[1]。

表1　经济结构的变化

①产业结构的变化(附加价值：名目)　　　　　　　　　　　　　　　(构成比：%)

历年	1885	1900	1920	1940	1960	1970	1980	1998
第一产业(农林水产业)	45.2	39.4	30.2	18.8	12.8	5.9	3.6	1.7
第二产业	14.7	21.2	29.1	47.4	40.8	43.1	37.8	31.7
矿业	0.8	1.8	3.4	2.7	1.5	0.8	0.5	0.2
制造业	10.7	15.0	20.6	37.0	33.8	34.9	28.2	22.6
建筑业	3.2	4.5	5.0	7.7	5.5	7.5	9.0	8.9
第三产业	40.2	39.4	40.7	33.8	46.4	50.9	58.7	66.7
批发·零售业	—	—	—	—	11.4	13.9	14.8	11.3
金融·保险业	—	—	—	—	3.5	4.1	5.0	4.7
不动产业	—	—	—	—	7.4	7.8	9.1	13.5
运输·通信业	2.5	3.7	6.5	4.9	7.7	6.7	5.9	6.3
服务业	—	—	—	—	7.4	9.3	11.3	17.5
政府服务	3.5	3.1	2.9	3.4	6.2	6.1	8.2	8.0
其他	—	—	—	—	3.3	0.0	4.4	5.3
合计	100.0	100.0	100.0	100.0	100.0	100.0	100.0	100.0

(备考) 1.1885~1940年的数据来自东洋经济新闻社「長期経済統計第1巻国民所得」、1960年以后的数据是根据经济企画厅的「国民経済計算」。

2.对于1940年以前和1960年以后的认识与通行概念上不一定一致。

3.1885~1940年的政府服务仅指公务。

4.在不动产的附加价值中也包括估算房租。

5.由于采取了四舍五入的算法,每项的粗算总和与每年各个产业的合计、总合计会有不一致的情况。

注：原表经作者翻译,无修改。

---

[1] 内閣府経済企画庁平成12年度『年次経済報告——新しい世の中が始まる』"第2章序"、平成12年7月。

经济结构变化与对外文化软实力培植的联动

　　通过该表我们可以发现，二战前后日本的第二、三产业基本保持了相对稳定的占比，而第一产业则是呈现出一种断崖式的占比下降。特别是在二战后日本经济复苏期至成熟期，日本的第一产业基本在产业结构的占比中，逐渐向最小化方向发展。1955年日本加入世界贸易组织的前身关税及贸易总协定，再次融入全球经济系统之中。然而对于日本来说这是一把双刃剑。通过图表我们不难看出，1920年至1960年这40年间，日本的第二产业与第三产业尽管经历了二战，但是仍旧保持着相对稳定的结构占比，第二产业虽然受战时特殊政策的扶植出现峰值但并没有受到战后日本经济凋敝的过多影响依然在战后保持了相对稳定的占比。

　　这其中有美国占领时期的经济扶植也有加入关税与贸易总协定促进了日本工业产品的对外出口，然而第一产业受到了极大的打击。1940年至1970年，占比减少一倍，这其中在很大程度上是受到了日本经济自由化的影响。1960年、1970年、1980年的农产品的出口额分别为630亿日元、1397亿日元、2089亿日元。受80年代末日元走高的影响一度在1988年减少到1228亿日元，1989年后有所恢复至2013年达到3137亿日元。[①] 与此相对农产品的进口额一直是走高态势，1960年、1970年、1980年的进口额分别是6223亿日元、1兆5113亿日元、4兆66亿日元，同时也受到80年代末日元走高的影响，进口额在4兆亿日元左右浮动，然而进入21世纪随着日元汇率跳水，2001年后再次陡增，2013年进口额达6兆1365亿日元。[②] 从一个侧面我们不难看出，尽管日本加大了出口的力度然而这远远追赶不上进口农产品的速度。这使得依照人均每日所需热量为基础计算的日本粮食自给率由战前（昭和40年）的最高值73%降至今日（平成27年）的39%[③]，是发达国家中的最低值。[④]

　　造成这种局面的原因其实与战后日本社会结构以及社会变动有着深刻的联系。战后日本的经济振兴与腾飞由表1以及对农业进出口情况的论述可以得知，主要是依赖于第二产业也就是制造业的有力提振实现的。经济的发展，城市化

[①] 清水彻朗、『農産品輸出の実態と今後の展望』、農林中金研究所『農林金融』、2014.12、p34~756，p35~757.
[②] 清水彻朗、「農産品輸出の実態と今後の展望」、農林金融、東京、農林中金総合研究所、2014.12、34-756頁、35-757頁
[③] 農林水産省「平成27年度食料自給率について」、2016年8月2日、http://www.maff.go.jp/j/zyukyu/zikyu_ritu/012.html
[④] 農林水産省「諸外国・地域食料自給率について」、2017年3月30日、http://www.maff.go.jp/j/zyukyu/zikyu_ritu/013.html

的推进，使得大量劳动力进入城市，农业的从业人口的占比逐年递减。[1]同时进入21世纪，原先作为日本外向型经济主要原生动力的第二产业在日本整体经济占比和从业人口的两项目上，也是呈成逐年递减的趋势，结合这一趋势与之前的第一产业的情况，与之相对的第三产业无论是占比和从业人口的数量上来说都是最大的。[2]经济的发展，社会医疗水平的提高，城市化的普及，使得日本的人口结构产生了巨大的变化。国际通行的标准是当65岁以上人口占国家总人口的7%时，这时我们说这个国家进入老龄化社会，当65岁以上人口占国家总人口的14%时，这个国家就被称为老龄国家。[3]日本在1970年的国势调查中，65岁以上的人口占比达到7.1%，显示其进入老龄化社会；1995年的国势调查中，65岁以上的人口占总人口的14.5%，进入老龄社会。[4]劳动人口的减少，老龄人口的增加造成了粮食供给的相对紧张，尽管第三产业在国民经济占比居高，但是作为直接经济产出的第一产业和第二产业的占比减小，直接影响了日本的经济增长，80年代泡沫经济的破碎加重了日本经济增长的负担。这就使得日本在20世纪90年代末必须对产业结构进行有效的优化，来适应社会结构的调整。特别是在人口构成结构不利于第一、第二产业发展的情况下，如何有效地对产业进行布局，成为自经济泡沫破裂以来每届日本内阁亟待解决的问题。

其实在1996年，第一次桥本内阁成立之初，首相桥本龙太郎在第136次国会即自己第一次施政演说中表明了对于改革的意愿，并在第139次国会、第二次桥本内阁成立后的第一次施政演说中，表述道："我以建设一个能让每位国民对未来怀揣梦想和目标，充分发挥自己的创造性和挑战精神的社会为目的。为将其实现，本届内阁将以行政改革、经济结构改革、金融系统改革、社会保障结构改革、财政结构改革的这个五项改革为最为重要的课题。"[5]这是首相自上任以来明确表示了对日本经济整体进行改革的意愿。并在1997年，第140次国会时的施政演说中，强调全球化重要的同时对之前的五项改革加以补充，形成了

---

[1] 経済産業省《労働経済の分析—産業構造、職業構造の推移》第2節　図第2-（2）-1、平成25年版
[2] 経済産業省《労働経済の分析—産業構造、職業構造の推移》第2節 p81、平成25年版
[3] 松原聡『日本の経済　図解雑学シリーズ』176頁、東京、ナツメ社、2000。
[4] 平成17年国勢調査　最終報告書「日本の人口」統計表（時系列表、都道府県一覧表）総務省。2011年4月3日 20.年齢（三区分）別割合及び年齢構成指数-全国・都道府県（大正9年-平成17年）TE
[5] 首相官邸「第百三十六回国会における橋本内閣総理大臣施政所信表明演説」、"第百三十九回国会における橋本内閣総理大臣施政所信表明演説"（内閣官房内閣広報室）

最后的行政、财政、社会保障、经济、金融系统、教育的六项改革。①2001年,小泉内阁成立。小泉内阁继承了桥本内阁的六项改革精神,并将这种改革切实地付诸到具体的各项部门中。特别是在日本严重少子老龄化的社会结构背景之下,以提高对外出口、强化日本的国际竞争力为目的,小泉内阁提出了"产业发掘战略",其中特别指出在农产品中基于消费者的评价构建"品牌日本"战略扩大国际竞争力推动农业经营,与此相关联同时他首次提出了对于知识产权的保护和有效利用,这为之后作为国策的"酷日本"战略奠定了坚实的基础。②

从2000年开始,日本将对外贸易的的中心由WTO向推进FTA进行转轨,小泉内阁也在其改革战略中提出了对农产品扩大海外市场的积极助推。结合小泉内阁提出的"品牌日本"战略的整体策动,农林水产省进一步将其细化。2004年,农林水产省制定出"绿色的亚洲EPA战略",其中包括"日本品牌的农林水产品,食品的出口推进"的推介活动,2006年,又提出"关于21世纪的新农政推进"。2006年,时任小泉最后一届内阁官房长官的安倍晋三接手政权,开始了自己的第一次组阁。他在2006年9月26日的第一次记者会见时就表示了对前任小泉内阁的诸多政策的继承③。借由同年提出的"关于21世纪的新农政推进"这一理念,第一次安倍内阁在农业改革方面上提出了"主动的农政"的口号。继而在自民党执政的2008年,又提出了"我国农林水产品,食品的综合出口战略"的计划,目标是在2013年使日本的农业产品出口额达到1兆亿日元。尽管这之后发生了政权更迭,由当时的民主党执掌了政权,但是这些农林水产业的战略和计划并没有停滞,被继续贯彻执行。2012年,安倍第二次上台后,通过"农林水产业,地域的活力创造计划""日本再兴战略"加大日本农产品的对外出口。不仅仅停留在中央整体的产业政策制定上,农林水产省自身也在2013年、2014年分别提出了"国别,品目别出口战略"和"全球食品价值产业链战略"。④我们可以看出这是日本政府基于日本客观的社会经济结构的现状,采取的纵向对产业内部加大扶植力度的政策。上文我们简单地对当下日本经济结构的情况作了梳理,鉴于这种经济结构,2009年在当时民主党政权

---

① 首相官邸"第百四十回国会における橋本内閣総理大臣施政所信表明演説"(内閣官房内閣広報室)
② 首相官邸"経済財政運営と構造改革に関する基本方針2002"平成14年6月25日 閣議決定
③ 首相官邸"安倍総理大臣記者会見"http://www.kantei.go.jp/jp/abespeech/2006/09/26press.html
④ 清水徹朗,『農産品輸出の実態と今後の展望』、農林中金研究所『農林金融』2014.12 p36~758.

时，提出了推进"6次产业化"[1]的理念。目的是有机地结合三个产业组群的力量，提高农产品的附加产值以及创造出更新的附加产值。[2]打通产业间横向的协作，达到多赢的目的。

通过以上的论述我们可以看出，日本不是固步于将政策的制定与优化局限于产业自身内部，而是尽最大的可能动用相关产业，进行横向的拓展和有效地整合加大加宽政策的半径，做深做实政策所能触发产业优化的潜能进而释放出新的经济增长。这是由经济全球化的趋势和由双边、多边的经济自由化的新国际贸易态势所决定的。为此通览整个产业调整部分，日本基本就是本着扩大出口的主要目标为先导，特别是此特征集中并且显著的表现在他的农业政策上。相较于工业产品的标准化生产的特点，农产品由于其具有的自然禀赋等诸多限制，应如何有效地在海外扩大市场成为了新的课题。

二　引领日本经济增长的新产业——文化创意产业

战后日本面临百废待兴，迫切解决民存生计的经济局面。所以在美国的扶植下，积极开展了经济建设。基于其在明治维新之后形成的良好工业基础，在短时间之内实现了在经济层面的日本再兴。但战后鉴于前几任政府在经济层面投入了大量的人力、物力，过于强调对外经济活动其在国家行为中的重要地位，以至在80年代的国际舞台上日本常被冠以"经济动物"之称。作为二战战败国，军国主义策源地的历史事实，也使得日本在国际政治舞台上的国家形象改善成了一个亟待解决的问题。

在战后设立了官厅级别的对外交流政府机构后，1979年新就任首相之位的大平正芳总结了日本自明治维新后对西方物质文明的吸收和发展，鉴于都市化与近代合理主义所造就的物质文明的局限，提倡应从经济中心的时代向文化中心的时代过渡。施政演说的最后反省了日本在取得比肩西方的物质文明的同时，没有重视起本国的文化，与其他的当时的世界亟待解决问题一起提出了巨大的

---

[1]　6次产业化的说法在20世纪90年代由当时的东京大学的名誉教授今村奈良臣提出，最初是第一产业的1与第二产业的2、第三产业的3进行整合的加法计算得出6这种基本的产业合作想法。之后又有人对此说法进行修正，强调作为第一产业的1不能为0，坚持第一产业在国民产业中的实数意义不仅仅是简单的加法计算而是乘法计算，进行有机的、合理的产业融和合作。

[2]　堀千珠　《農林漁業の6次産業化》みずほリサーチ、東京、みずほ総合研究所、2011.2。

文化创造的愿景。①次年1980年版的《通商白皮书》中就提到了，各国相互协调协作之上最重要的是"意见的疏通,相互理解的增进"并通过这些动作达到"减小在经济问题上的对立和摩擦"。可以想见通过文化传播用以达到相当程度的经济目的依旧是日本80年代文化外交的一项重要任务。这与之后的日本强调发展内容产业加以重视文化外交的主旨略有不同。但是不管怎么说这一时代的日本开始重视文化交流与对外宣传对于经济产业发展的正向促进作用。②之后的竹下登首相也是积极对外强调文化交流的重要性，1988年在伦敦作了题为《日本为世界做贡献》的演讲，其中再次强调文化交流的重要性，主要在外来人员来日学习，日语对外教学，遗产文化保护，特别是如何向外传播真的日本上投入人力、物力。③这之后成立了相关的文化外交官方机构，加强政府主导的对外文化宣传的力度。但是不久之后，日本便经历了"泡沫经济"的破灭，并且进入90年代，即便有美日联盟的大前提，但是随着苏联的解体，冷战的结束，日本面对的国际环境形势与之前有了大变化。改革开放之后中国经济的崛起，日本国内社会结构的变化，日本经历着前所未有的国际和国内形势的震荡。国家政治经济各方面的改革被提上日程，桥本内阁，小泉内阁都致力于在改革上有所建树并且积极应对新的国际国内局势的变化。

前文所述，90年代后期日本社会结构深刻的转变，迫使新的日本政府必须找出新的促使日本经济增长的动力。接过了桥本内阁改革大旗的小泉纯一郎将用以提高经济增长的目光投向了如何能够增加出口产品的附加值这一问题上。一方面，对产品植入本国文化属性，另一方面运用本国文化理念对产品创新，双向结合，构建日本这个国家的品牌概念。这其实也是自经济衰退之后整个日本经济，产业，文化，外交各方面的共同目标。不难理解在加大加深经济全球化和自由化以及文化多元化，政治多极化的世界大格局背景下，如何凸显自身的特点，并且能够合理有效地强化在世界各种相关格局中的位置成了一个共同的问题。文化由促生增产的作用方式变成了生产本身的核心动力，与此相呼应，2001年10月，政府颁布《著作权等管理事业法》，2003年3月实施《知识产权基本法》，2004年1月颁布《关于促进内容的创造，保护以及利用的法律》，之后又进一步扩大保护范围，2005年4月修订颁布《文化遗产保护法》并与2006

---

① 内阁総理大臣大平正芳　第87回国会（常会）"施政演说"1979年1月25日 ttp://www.ioc.u-tokyo.ac.jp/~worldjpn/documents/texts/pm/19790125.SWJ.html
② 経済産業省:《通商白書》1980年度版、第4章　第2節 "3. 相互理解の重要性と国際交流の充実"
③ 吴咏梅:《浅谈日本的文化外交》,《日本学刊》2008年第5期，社会科学文献出版社，第98页。

年6月实施《关于推进国外文化遗产保护国际合作的法律》[①]可以看出小泉内阁特别加强了对于知识产权的保护,为文化的有效再生产提供了强有力的制度保障。在此之后,如同农业政策的执行贯彻一样,尽管有政权更迭,但是没有对整个战略的推进产生反向效应。就在这些软性与硬性的条件具备之后,在2010年6月,由菅直人内阁的推动,在经济产业省内部正式设置"酷日本室",这标志着之前关于"酷日本"[②]及其相关的理念、构想、方针等正式付诸实践中,此时开始,"酷日本"战略成为如何强化日本对外传播的正式国策之一。[③]

"酷日本"计划是在进入21世纪之后基于日本对外国家品牌的构建,文化生产力的再认识,经济结构调整,优化等多方面作用下的产物。就日本本身而言,早在1996年就继50年代的"贸易立国"80年代的"技术立国"之后喊出"文化立国"的口号,这其实也是正如前文的论述,继承了之前的各任内阁的文化交流的理念,结合日本当时的实际情况作出的政策决定。[④]相对于"酷日本"战略这可以说是发端也可以说是吹响了前哨战,"文化立国"是宏观层面的战略构想,与具体层面操作相比依旧是带有局限性的。相比之下,我们看到秉持着在产业内部和其他产业的有机统一融合的这一主旨下,在各层级的相关处室的设置,为保护知识产权对相关法律的创制,修订这些硬件整备之下,"酷日本"战略正式步入快车道。

三 "酷日本"战略下的产业融合——农业与文化创意产业

我们发现通过以上的梳理,政策贯彻的一致性和相互的渐进性产业合作,都是进入本世纪之后日本为了优化其产业结构布局作出的重大政策调整。那么文初作为主体的和食申遗,又能说明什么呢?为了更好地积极接驳文化创意产业,农林水产业本身也是积极主动地在寻找文化创意的着眼点。其实和食申遗是这个着眼点正式付诸实践,最后成功的经典案例。前文叙述到,和食这个单

---

① 唐向红:《日本文化和日本经济发展关系研究》,东北财经大学博士学位论文2015年5月,第136~137页。
② "酷日本"是由2002年美国记者达格拉斯·麦格雷在其论文中首先提出。
③ 经济产业省"通商白书"1980年度版、第4章"外の繋がりによる日本経済の新たな成長に向けて 第二節ニーズの変化に対応した海外事業活動支援 2.わが国の魅力を生かしたクールキャンパン戦略"
④ 丁兆中:《战后日本文化外交战略的发展趋势》,《日本学刊》2006年1期,第121页。

词本身就是一种国家品牌创建行为的表现。在"酷日本"战略的主导下，对外宣介的目的就从如何通过有效地文化交流促进日本工业产品的出口，转向为促进将文化产业自身的产品对外出口。由附从变成了主体，日本出口的不在是产品，而是日本自己的"理念"。

为此在第 2 次安倍内阁中设置了特命事项职衔下的"酷日本战略大臣"一职。协调，统合文化产业与相关产业的合作。并在 2016 年正式以特命担当的职衔提高了其在日本内阁的位置。

表 2[①]

酷日本战略担当大臣 （内阁府）	相关部门： 酷日本战略相关部门的联络，联席会议 ・实施与酷日本战略工作相关的追踪与信息共享等 ・酷日本战略（议长），政务官（副议长），各部局长级 参加 日本产酒类的促进出口联络会议 ・实施与日本产酒类出口促进工作相关的追踪与信息共享等
	总务省：支援影视产品在海外的市场开发 外务省：在外使领馆中的传播日本文化等 财务省（国税厅）：宣传日本酒类产品的魅力 文科省（文化厅）：文化艺术的振兴以及在海外的传播 农水省：日本食品，食文化在海外的普及 经产省：支援影视产品的出口 国交省（观光厅）：为促进赴日旅游向海外提供信息

出自：内閣府ホーム　内閣府の政策　知的財産戦略推進事務局 クールジャパン戦略 http://www.cao.go.jp/cool_japan/about/about.html 注：笔者译，有删改。

由表 2 我们可以看到，"酷日本战略担当大臣"的职权范围中有支援对外宣传日本的任务。这就可以说明它集中了原先分布在其他各官厅中的日本对外宣传的力量，并且有权召集相关部门中的要员进行有关的联络联系会议，指导"酷日本"战略在有关部门中执行作用。我们可以在灰色方框中的列举项目中看到，基本上所相关的官厅几乎涵盖了支撑日本经济的主要部项。尤其是农林水产省（農水省）、经济产业省（經産省）、国土交通省（国交省包含观光厅）这三个直接关系国计民生的部省。"酷日本"战略直接和其上述三部产生关联。各部省积极与"酷日本"战略协调，依照部省特性从自己产业内部开始开发能够对接"酷日本"战略的"文化知识产品"。结合本文，农林水产省首先就从"日本食・食

[①] 内閣府ホーム　内閣府の政策　知的財産戦略推進事務局　"クールジャパン戦略"　http://www.cao.go.jp/cool_japan/about/about.html

・263・

文化"着手相关的工作，有效地衔接了上文论述中日本对于扩大对外农业出口、创设农产品品牌的战略。

在法国成功申遗的次年，日本就着手将"和食"递交联合国教科文组织，申请非物质文化遗产。同时在全球性的"文化多元化"的大环境下，"不过度加工，保持原有食材的新鲜，均衡营养低卡路里"的食物与"尊重自然，固守传统技法，和传统文化的紧密联系"这些现世的日本文化理念正是日本申遗成功的要件。"和食"名称的采用也是有意识地树立国家话语意识的一项举动。与曾经自80年代席卷全球的日本料理风潮相比，"和食"强调的是平民性，强调日常生活中的日本文化特质。我们常说的"日式料理"多指刺身、寿司等由高档食材和由具备专业技术的厨师制作出来的食物。"和食"与我们一般意识中的"日本料理"有所不同。内容上，我们在日本申遗的宣传材料上可以看到其将"和食"的中心特点归结为以下四点：1.多样并新鲜的食材和对于其本身所带味道的尊重；2.突出营养均衡的健康饮食；3.在食物上呈现对自然的优美与季节变迁的表现；4.和一年中风俗活动的紧密联系。[①]形式上，"和食"强调的是"一汁三菜"[②]的食物组合，而这种食物组合正是普通日本民众一日三餐的重要组成。相比之下，这样的菜品搭配相当简单，并且能够很有效地提供人体的营养需求。菜品搭配的模式十分固定，自定型以来不受地域与时间的影响，统一性和传承性强。同时，在这个模式的基础上菜品种类和样式并不死板，尽可能地对现在普遍食用的食材改良，推陈出新。相较于"日本料理"是平民化的，可以这么说"和食"的申遗就是一种将本国文化中最核心、最纯粹的理念加以推广的外交活动。

四 成功的产业融合——"和食"申遗的效应

通过申遗，"和食"的概念得以固定，借由申遗的平台展开外交推介，会得到更多的良性的舆论导向、更多的话语权。同时我们看到申遗也为"和食"规范出标准，这也是一个标准化的过程。申遗成功后，农林水产省就开展了相关产业的跟进活动。首先就是加大在海外的推广。通过申遗的成功，填补普通大

---

① 農林水産省《日本食・食文化の海外普及について》http://www.maff.go.jp/j/keikaku/syokubunka/kaigai/pdf/shoku_fukyu.pdf

② "一汁三菜"指的是"一汁"指佐饭用味增汤或在吊汤的基础上加酱油和盐的青汁，"三菜"包括主菜一品和副菜两品。主菜多为海鱼或肉类，副菜为腌渍菜品等，同时主食为米饭这是不变的。

众一般饮食消费的空白,这是传统的已经形成固有概念的高级的"日本料理"无法触及的领域,构成一个完整的对于日本饮食和日本农产品的品牌概念。推广日本饮食,日本农产品健康、安全的理念,加强日本农产品与海外市场需求的整合。在海外开设日本料理的学校,标准化日本饮食厨师的培养标准。有效整合海外的日本料理店,向这些店铺积极推广日本出产的食材。在海外投放有关日本饮食的广告,如日本酒、日本稻米、日本牛肉的广告,进一步加强日产品牌的媒体效益。由日本的驻外使领馆牵头,利用节日宴会的机会推介日本的农产品。[1] 同时在将"和食"文化有机化和可持续性上,受法国和意大利在地中海农产品上加贴商标的启示,与非日本特产,传统技法及制定原料制作的产品相区别,加贴日本产商标,保护日本农产品的品牌效应。同时加强HACCP标准的国际普及,即通过实施了HACCP[2]高标准的日本农产品的出口,带动HACCP的标准的国际通识作用。通过起于"和食"出口的农产品,形成追随HACCP高标准日本农产品的国际驱动效应。[3]

"和食"申遗成功不可否认是日本对外宣传的一个成功的,也是"酷日本"战略一个具有代表性的节点。而诱使日本申遗的更加深层的原因却是日本仍在经历的经济停滞,增长乏力这个长期的状态。"如何能使现行经济结构的优化?"这一问题,迫使日本不得不找出能够适应当下状态,最大限度地促进经济增长的手段。结合发达的服务业,适时让产业间进行有机的协调合作,不是分线作战而是尽可能地集中力量成为顺应日本这个民族特性的最优选项。面对经济全球化的大潮,文化多元化的盛行,再一次从本民族的文化中找出解决问题的办法,让自己的文化再一次经受全球化的洗礼,可以说这也是一个很富有勇气的举动。同时我们也看到以对外文化软实力做先导,由国外反向促成国内相关各产业内部的积极调整,可以说是一项可持续的、积极的过程。通过这个过程,在产品本身的附加值增加的同时,使外界脱离对于日本产品的呆板认识,使产品本生也成为对外宣传的推介本国文化理念的媒介。"和食"的申遗成功正好完全反映了这个理念。文化先行,产业后进,同时产业再次促生文化的发展,这是一个

---

[1] 農林水産省「日本食・食文化の海外普及について」、2016年9月、http://www.maff.go.jp/j/keikaku/syokubunka/kaigai/pdf/shoku_fukyu.pdf.

[2] HACCP(Hazard Analysis and Critical Control Point,危险分析和关键点控制)标准指的是在20世纪60年代由美国Pillsbury公司的Howard Bauman博士在研究太空食品时提出的。

[3] 農林水産省「農林水産省知的財産戦略2020〜そのポイント」、2016年7月、http://www.maff.go.jp/j/kanbo/tizai/brand/b_senryaku/pdf/senryaku_point.pdf.

良性的循环。

在当下全球化的大环境下,出口"理念"其实也会带来极大风险,全球化加深的文化同质化对于"理念"传播是一把双刃剑。这个强度的把握是十分复杂的过程,其实就"酷日本"战略的重要组成部分日本的创意产业来说强势的漫画、动画、电子游戏的出口势必会如20世纪美国文化产品出口一般,被加上"文化帝国主义"的名头,受到被出口国的抵制。近年来就在印尼等东南亚国家中,产生了日本有"文化帝国主义"倾向的言论。同时这种"理念"的出口被极端政治化的倾向所利用也是十分危险的。安倍在他的第二次内阁提出的"地球仪外交","价值观外交"其实也在有意借"酷日本"战略推广。反向为日本的极端势力所利用为其极端政治目的所张目,这其实背离了当初"文化立国"宣传日本作为"和平之国"的理想,这不得不让人警觉。此外2011东日本大地震引发的福岛核事故也为日本如何让其不成为妨碍农产品出口提出了难题,这也是我们有待深入观察和探讨的。

结　语

与现阶段我国在非遗申请的表现相比,日本明显走在了前面。通过日本的成功案例反观作为一个美食大国的我们,需要面对的是没有任何具体的饮食项目入选非物质文化遗产名录的尴尬局面。日本的成功为我们找出申遗技术方面的问题提供一个很好的参照。同时,也为当下我国"一带一路"战略中,实现文化"走出去"的战略目标提供了一个很好的参考。我们如何有效地利用这个战略推介我国的文化理念,构建我们自己的国家品牌,培植我们的对外软实力,同时不一味牺牲我们的国家经济利益,而是尽可能加大我国对外经济的良性且持续性的发展。我们应该看到当下对外文化外交,对外软实力培植不在比拼一个国家传统历史的丰富与博大,而是要我们如何深入地,静下心来去好好地挖掘,过度的表象包装无法实现真正的文化自主"走出去"乃至于"走进去",只能达到的是我国文化"亮出去"的对外知会的初级阶段。文化会变迁,它强大的生命力不在于它的过去而在于当下,我们不能再一味地强调自己的博大、丰富,并满足于当下的二次创作而不去再次发现。我们需要深化认识,加以提炼以适应当下,并俯下身来去学习吸收,通过与产业的联动产生产品实体,化入相关产业中付诸实践。可以说日本的例子是值得我们在今后的相关活动中加以参照和反思的。

【参考文献】

1. 丁兆中:《战后日本文化外交战略的发展趋势》,《日本学刊》2006 年第 1 期。
2. 吴咏梅:《浅谈日本的文化外交》,《日本学刊》2008 年第 5 期。
3. 唐向红:《日本文化和日本经济发展关系研究》,东北财经大学,2015 年 5 月。
4. 于干千、程小敏:《中国饮食文化申报世界非物质文化遗产的标准研究》,《思想战线》2015 年第 2 期。
5. 清水徹朗、『農産品輸出の実態と今後の展望』、農林金融、東京、農林中金総合研究所、2014.12。
6. 松原聡、『日本の経済　図解雑学シリーズ』、東京、ナツメ社、2000。
7. 堀千珠、『農林漁業の 6 次産業化』みずほリサーチ、東京、みずほ総合研究所、2011.2。
8. 熊倉功夫、《日本の伝統的食文化としての和食》、2013 年 10 月 24 日 http://www.maff.go.jp/j/keikaku/syokubunka/culture/pdf/01_washoku.pdf
9. 農林水産省《日本食・食文化の海外普及について》2016 年 11 月 http://www.maff.go.jp/j/keikaku/syokubunka/kaigai/pdf/shoku_fukyu.pdf
10. 農林水産省、《平成 27 年度食料自給率について》、2016 年 8 月 2 日、http://www.maff.go.jp/j/zyukyu/zikyu_ritu/012.html
11. 農林水産省、《諸外国・地域食料自給率について》、2017 年 3 月 30 日、http://www.maff.go.jp/j/zyukyu/zikyu_ritu/013.html
12. 農林水産省"農林水産省知的財産戦略 2020 ～そのポイント" 2015 年 7 月 http://www.maff.go.jp/j/kanbo/tizai/brand/b_senryaku/pdf/senryaku_point.pdf
13. 経済産業省『労働経済の分析—産業構造、職業構造の推移』、平成 25 年版、第 2 節.
14. 経済産業省『通商白書』、1980 年度版、第四章第 2 節 "3. 相互理解の重要性と国際交流の充実".
15. 経済産業省『通商白書』、1980 年度版、第四章 "外の繋がりによる日本経済の新たな成長に向けて第 2 節ニーズの変化に対応した海外事業活動支援　2. わが国の魅力を生かしたクールキャンパン戦略".
16. 内閣府経済企画庁平成 12 年度『年次経済報告 – 新しい世の中が始まる』、平成 12 年 7 月、第 2 章序.
17. 総務省、平成 17 年国勢調査、最終報告書『「日本の人口」統計表（時系列表、都道府県一覧表）』2011 年 4 月 3 日、20. 年齢（三区分）別割合及び年齢構成指数——全国・都道府県（大正 9 年～平成 17 年）．

18. 首相官邸"第百三十六回国会における橋本内閣総理大臣施政所信表明演説"、"第百三十九回国会における橋本内閣総理大臣施政所信表明演説"（内閣官房内閣広報室）．
19. 首相官邸"第百四十回国会における橋本内閣総理大臣施政所信表明演説"（内閣官房内閣広報室）．
20. 首相官邸"経済財政運営と構造改革に関する基本方針 2002"平成 14 年 6 月 25 日　閣議決定．
21. 首相官邸"安倍総理大臣記者会見"http://www.kantei.go.jp/jp/abespeech/2006/09/26press.html．
22. 内閣総理大臣大平正芳第 87 回国会（常会）"施政演説"1979 年 1 月 25 日 http://www.ioc.u-tokyo.ac.jp/~worldjpn/documents/texts/pm/19790125.SWJ.html．
23. 内閣府ホーム　内閣府の政策　知的財産戦略推進事務局　"クールジャパン戦略"http://www.cao.go.jp/cool_japan/about/about.html．

书 评

"连带与抗衡——近代中国人留日精神史"工作坊

陈 言 整理[*]

【摘 要】受到甲午战败、日俄战争中日本取胜和1905年清廷废除科举制的刺激,中国掀起赴日留学热潮。这第一代留日群体对推动中国历史进程做出了巨大贡献。严安生所著《灵台无计逃神矢:近代中国人留日精神史》一书对留日学生的精神史作了深入探讨。2018年6月25日,与会学者围绕严安生所著该书展开了讨论。

【关键词】精神史 连带 抗衡

【要 旨】1900年代前後、中国では日本への留学ブームが巻き起こした。その時代背景に日清戦争での敗北や日露戦争で日本側が勝利を収めたことが取り上げられる。また、1905年科挙制度が廃止され、日本側から積極的な留学支援が進められたこともある。周知の通り、この時期に渡日した初代留学生が中国歴史の発展に巨大な貢献をした。厳安生著書『近代中国人の留日精神史』(2018年)は精神史的な側面から当時の留日学生を論述した。2018年6月25日に厳著についての研究会が行われ、「連帯と対抗」の視点から検討を展開した。

【キーワード】精神史 連帯 抵抗

Abstract: Stimulated by the defeat of the Sino-Japanese Warin 1895, the victory of Japan in the Japanese-Russian War and the abolition of

---

[*] 陈言,本名陈玲玲,文学博士,北京社会科学院文化研究所研究员,研究领域主要是殖民地文学、战争时期中日文学关系(1931~1945)、冲绳问题,兼及翻译的理论与实践。

the imperial examination system in the Qing Dynasty in 1905, Chinese set off a wave of studying in Japan. The first generation of overseas studentsin Japan made a great contribution to the China's historical process. Yan Ansheng's book *the Soul no way to flee:the Spiritual History of Modern Chinese overseas students in Japan* explores the spiritual history of Chinese students in Japan.A seminar was held to discuss the book in June 25, 2018.

Keywords: Spiritual History; Solidarity; Resistance

1894 年甲午一役，使中国迎来"三千年未有之大变局"。受到甲午战败、日俄战争中日本取胜和 1905 年清廷废除科举制的刺激，再加上日方的积极推动，中国掀起赴日留学热潮。这第一代留日群体对推动后来中国的历史进程做出了巨大贡献。有关清末学生留日史实，实藤惠秀的《中国人留学日本史》（1960）和黄福庆的《清末留日学生》（1975）两部著作有详尽的探讨。严安生所著《灵台无计逃神矢：近代中国人留日精神史》（生活·读书·新知三联书店，2018，以下简称《精神史》）则以上述研究为基本史实依据，对留日学生的精神史作了深入探讨。严先生的另一部著作《陶晶孙——另一部中国人日本留学精神史》（岩波书店，2009，以下简称《陶晶孙》）是以第二代留学生陶晶孙为个案进行研究的，该书也将译成中文，由生活·读书·新知三联书店出版。

2018 年 6 月 25 日，中国社会科学院文学研究所比较文学研究室举办了"连带与抗衡——近代中国人留日精神史"工作坊，在京的部分日本文学研究者、中日比较文学研究者和中国现代文学研究者出席了本次工作坊，围绕严著《精神史》展开了多角度的讨论，同时涉及陶晶孙以及第二代中国留学生的资料整理与教养问题。

北京第二外国语学院赵京华教授：《精神史》最大的特点，在于没有理论，但有历史脉络；没有模式，但有逻辑结构。我认为理论如衣裳，用过可以弃之；模式像套路，凝固了就会失去生命力。唯有细节真实和历史脉络，才是活生生的骨肉经络，足以撑起一个时代的精神史——中国留日学生第一代的精神史。该书的写作仿佛是那种"赤手空拳进入历史"的手法，但实际上是有理论和方法的，只是放到了文本的背后。那些生动的细节构成了复杂的精神史磁场；所谓有历史脉络，在于这本书提供留学日本大潮在晚清崛起的历史原因。如"中体西用"的洋务运动、戊戌变法的新政推动、与李鸿章慈禧太后对抗的张之洞

《劝学篇》的提倡，更有日俄战争前日本军部牵头的留学劝诱工作，在第一章和第四章多言及于此。从思想的构成要素和逻辑依据上观之，我们可以把明治维新以来的日本亚洲主义分为"文化亚洲主义"和"政治亚洲主义"两大类型。"文化亚洲主义"与19世纪以来的文明论、人种学、文化传播论相关联，强调某一民族和区域的历史、文化、语言方面的共通性以谋求"同文同种"之上的连带与结盟，早期的泛斯拉夫主义也有这样的性格。在日本，这一类型以冈仓天心、中江兆民、宫崎滔天为代表。"政治亚洲主义"则与19世纪末出现的区域主义（Regionalism）包括政治、外交上的各种"门罗主义"，以及发源于欧洲的均势论密切相关。它承认某一霸权的中心地位并以此为盟主实现超国家的区域扩张，实际上往往成为某一帝国的区域霸权主义。如果说"文化亚洲主义"是朴素民族主义的一种扩展，那么"政治亚洲主义"则是建立在区域联合基础上的一种国家战略。在日本，以北一辉、大川周明、腊山政道等为代表。

如果说到本书的逻辑结构，那可以用"连带与抗衡"概括：在东方与西方之间，存在亚洲政治经济的连带关系；在传统中国与现代日本之间，则存在中日文化心理抗衡。我认为，进入精神史的深层，就需要历史叙述的逻辑结构。当我读到第四章，渐渐感到这一点。而《后记》中则有明确的阐明。有了横向的东亚连带和抗衡，纵向的古今恩仇爱恨的梳理，才能深入中国留日学生的精神深层，写出他们的恩怨情仇感受。也使我们读罢此书，得以加深对中日近代复杂历史的认知。其实，整个中日近代关系也一直在"连带与抗衡"结构关系中走来。今天已如此。因此可以说，留日精神史也是一部中日同时代史，它促使我们思考如何构筑中日同时代史的问题。

19世纪末20世纪初是一个非常特殊的年代。资本主义世界体系的形成、帝国主义征服战争与被压迫民族的反抗与社会革命，导致东亚各民族国家在不曾有过的程度上紧密捆绑在一起，成为矛盾抗衡乃至休戚与共的利益攸关方。这段历史，也就成了你中有我我中有你而缺少任何一方都无法叙述的历史。试想，谈论明治维新以来的日本近代史，如果排除了中国和朝鲜半岛的存在，能够讲清楚吗？反之亦然。我们不能只在东西方之间或者一国的内部谈论中国现代史，更不能因侵略战争导致的仇恨而忽视或者蔑视中日乃至东亚区域内彼此纠缠在一起的种种复杂关联。换言之，在思考20世纪中国和中日关系问题的时候，我们同样需要这样一种"同时代史"的感受视角和关怀向度，这样才能深入历史肌理的细微处，发现原本存在而长期被忽略的种种"关系"。

日本学者山室信一在《作为思想课题的亚洲》（岩波书店，2001）中提出研究亚洲近代史的"思想连锁"方法,既有意识地去连接被一民族的国史所遮蔽了的各种思想,包括未能发挥连锁功能的那些"失掉的环节"。这样,一种全新的亚洲区域史同时也是国与国之间的关系史——东亚同时代史,就可以得到强有力的呈现。它超越以往常见的一民族的国史叙述,展现出一个广阔的区域动态历史的新天地。我们应该于努力追踪其彼此"连锁"的来龙去脉同时,也尝试从亚洲的历史和现实出发,去思考历史包括中国人留日精神史的思想史意义。

北京师范大学王志松教授:《精神史》虽然将时间界定在晚清,但是由于著者留学的时代(改革开放之初)背景同样处于长期自满的封闭之中,且著者常常将自身的感受投射到著作中,所以严著其实写出了两代中国留学生的精神史。

著者在谈到自己的最初留学感受时说:"来到东洋最为发达的国家,亲身站在所谓的边缘人的位置上来一看,那个眼花缭乱呀,那个懊恼和不甘呀——不愿意相信,又迅即陷入沉思。"他同时发现,"一直到那时始终作为革命文学权威而仰视的鲁迅和郭沫若们,也不知不觉间切身感到是自己的留学前辈了;他们文学的原初体验以及由此发出的一词一句,都不可思议地朝自己的身上逼近"。这些情感和思绪在著者这里汇聚成对鲁迅的诗句"灵台无计逃神矢"的巨大共鸣,并成为执笔该著的直接动机。在此意义上,"灵台无计逃神矢"既是鲁迅那一代留学生的精神写照,也可以说是著者本人的精神自画像。

作为后辈留学生,该如何书写留学前辈的这段历史呢?著者说,在撰写该著时查找资料发现,从19世纪末到20世纪30年代留日学生多达10万人,所留下的同时代证言多是屈辱史加"警日论和抗日论",而那些留学时"因新文明而开阔了视野并享受于其间的喜悦与快乐"却被刻意隐蔽了。关于此点,著者解释说,主要原因在于近代以来日本对中国的侵略所引起的民族抵抗。这是历史时代性,无须苛责。但不管怎样,由此形成一种特殊的现象"中国的留日学生中盛产抗日家",且在不断的历史叙述重复中固化为一种"历史知识",进而构成中日关系"冲突结构"中的一个板块。

抗日战争胜利已经过去几十年,面向中日关系未来的发展,需要更新在特定时期所形成的"历史知识"。有一种更新的方式,是20世纪80年代大谈所谓的"中日友好",而回避其他问题,造成另一种片面的历史叙述。但该著采取的叙述策略是,不掩盖日本近代企图殖民东亚的野心,并直视日本人和蔼态度中潜藏的"歧视",但也率直承认自己的留学"真有一面新的天窗被打开的感觉"。因而著者从自身的留学经历出发,在东亚地区现代化转型的复杂历史背景下,不仅宏观把握两国之间的政治谋略，在细节上尤其着力于挖掘留日学生的个人体验。这其中既有家国恨，也不乏"新的天窗被打开"的喜悦。在解释冲突事件的时候，没有凡事简单地预设日本帝国主义的阴谋，而是最大限度从日常生活习惯、社会文化背景、地方性因素等方面寻找原因，在有些地方作抽离的分析，在另一些看似无关的地方又尖锐地指出其帝国主义祸心。这就使得整个论述充满张力，具有立体感，可以说在一定程度上撬松了中日关系"冲突结构"中的那个板块。

首都师范大学袁一丹副教授：

严著名为"精神史"，在我看来，是以生活史为镜像的精神史；进而言之，是将"身体史"镶嵌在内的精神史。

作者谈小脚问题时，引入凌叔华的短篇小说《千代子》，继而称"像这样'贴紧'的场景在留学初期是不可能有的；即便有过，如果不经过一两代留学日本的生活积淀，也是无法产生出能捕捉到、品味出这种场景的余裕和感受性的"。这段话中的几个关键词，"贴紧""生活积淀""余裕""感受性"，完全可以挪用作严著自身的评价。作者时不时将一己的生活实感注入其中，让干瘪的留学史充满了画面感、现场感，仿佛可以感觉到那个时代的氛围扑面而来。

何谓互为镜像的精神史与生活史？这一意象源于日本诗人萩原朔太郎的一则随笔《镜的映像》。周作人曾在一篇题为《衣食》的文章译述过："道德律所揭示的东西，常是自然性之禁止，对于缺陷之理念。因此在某一国民之间，大抵可以从其所最严格地提倡着道德，反看出其国民之本性即实在的道德的缺陷。"按萩原朔太郎的说法，镜中的映像常是实体的反面。针对1930年代战争危机下的道德严格主义，周作人继而发挥道，道德固然好，但要以生活为背景，若不顾人民的生活，或者死活，而空谈道德，不过是唱高调、说梦话罢了。

我在处理1937~1945年沦陷区知识人的思想与言说时，也试图将知识人甚至普通人的日常生活纳入研究视野。以沦陷区的日常生活为研究对象，并不止于对日常生活细节的捕捉与深描，我更关注作为思想命题的穿衣吃饭。关注日常生活，不等于去道德化，而是将日常生活作为道德律的镜像。

鹤见俊辅的《战争时期日本精神史（1931~1945）》启发我思考精神史与生活史的对照关系。除了处理"转向""玉碎"等战时思想史的大议题外，鹤见俊辅也将日常生活作为战时精神史的一个侧面加以考察，并赋予战时的日常生活以精神史的意涵。他特别注意到战争期间家庭主妇的功能，在缺乏男丁的情况下，主妇们不得不肩负起生活的重担，从城乡之间的黑市交易中获取生存所需。鹤见俊辅认为，这些女性避免与国家秩序正面冲突，但仍遵从公认秩序的道德与习惯；她们不讲夸大的政治口号，却充分利用战时不为国家机器纳入的实际思想。家庭主妇身上被战争激发出来的生活智慧、韧的战斗勇气，与知识分子的转向史形成某种错位的镜像关系。

我是中国现代文学研究出身，站在自己的学科立场上，谈谈严著的启发。中国现代文学研究据说有"一个中心，两个基本点"。一个中心指五四运动，两个基本点即周氏兄弟。从"五四"上溯晚清，肯定绕不开日本这一场域。过去对于早期周氏兄弟的研究，总不免受到其"五四"以后的位置感的影响，倒放电影，将其定位为文学大家、思想大家，从早期文本中寻找其思想发端或形式上的特出处。周氏兄弟在严著中的形象，没有被刻意放大，而是将兄弟二人视为留日学生群体中的一员，更关注这一群体共通的生活感受、思想氛围。

从严著中我隐隐然能看到从精神史到身体史的转向（Body Turn）。这里所说的"身体史"，不完全是新文化史意义上的，而是将身体作为观察近代社会转型的一个透视镜。就近代中国社会的特殊性而言，囵囵的身体史还可以细分为与革命动乱相始终的"发厄"、作为女性解放象征的足史，以及与排满、光复相关的服饰史等。在近代社会转型的阵痛中，我们关注的既是个人的、自然的身体，同时也是国族的、政治的身体。

在革命、革革命、革革革命的历史曲折中，值得深入挖掘的是不仅是历次革命留下的精神遗产，还包括各种屈辱或解放的身体记忆。尽管政治上、思想上的革命尚未成功，革命给人造成的身体记忆却顽固地保留下来。严著提醒我注意到一个有意味的细节，在鲁迅作品中多次出现"摩一下自己的头顶"，而这个动作一般与双十节、民国纪念的话题连带出现。在鲁迅的绝笔之作《因太炎先生而想起的二三事》中，又出现"摩一下头顶"的习惯性动作，随后感叹道："二十五周年的双十节！原来中华民国，已过了一世纪的四分之一了，岂不快哉！"鲁迅用了四分之一世纪的这个手势，本是清末剪辫子后留下的身体记忆。这种对抗遗忘的身体记忆，其实是辛亥革命给鲁迅这代人留下的难以磨灭的精神烙印，在某种程度上决定了鲁迅的辛亥情结及对何谓"民国"的特殊理解。

不妨从身体经验的角度来看辛亥与"五四"的差异。"五四"以后知识界似乎形成了一种定论：辛亥革命虽然推翻了帝制、建立了共和，但未从根本上解决国民的思想问题及改变大的文化走向，因而是一场"失败"的革命，以此来论证"五四"的必要性。然而"五四"似乎并未对鲁迅这一辈人构成真正意义上的思想冲击。返观辛亥给鲁迅等人带来的解放感，尤其是身体上的解放感，以剪发辫、易服色为象征，要比"五四"标举的思想自由，更值得珍视，更有切肤之痛在里面。有没有过清末屈辱的身体经验，在某种程度上也构成了晚清、五四两代知识人不同的政治意识及对"民国"的不同理解。尽管鲁迅在其作品中反复书写辛亥的"失败"，但我们应如何理解辛亥的"失败"与五四的"成功"？"失败"的革命所留下的身体记忆，是否更有思想上的生产性，更能对抗国民的健忘症？

就袁一丹着重谈论的"生活史"问题，**中国传媒大学的刘春勇教授**的意见与袁一丹形成了潜在的对话。刘春勇：从全书的逻辑看，《精神史》前四章的文化政治意味浓厚，尤其是日俄战争的叙述将这一氛围推向了高潮。照着这样的逻辑，接下来的叙述重点或许应该在"留学生"与"革命"之关系的问题上。可是全书的叙述方向在最后两章突然一转，将笔触伸向了留学生的"生活史"书写，这多少有点令人意外。尽管最后两章的"生活史"书写有趣而生动，并且不无微言大义，可是不得不说，这样的叙述似乎有些背离作者的初衷，多少有"去政治化"的后现代历史叙事的味道，尽管比较符合当下的阅读趣味，并且使本书的可读性得到极大的增强，然而，毕竟同留日学生的"革命事业"及其"血与铁"的元气淋漓是无法同日而语的。这也同时令人质疑整本书的结构问题，或者"生活史"的书写安排在更前面一些，而在最后补充进"革命"的叙事或者更为合理吧！

当然，这本书并非没有涉及革命问题，只不过是没有专章议论而已，第二章、第四章等都多少有所涉及。所以无论本书的结构如何安排，所写的内容如何复多，其背后永远有一个"不在场的在场者"存在，或者干脆直接地说，整本书的叙述是在"辛亥"巨大的阴影下完成的，尽管严老师无意以"辛亥"为中心来结构整篇，然而，我的阅读感受却是，几乎书中的大半叙述都隐约地导向"辛亥"问题。

我认为《精神史》所谓"失"的地方——所谓"生活史"的书写——正是该著的特殊性之所在。毕竟每个叙述者都会有不同的路径进入历史，并完成属于自我的叙述。我做了这样一个想象：假如换作林少阳君来写这样一部"中国近代留日精神史"，他会怎样写？他会将该书的第二章当中叙述章太炎"复古以革新"的三节扩充成一章或者几章大书而特书——其实完全可以说林君新著的《鼎革以文——清季革命与章太炎"复古"的新文化运动》正是将这样的一部分内容敷衍成一部书的。而这一部分也正成为我阅读此书的兴奋点。所以涉及我所谓的"辛亥原点"的问题。

为什么要重提"辛亥原点"问题?是因为我们过去的历史叙述所采取的框架有意无意地忽略掉了"辛亥"的重大历史意义。这个问题不但在文学界如此,在史学界同样是一个严重的问题。近几年史学界出现了一些反思性文章,可是文学界依然如故。2008年日本学者沟口雄三发表题为《辛亥革命新论》(载《开放时代》2008年第4期)的文章对中国史学界的这一历史框架进行质疑,在我看来,以"五四"作为中国现代的坐标是基于一种"挑战与应对"的"现代性"的历史叙述,有"五四"作为现代起点的坐标,就必然有鸦片战争作为近代起点的坐标,这二者是相辅相成的,然而,这个叙述框架将辛亥给架空了,仅仅承认辛亥终结帝制这一点,而将其他的意义全部掠走叠加于"五四"之上。在沟口看来,我们应该用"十六、十七世纪视角坐标"来替换"现代性"的鸦片战争与"五四"视角坐标,"依据这一十六、十七世纪视角坐标,我们将重视辛亥革命的事件性,因为它导致了王朝制度自身的终结,这是二千年一遇的大事件……"(《辛亥革命新论》)

其实国外关于中国现代史的研究,普遍以辛亥为原点。代表性著作是宫崎市定的《中国史》,他将"辛亥"作为中国近世的终结和最近世的开启。德国汉学家顾彬的《二十世纪中国文学史》在历史的分期上也以"辛亥"为坐标。中国大陆传统的以"五四"为坐标的历史叙述框架除了基于沟口雄三所说的"现代性"的因素外,更重要的来源则是毛泽东的《新民主主义论》,不过基于马克思主义历史观的"新民主主义论"最终的理论根基依然在"挑战与应对"的"现代性"历史叙述框架之中。在这样的一种历史叙述框架中,辛亥革命是不彻底的,因而也就是失败的革命。可是这样的历史叙述完全忽略了辛亥作为中国现代"范式"的开创者的位置。中国人的现代生活方式,小到发型、服饰,大到国家政体等都是从辛亥革命后慢慢奠定的根基,就是我们长期赋予于"五四"的白话文革命,其实早在辛亥时期就已经有了规模。甚至连现代革命的范式,其原点也同样在辛亥。所以,瞿骏在他的史学著作《天下为学说裂——清末民初的思想革命与文化运动》中就提出,辛亥革命、国民革命和社会主义革命其实都是在辛亥革命所开创的中国现代革命范式当中,是一个连续的整体的现代革命过程。

以鲁迅为例。我们在讲鲁迅留日时期其思想形成时过度夸大"摩罗诗力"的影响,而忽略了其时的晚明资源。鲁迅后来在1925年6月16日的《杂忆》中就清楚地交代了他留日时期这两种思想资源的对他的共同影响。甚至可以推测,鲁迅对"摩罗诗力"的接受可能是基于他对晚明的顾炎武、颜习斋等人所强调的"文"之素朴之力之上的。直白地说,就是"文"不是"文","文"之根本在于实践性与行动力这一晚明以"血之教训"所遗传下来的"复古以革新"的新文化运动的思想与理路在留日时期鲁迅那里经过章太炎而传入他的文脉之中。并且更为重要的是，这一思想与理路在鲁迅那里是经过了辛亥革命的"铁与血"的亲身淬炼而进入他的血脉之中的。或许正是这一点成就了后来的作为文学家的鲁迅及其一生的事业。因此，可以毫不夸张地说，是辛亥成就了鲁迅，而不是"五四"，换言之，鲁迅是辛亥的鲁迅，而不是"五四"的鲁迅。这一点，只要好好看看写作于《杂忆》同一天的《失掉的好地狱》就会一目了然。

提出以辛亥为原点的历史叙述框架，将其作为一个时代而命名，重点并不是意在强调其"断裂"的一面，反而是提请我们要像注重西方资源那样重视自顾炎武以降的中国传统资源在我们现代诸"范式"建立中所起到的重要作用。只有这样，我们才能打开历史的褶皱，将过去隐去的历史呈现出来。

如果将从《精神史》写作时间（1980年代末）上看，它与同时代的中国学术论著有明显不同。《精神史》完全没有刘小枫著《拯救与逍遥》和王晓明著《无法直面的人生——鲁迅传》的低沉的情绪。从学术语言上看，1980年代的著作时代性也非常强，那个年代谈到"现代性"问题的时候，几乎不约而同地用"现代化"这个词表述，譬如刘柏青的《鲁迅与日本文学》，黄子平、钱理群、陈平原的《二十世纪中国文学三人谈》等，有着很重的时代语境的痕迹。而王富仁的《中国反封建思想革命的一面镜子——〈呐喊〉〈彷徨〉综论》则从内容到形式到语言都带有浓郁的1980年代的痕迹。然而，严著却鲜有这样的痕迹，似乎是脱离历史语境的一本著作，甚至带有某种后现代历史学的痕迹，倒是同今天的某种历史叙事十分吻合。或许是严老师当时身在日本留学，写作时同当下的中国语境脱离而沉入历史深处的缘故吧！而另一方面，日语的写作与思维或许更进一步加深了这本著作同1980年代的隔膜感。所以，严格讲来，这本书倒可以算是日本的历史语境与文化语境的产物。

北京社会科学院研究员季剑青：我在阅读日本时一直有一个让他颇感困惑的问题，即：为什么近代以来的留日学生中很少有对日本自身产生兴趣的？或者说留日学生中很少有真正的"知日派"（除了周作人等少数人外）？对大多数留日学生来说，日本其实是一个"盲区"，这是很有讽刺意味的事情。如果对照一下留美留欧的学生，我们就会发现对比非常鲜明，留学欧美的学生往往会对居留的国家产生比较强的亲切感和认同感，进而对该国的历史、文化、学术产生浓厚的兴趣，这方面的例子非常多，不用枚举。但是留日的学生中，这种情况就很罕见，反而盛产的是严老师说的"抗日家"，为什么？因此我提出留日精神史的一个侧面——作为"盲区"的日本问题。

当然最简单地说，这是由留日学生对日本自身某种根深蒂固的前理解和成见决定的。留学日本的目的是以日本为中介，用严老师书中的话说即"文明商贩"，来向西方学习。用金一（金天翮）的话说"至东瀛兮，乃以汉魂而吸欧粹耶"[①]。中国人的眼中只有中西两极，日本充其量只是个二道贩子，只是因为日本在语言、文化上跟中国比较接近，又比较早地吸收了西方的文化，成功地实现了国家的富强，出于这些工具层面上的方便的考虑，才选择日本作为留学的目的地。这种观念的背后，隐藏着历史上遗留下来的天朝上国的意识，以及某种文化宗主国的优越感。而在另一方面，明治维新后日本的崛起，甲午战争中日本对中国的胜利，在日本国民中间也激发出某种鄙视中国的态度和情绪，进而给留日学生带来某种屈辱的体验。严老师的这本书在这方面也提供了很多具体的材料，特别是第三章。我记得宫崎滔天在辛亥革命后也说过类似的话："留学生来到日本，第一吸彼等血者即住所至房东，以彼等未习语言习惯为奇货贪取暴利，此乃通例也。……次即车夫，彼等对支那人之态度实污秽至极，毫无羞耻地发挥其暴利主义。如斯，保护彼等，同情彼等者，无一人也。"[②]

中日双方力量对比在近代的这种翻转（即严老师所说的"在时间纵轴上的古今恩仇与位置关系的变迁"），在留日学生中间生发出某种非常复杂和纠结的对日本的情结，这正是严老师这本书所强调的"精神史"中很重要的一部分。而我认为他想说的是，留日学生面对日本的这种复杂的情结，实际上在很大程度上构成了某种精神的障碍，使得他们不愿意也很难真正进入日本的内部，深入地了解这个国家。陈言在她的译后记（第375~376页）中也谈到这个问题，谈到愤而蹈海的陈天华，其实连一句完整的日语都不会说，语气非常沉痛。这也提示我们思考，在知识生产的背后，精神动力或障碍所扮演的重要角色，单单从这个纯学理的层面上看，精神史的重要性也属不言而喻的。我想这是严老师这本书在方法论上的一个很大的启示和贡献。

那么沿着他提出的问题进一步追问下去，留日学生这种对日本自身的排斥和抵拒，造成了什么样的结果呢？应该说，在近现代中国史上，中国人对日本的无知形成了知识上的"盲区"，付出了非常惨重的代价。1928年戴季陶出版了一本《日本论》，是少见的由留日学生撰写的关于日本的著作之一，他在书的

---

① 严安生：《近代中国人留日精神史》，三联书店，2018，第56页。
② 野村浩一：《近代日本的中国认识》，中央编译出版社，1999，第120页。

"连带与抗衡——近代中国人留日精神史"工作坊

一开头就说，日本人对中国的研究，就好像把中国放在解剖台上，解剖了千百次，放在试管里化验了千百次，搞得清清楚楚。可是，中国人对日本的了解却很少。结果没过几年，就发生了"九一八"事变，东北沦陷。近代以来普通日本人虽然瞧不起中国，但在官方和学界，对中国的研究和考察却相当深入和系统。很多人以为近代日本是一味向西方学习的，要脱亚入欧，却忽略了日本同时对中国、对东亚也下了很大的工夫。在学术的领域里，所谓"东洋学"占据了非常重要的地位。在政策层面上，日本很早就确定了向中国扩张的大陆政策。严老师这本书很重要的一点，就是把留日运动放在日本对清"亲善攻势"和留学劝诱运动这个政策层面，以及背后的大陆问题的历史脉络里面来看，非常有启发。实际上严老师也提到，当时的留日学生对日本的侵略野心不是没有觉察，但为什么没有人去做更进一步的深入的考察和分析工作？与此形成对比的是，日本的学术界（如"东洋学"）、文化界和知识人，却非常自觉地配合政府的大陆政策，在中国开展了极为深入的调查和研究工作，包括一些看似和官方无关系的民间人士，也会自觉或不自觉地以日记、游记等形式，记述中国大陆各方面的信息情报，而且一到抗战爆发后，就会无保留地贡献给国家，服务于侵华战争的需要。日本向中国大陆扩张的政策和实践，以及知识界自觉配合而落入政治陷阱的悲哀，当然是要批判的，但与此同时也需要反省近代中国知识分子在这方面对日本的估计不足，给民族和国家造成了损失乃至灾难，应该说留日学生是要负一定责任的（更不用说那些附逆的留日学生了）。

回到我们今天的环境中来。今天的中国知识界在对日本的认识上当然取得了很大的进步，严老师的这部著作本身就是一个证明。但是我感觉，由于东亚冷战格局的残留和历史记忆的沉重，我们在认知日本，特别是近现代以来的日本方面，似乎还多少残留着留日学生的那种精神障碍或者说纠葛，对日本有一种既漠视又抗拒的心态。在我熟悉的中国现代文学研究这个领域，尽管大家都知道日本很重要，可是真正能深入近现代日本的内部，在此基础上把握近现代日本对中国现代文学和思想的影响的研究成果，非常罕见。这是我们年轻学人今后努力的方向，也是严老师这部著作给我们的最大的启迪和激励。

北京语言大学周阅教授专门谈论了《精神史》的文体特征。我认为，以感性和细节去汇集成"精神"潮流的《精神史》，其独特性在很大程度上是由文体来完成的。严著的文体特征让人看到：原来历史也可以写得"传神"，写得有感染力。我从四个方面加以详细阐释。

其一，以形象呈现历史。严著以文学描摹形象的笔法让读者看到一个个知名的或者普通的留日学生形象,而起伏的、纠缠的、跌宕的"精神史"就是通过留学生的群像呈现出来的。他的笔调有时候是铅笔素描式的,有时候是印象派油画式的,有时候又是彩色工笔画式的。他用或浓或淡的笔墨描绘了在《天演论》《劝学篇》这些名篇周边乃至背后,游走和呼号的一连串人物形象。即使是写历史事件,也是以广大的、普通的留学生形象来组成整个事件的轮廓,这其中,很多留学生个体都是被正史叙事边缘化的。比如第三章的"人类馆事件"和"游就馆事件",严先生抛开了我们习以为常的"英雄叙事",从留学生群体中筛选出真实可感的人,比如凌容众,比如周宏业;比如王拱璧(《东游挥汗录》)。事实上,这一章的标题所使用的措辞也是"人类馆现象"和"游就馆体验",而不是"事件"。

其二,以小说佐证历史。在论及精英们的苦闷时,严先生引用了成仿吾的小说《牧夫》。这里要注意的是,严先生不是拿小说的故事来证明历史事件,而是取小说人物在同一历史场域中的精神状态和心理特征。凌叔华的小说《千代子》同样呈现了小脚等印在留学生心头的耻辱。此外还有大量不为人所知的回忆录、日记、游记等。因为这些文本都关涉"精神层面体验",都弥补了正史有意无意忽视的内容,补充了正史缺少的现场感。

其三,以气场还原历史。此书的文体,很能够营造和烘托"气场",并且让读者不知不觉进入这种气场中。留日学生们的精神体验,那种自卑与自尊来回激荡的心绪,那种"留学生身上特有的时代紧张感和悲壮感高涨得近于极点的状态"[1],都透过严先生一词一句的间隙,向读者眼前逼近,向读者心中渗透。当事人的种种屈辱、躁动、反抗、沉沦、激愤等,都扑面而来。我的学生讨论课"像泥石流一样滚滚而来",恐怕说的就是这种感觉。本书的译者可以说是最熟悉本书的读者,她在译后记中也说:严先生通过"层层剥离留学生未经组织化、规范化的生活意识和精神态度,让'精神'这一抽象的历史现象以可见可触的方式回到历史本身"[2]。严先生在书中不仅还原而且还烘托了历史的"气场"。比如第三章"蓄发、断发皆为受难之源"的部分,写到鲁迅笔下反复出现的"摩一下自己的头顶","这个动作已持续长达三分之一个世纪",写到这里,严先生本人从文字中钻出来,对读者说:"试想想看吧:来到日本,来了劲儿,一时图了个快刀斩乱麻之快,就为这个,竟然招致如此复杂的余味伴随着他一生,甚至

---

[1] 严安生:《近代中国人留日精神史》,三联书店,2018,第109页。
[2] 严安生:《近代中国人留日精神史》,三联书店,2018,第372页。

"连带与抗衡——近代中国人留日精神史"工作坊

凝聚出了一个条件反射式的动作。每想及此,笔者都难禁怃然、战栗之感。"①这种主体代入的写法,把读者也拉入了当时的历史现场,让他们进入历史当中去体验,去追索,去感同身受。所以,在阅读此书的过程中,往往有一种被海浪推涌的感觉,身不由己地跟留日学生们一起,在近代历史的浪潮中沉浮。

其四,以幽默调侃历史。严先生笔下的"史",不是那种硬梆梆、干巴巴,令人望而却步的严肃死板的面孔,他以带有调侃意味的幽默语言,和充满感性的、贴近日常的笔调去书写。所以,这一部"史",是有灵魂的"精神史",是活着的,它不是高考学生们背诵的、由年代和事件拼接而成的历史。我的学生在讨论这本书的时候表述的阅读体验是:"少一分学术论文的高处不胜寒,而多一分说书人的那种接地气的感觉。"也说明了这一点。比如第三章写到大阪博览会上的人类馆引起中国留学生诸君的反应,这时候,书里是这样描写的:"哎呀呀,这么一点点事,就又是'即日协议',又是'抵制与会',是不是有点儿小题大做呀"(批105),这里用了非常生动的口语体,推测日本人的心理活动,接着再用一句"也的确有日本人这么说"来落实这种想法在日本人当中的存在。而陈言的翻译也很好地呈现了这种文体,我引用的全部来自中译本,也是为了借此向译者致意。

严先生强烈的感受性是吸引我的魅力之一。我认为文学研究者在保持理性思考的同时,应该重视对于研究对象的感性体验。我父亲是研究中国古代文学的,在我的学生时代,父亲就常对我说,文学研究并不只是用功读书就可以做好的,还需要"感悟",需要一种 sense。我在准备这次发言时,眼前总会浮现出严先生在北语讲座的场景,兴味所至,严先生会品上一口自带的"标配"咖啡,露出一脸"小确幸"的神情。这就是严先生!而严先生的文体,也带有这种"味道"。

北京外国语大学熊文莉:我与《精神史》的相遇是在 1992 年。拿到书时特别惶恐,因为那是我生平第一次收到作者签名的赠书。这本书在当时获得了日本的两个大奖,一个是大佛次郎奖,一个是亚洲太平洋奖。当时没有网络,完全不知道这两个奖意味着什么,只知道严老师一下子成了有钱人,所以我们本着打土豪的原则,还让严老师在香格里拉请了一顿。这一点好像可以写进我们的系史了。陈言在译后记里一直用"严师"来称呼严老师,可是现实生活中,我们更多地是用"老头儿"来称呼他的。正因为他那么幽默风趣,才会有如此有趣的《精神史》的产生。这本书通过对碎片的有机拼贴,展现出一个独属于那个时代的留日学生的精神世界。它还是一部基于普通留学生的精神史。关于

---

① 严安生:《近代中国人留日精神史》,三联书店,2018,第137页。

它的中译本，我想谈一下我的感受。严老师向来看不上外语系出身的人，而且他从不掩饰自己的好恶感，所以在选择译者的问题上非常谨慎。当读完中译本之后，我认为它绝不是简单的翻译。我发现，当初我在看原文时划出的一些有疑问的地方，译文注释中给出了答案。可以看出来译者在翻译过程中下了多么大的功夫。当看完了整个翻译后，我自己的感觉是译者不只是在翻译，她是将原作作为自己的研究对象，一点点进行考据，进行补遗，有时候原著仅仅给了一点点线索，而译者却要去大量查阅原始资料，这个工程量的巨大，我真是觉得很佩服。所以它是作者和译者的共同创作。另外，中译本以鲁迅的小诗做书名，也揭示了几代留日学生的精神世界。

清华大学的王成教授：我从留日精神史和大正教养主义的关联角度来谈论两部严著所涉及的两代留日学生精神层面的差异。留日中国留学生中，鲁迅所代表的一代人和郭沫若、陶晶孙所代表的一代人，他们的精神特质既有中国文化影响的印记，更能看出日本近代精神史影响的烙印。正如严著所言："这反映了二人（指鲁迅和郭沫若）的个性差异，和他们分别所去的明治三四十年代与大正时代的差异。"[1] 根据日本学者唐木顺三提出"修养"与"教养"的概念[2]，明治三、四十年代的知识分子是"修养的一代"，其代表人物是夏目漱石和森鸥外，他们身上具有东洋传统的修身思想，熟读"四书五经"，也了解西方文化。他们热衷于国家与国民的探讨。而大正时代的知识分子是"教养的一代"，他们受大正民主主义的熏陶，追求个性的解放，醉心于西方文化。以阿部次郎为代表，提倡人格主义。教养主义是"旧制高中"的精神特质。从严著当中，我们发现鲁迅一代留学生与日本修养时代的知识分子精神气质相似，郭沫若、陶晶孙一代在日本的"旧制高中"受到系统教育，他们是在大正教养主义的氛围中成长起来的。通过严著的分析，我们可以追溯到鲁迅改造国民性思想的背景，也可以体会到严先生把陶晶孙塑造成一个大正教养主义典型形象的理论思考。

北京外国语大学的秦刚教授：《陶晶孙》一书运用大量文献资料，生动详实地还原出具体的历史语境和人物生态，同时也对陶晶孙撰写的各类文本进行了细读和诠释，"将这个被不公正地遗忘了的人物从历史的黑洞中解读出来"的主旨，得到了切实有效的兑现。本书从几乎淹没于历史陈迹的史料和文本中，剥茧抽丝般捡拾来的一根根线索，很多都具有可以照亮一段历史阴翳的光纤效应。

---

[1] 严安生：《近代中国人留日精神史》，三联书店，2018，第357页。
[2] 唐木顺三：『現代史への試み』、東京、筑摩書房、1949，234～235頁。

《陶晶孙》的最后一章,题为"充满屈辱与苦涩的日本占领时代",梳理的是 1930 年陶晶孙进入上海自然科学研究所直至抗战胜利的 15 年间的陶晶孙的精神轨迹。而这一期间,陶晶孙在上海的日文媒体上发表了很多日文撰写的随笔。关于这些日文的整理和解读,也有待于进一步挖掘与开拓。

在上海发行出版日文报纸《大陆新报》的大陆新报社,曾于 1944 年 11 月开始发行日文综合期刊《大陆》。这是一个在中国与日本学界都鲜有人知的刊物,我对《大陆》的详细介绍,已经刊发于最新一期的《早稻田文学》初夏号的"《大陆》再发现特集",其中收录了两篇新发现的陶晶孙用日文撰写文章,分别是《刀鞘上的梅》(「箙の梅」)和《静安寺附近》。而《刀鞘上的梅》一篇,堪称同时期陶晶孙的日文写作中最有代表性的一篇,是理解和审视作者在二战末期的心路历程的重要文本。同时,这次发现也提示出一个十分重要的问题,即如何评介与看待陶晶孙在特定历史境遇下的日文写作的价值与意义。而且这也提醒我们,是否应该进一步思考严安生先生的两部中国人留日精神史的跨语际书写的价值与意义。

北京大学日语系的翁家慧副教授做了题为《译者的显形——试论学术性译著中译者主体性问题》的发言。翁家慧:"译者的显形"是个借来的题目,借自美国学者劳伦斯·韦努蒂的一部翻译理论著作《译者的隐形》,韦努蒂在这本书中通过对西方翻译史的考察指出翻译背后潜在的民族中心主义和帝国主义文化。他用"隐形"作为术语来描述当代英美文化中译者的处境与活动,认为通顺话语所形成的透明的翻译效果虽然保持了译文的可读性,却掩盖了生成译文的种种因素,掩盖了译者对外文文本的关键性干预。同时,韦努蒂认为,"翻译可以利用原文去维护或修正目的语各学科和专业中的主流概念范式,研究方法论,实践操作等,不管这些学科是物理学还是建筑学,哲学还是精神病学,社会学还是法学。这些社会联系和效应,不仅体现在译文、译文的话语策略,以及目的语读者的影射范围之中,还体现在文本的选择和译文的出版、评论、讲授方式之中"。韦努蒂的动机就在于"促进译者的显形,以便抵制和改变翻译在理论构建和实际操作方面的现状,尤其是在英语国家的现状。因为译者的隐形彰显出英美文化在与文化他者关系中的一种自满情绪,这种自满情绪可以毫不夸张的说,在外表现为帝国主义,在内表现为排外主义"。[1]我持论相同,主张在翻译过程中译者显形。

---

[1] 详见韦努蒂《译者的隐形——翻译史论》,外语教学与研究出版社,2012,第 18~20 页。

陈言翻译的《精神史》，其中所涉及的研究对象、概念范式都带有非常明显的学科特点，同时还面对一些独特的问题：一方面是中日两国在汉字词汇使用过程中的互相借鉴与通用，另一方面则是两种语言在语法和文体上各有特点，这些都会给译者带来翻译策略上的干扰和挑战。可以说，陈言很好地完成了这个艰巨的任务，她所用的翻译方法已经超过了一般意义上的翻译技巧，用相当于写作学术专著的时间和精力做大量的文献搜集、整理和调查工作，以保证原作中所用概念和术语的准确性。同时，对原著严肃中不乏幽默的叙事文体也翻译得非常传神，用远近透视法为读者勾勒出一副近代中国人留日体验的立体绘卷。严著其雅俗共赏的叙事文体也经由陈言之手得到了原汁原味的呈现。

中国社科院研究员董炳月：今天的研讨会是一场盛会。讨论的问题很多，很深入，对于推动近代中日文化研究、中日关系研究大有帮助。当然，最应感谢的是严老师的这本书。这本《精神史》内容丰富，包含的问题很多，值得我们反复研读、开掘。比如"取缔规则"问题，那个文件的题目里并没有"取缔"二字，十几条规则，黄福庆的《清末留日学生》有完整的翻译，主要是针对日本那些接纳留日生的学校的。那么，怎么就闹成了中国人留日史上的重大历史事件呢？这就涉及 1905 年光复会成立的问题。要结合当时留日中国人的整体精神状态，才能理解。严老师这本书，写到湖南平江县的凌容众，在 108 页。我这次重读，读到这里有了一种宿命感。因为 2010 年底，我参与组织了平江不肖生的讨论会，无意中走近了凌容众夫妇的历史。不肖生是平江县人，讨论会是在平江县的启明宾馆开的，那个宾馆就是百年前凌容众、李樵松夫妇"毁家兴学"的地方，建有夫妇俩的纪念碑，碑上刻着凌容众的诗歌以及给自己写的挽联。夫妇二人当年就是因留学日本，了解了日本的情况，才发愤图强，回国卖掉家产办学校，献身教育事业。可见留日经历对他们"精神"的冲击有多大！这种精神冲击直接影响到近现代中国的多种事业。

这就涉及"精神史"概念的界定问题。什么是"精神史"？按照我的理解，"精神史"是介于"历史"（重大历史事件）与"思想史"之间的东西，与生活在日常状态下的人的体验、感受密切相关。因此，它比"历史"更感性，比"思想史"更丰富。今天的参会者半数左右的人有留日经历。对于这些人来说，《近代中国人留日精神史》意义特殊。某种程度上，今天他们谈这本书就是谈自己。其实新时期留日中国人的"精神"也足够写一本"精神史"了。

《日本学研究》征稿说明

1.《日本学研究》是由"北京日本学研究中心"与"教育部区域和国别研究基地北京外国语大学日本研究中心"共同主办的综合性日本学研究学术刊物（半年刊，国内外发行），宗旨为反映我国日本学研究以及区域和国别研究相关专家学者的最新观点与研究学术成果，促进中国日本学研究的进一步发展。

2. 本刊常设栏目有：特别约稿、日本语言与教育、日本文学与文化、日本社会与经济，国别和区域、热点问题、海外日本学、书评等。

3. 来稿要求和注意事项。

（1）上半年刊投稿截稿日期为3月31日，下半年刊为8月31日。

（2）来稿要重点突出，条理分明，论据充分，资料翔实、可靠，图表清晰，文字简练，用中文书写（请按照国务院公布的《简化字总表》书写，如果使用特殊文字和造字，请在打印稿件中使用比原稿稍大的字体，并另附样字）。除特约稿件外，每篇稿件字数（包括图、表）应控制在8000字至10000字。

（3）来稿必须包括（按顺序）：题目（中英文）、作者姓名、中文和英文内容摘要（约200字）、关键词（3~5个）、正文、参考文献和作者简介（单位、职称），并注明作者的电话号码、E-mail地址等联系方式。请到北京日本学研究中心网站（http://bjryzx.bfsu.edu.cn/）下载样稿，并严格按照样稿格式撰写论文。

（4）须提供一式两份打印稿并通过电子邮件（用word格式）发送至本刊编辑部（rbxyjtg@163.com），用字要规范，标点要正确（符号要占1格），物理单位和符号要符合国家标准和国际标准，外文字母及符号必须分清大、小写，正、斜体，黑、白体；上、下角的字母、数码、符号必须明显。各级标题层次一般可采用一、（一）、1.、（1）、1，不宜用①。

（5）参考文献与文中夹注保持一致。所引用的文字内容和出处请务必认真查校。引文出处或者说明性的注释，请采用脚注，置于每页下，具体格式为：

专著著录格式：作者、书名、出版社、出版年、页码。

期刊著录格式：作者、文章名、期刊名、卷号（期号）。

论文集、会议录著录格式：作者、论文集名称、出版者、出版年、页码。

学位论文著录格式：作者、题目、产生单位、产生年。

译著著录格式：国籍、作者、书名、译者、出版社、出版年、页码。

网络电子文献著录格式：作者、题目、公开日期、引用网页。

4. 来稿不拘形式，既欢迎就某个问题进行深入探讨的学术研究论文，也欢迎学术争鸣性质的文章，学术综述、书介书评、读书札记、译稿（附论文原文）等均受欢迎。

5. 本刊所刊用文章必须是作者的原创性研究成果，文责自负，不代表编辑部观点，不接受一稿数投。本刊有权压缩删改文章，作者如不同意删改请在来稿末声明。

6.《日本学研究》注重稿件质量，采用双向匿名审稿制，每篇稿件聘请2~3 名相关领域的专家进行评审，选稿标准注重学术建树和学术贡献。每期征稿截止后三个月内向作者通知审稿结果。

7. 来稿一经刊登，将向作者寄送两本样刊。不支付稿酬。

8. 初校由作者进行校对。在初校过程中，原则上不接受除笔误以外的大幅修改。

投稿邮箱：rbxyjtg@163.com

咨询电话：（010）88816584

邮寄地址：邮政编码 100089

中国北京市西三环北路 2 号 北京外国语大学 216 信箱

北京日本学研究中心《日本学研究》编辑委员会（收）

图书在版编目(CIP)数据

日本学研究. 第29辑 / 郭连友主编. -- 北京：社会科学文献出版社, 2019.3
 ISBN 978-7-5201-4240-3

Ⅰ.①日… Ⅱ.①郭… Ⅲ.①日本-研究-丛刊 Ⅳ.①K313.07

中国版本图书馆 CIP 数据核字(2019)第 024020 号

日本学研究 第29辑

主　　编 / 郭连友
副 主 编 / 宋金文　丁红卫

出 版 人 / 谢寿光
项目统筹 / 卫　羚
责任编辑 / 袁卫华

出　　版 / 社会科学文献出版社·人文分社 (010) 59367215
　　　　　　地址：北京市北三环中路甲 29 号院华龙大厦　邮编：100029
　　　　　　网址：www.ssap.com.cn

发　　行 / 市场营销中心 (010) 59367081　59367083
印　　装 / 三河市龙林印务有限公司

规　　格 / 开　本：787mm × 1092mm　1/16
　　　　　　印　张：18.5　字　数：330 千字

版　　次 / 2019 年 3 月第 1 版　2019 年 3 月第 1 次印刷
书　　号 / ISBN 978-7-5201-4240-3
定　　价 / 98.00 元

本书如有印装质量问题，请与读者服务中心 (010-59367028) 联系

版权所有 翻印必究